약탈 문화재의 세계사 2

빼앗긴 세계문화유산

역사는 책으로 기록되기보다는 약탈물로 기록된다.
융성한 국가의 뒷모습에는 전시 약탈의 흔적이 나타난다.

_더글러스 릭비 《문화의 회복과 서구의 새로운 전통》 중에서

약탈 문화재의 세계사

세계사

2

김경임 지음

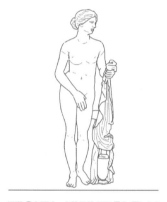

빼앗긴 세계문화유산

홍익출판사

차례

PART 02 민족의 유산, 제국주의에 희생되다

PART 03 걸작 예술품, 전리품으로 흩어지다

2009년 세계 약탈 문화재를 다룬《클레오파트라의 바늘》이 나온 지 8년 만에 개정판을 내게 되어 감회가 크다. 최근 국내외적으로 문화재 반환 문제 분야에 일고 있는 의미 있는 변화의 물결을 생각할 때, 더욱 그러하다. 그간 우리나라의 약탈 문화재의 대표적 사례였던 프랑스 약탈 외규장각 도서는 2011년 반환되었다. 소유권이 완전히 반환된 것이 아니라 영구대여 형식으로 반환된 것이지만 여하튼 철통같은 프랑스의 문화재 억류정책을 뚫고 우리에게 돌아온 것은 놀라운 사건이다. 현실적으로 문화재 환수문제는 일보후퇴 이보전진의 지루한 길을 가고 있음을 인정해야 할 것이다.

그 동안 약탈 문화재 반환은 꾸준히 국제사회의 뜨거운 이슈를 점하고 있었지만, 문제해결을 위한 획기적인 국제협약이 제정되거나 국제사회에서 문화재 약탈국과 피약탈국들 간에 만족할 만한 합의가 이루어지지는 않았다. 여전히 '파르테논 신전의 조각'과 같은 약탈 문화재의 상징이라 할 수 있는 유서 깊은 약탈 문화재 대부분은 그 반환을 둘러싸고 격화되는 논란 속에서도 반환되지 않고 약탈국에 굳건히 남아 있는 실정이다.

그렇지만 이러한 현실에도 불구하고 국제사회에서 문화재 반환 문제에 커다란 지각변동이 일어나고 있음은 부인할 수 없는 현실이다. 그 계기는 1990년 후반 이래 20세기에 대한 국제사회의 회고와 반성에서 비롯되었고, 직접적인 계기는 홀로코스트 희생자에 대한 사죄와 보상 차원에서 나치약탈 문화재의 철저한 환수운동에서 찾을 수 있다. 미국의 주도 하에 전체 국제사회가 호응하여 출발한 나치약탈 문화재 반환 움직임은 과거역사에 대한 정의 회복의 차원에서 '정의의 이름으로' 시작되었고, 약탈 문화재 반환은 윤리적, 인권적 문제로 재조명되면서 나치약탈 문화재뿐 아니라 전반적 약탈 문화재의 반환으로 확산 중이다.

오늘날 약탈 문화재 보유는 점차 범죄시 되고 있으며, 문화재 반환 문제는 국제사회의 기본 도덕률로 자리매김했다. 과거 세기가 문화재 약탈시대였다면, 오늘날은 뚜렷이 문화재 반환시대로 이행하고 있다. 이러한 정세변경의 배경으로 세계 문화재 최대 보유국인 미국 주도의, 미국 중심의 국제 문화계 신질서 형성 움직임에 주목해야 할 것이다.

1990년대 소련 붕괴 후, 국제사회의 유일한 강대국으로서 미국은 국제사회가 직면한 테러, 마약, 불법 이민 문제에서 중남미, 아프리카, 중동, 중국 등의 협조를 구하는 대신 미국은 이들 국가들의 커다란 관심사인 문화재 반환 문제에 보다 전향적 태도를 취하고 있어, 최근 수많은 문화재가 미국의 주도 하에 반환되고 있다.

이러한 국제사회의 새로운 조류를 소개하기 위해 필자는 약탈 문화재의 세계사의 돌아온 세계문화유산을 본서와 함께 출간 앞두고 있다. 오늘날 급변하는 우리의 현실에서 문화재 반환 문제가 시급한 이슈가 아님에도 장기적 관점에서 문화재 반환 문제에 관심을 가지고 이 책을 읽어 주는 독자분께 심심한 감사를 드린다.

PART 01

문화유산,
제왕들의 탐욕에
짓밟히다

〈가나의 혼인 잔치〉. 파올로 베로네세의 1563년 작품으로 가로 9.9미터, 세로 6.6미터이다. 그림의 중앙에 예수와 성모, 사도들이 앉아 있고 그 위 발코니에서 음식을 준비하는 일꾼들이 양을 잡고 있다. 칼날이 예수의 머리 바로 위에 서 있는 것은 예수의 희생을 상징한다. 발코니 위로는 푸른 하늘이 보이고, 구름과 세 마리 새가 날고 있다. 이는 승천을 예고한다. 하객들은 베로네세 당시의 사람들과 아랍인들이 섞여 있다. 맨 앞줄 음악가 그룹에는 흰 옷을 입고 비올라를 켜고 있는 베로네세 자신이 나오고, 빨간 옷을 입은 사람은 동시대의 화가인 티치아노라고 한다. (루브르 박물관 소장)

CHAPTER 01

함무라비법전 비문 Code of Hammurabi
- 세계 최초의 문화재 약탈로 기록되다

〈함무라비법전 비문〉
높이 2.25미터, 넓이 65센티미터, 둘레 1.9미터로 무게가 4톤에 이르는 검정 화강암이다.
바빌로니아의 태양신이며 법과 정의의 신인 샤마슈(Shamash)가
권력을 상징하는 지휘봉과 반지를 함무라비 왕에게 하사하고 있다.
신은 산을 상징하는 의자에 앉아 있다. 뿔이 달린 모자 아래 구불거리는 긴 머리와
수염을 기른 샤마슈의 양어깨 위로는 태양신을 상징하는 불길이 솟아오르고 있다.
샤마슈는 주름진 우아한 드레스를 입고 두 줄의 목걸이와 양팔에 팔찌를 착용하고 있다.
함무라비 왕은 짧은 수염에 소박한 모자와 드레스 차림으로 목걸이 하나와
오른손에만 팔찌를 착용함으로써 신보다 낮은 지위의 왕임을 보여 주고 있다. (루브르 박물관 소장)

역사는 책으로 기록되기보다는 약탈물로 기록된다.
융성한 국가의 뒷모습에는 전시 약탈의 흔적이 나타난다.

_더글러스 릭비 《문화의 회복과 서구의 새로운 전통》 중에서

세계 최초의 약탈 문화재

'눈에는 눈, 이에는 이'라는 고대의 법 원칙은 용서와 관용을 추구하는 오늘날의 정서로 볼 때 잔인한 형벌의 상징으로 보인다. 그러나 다른 한편, 이러한 법 원칙은 더 큰 복수를 금지시키고 비슷한 보복을 허용한 점에서 절제 있고 온정 있는 법이기도 하다. 이같은 법 원칙의 탄생은 기원전 1760년경에 고대 메소포타미아 지역에서 이미 상당한 문명사회가 이루어졌다는 증거이기도 하다.

이 법 원칙이 처음 기록된 '함무라비법전 Code of Hammurabi'은 원문이 그대로 남아 있는 세계 최초의 법전으로, 모세의 십계명보다 3백여 년 앞서 반포되었다. 282개조로 구성된 이 법전은 고대 바빌로니아 왕조^{지금의 이라크}의 제6대 왕인 함무라비가 공포했는데, 모든 백성들이 볼 수 있도록 거대한 비석에 새겨져 바빌론의 한 신전에 세워졌다.

그런데 이 비문은 6백 년 후인 기원전 1158년에 엘람 왕국^{지금의 이란}에 약탈당함으로써 세계 최초의 약탈 문화재로 기록되었다. 이 비석은 이란에 3천 년 동안 머물다가 1901년에 이란에서 유적을 발굴하고 있던 프랑스 발굴팀에 의해 발견되어 곧바로 프랑스로 옮겨졌고, 오늘날 루브르 박물관이 소장하고 있는 최고 보물 중 하나가 되었다.

비석의 윗부분은 신으로부터 법을 부여받는 함무라비 왕의 그림이 새겨져 있고, 아랫부분은 4천 행에 달하는 282개 법조문이 비문의 앞뒤로 빽빽이 새겨져 있다. 비문의 문자는 고대 메소포타미아 지역에서 3천 년간 통용되었던 설형문자(쐐기문자)이다.

함무라비법전 비문, 왜 중요한가?

그림과 문자로 이루어진 이 비문은 신과 왕, 그리고 법이라는 강력한 이미지와 텍스트가 결합된 뛰어난 예술품이라는 점에서, 그리고 백성들에게 법을 선포하는 통치자의 모습을 보여 주는 인류 최초의 그림이라는 점에서 고대 문명이 낳은 최고의 문화재임이 틀림없다.

신으로부터 법을 하사받는 함무라비 왕은 법을 통해 신의 중개자가 되려는 겸손한 제왕의 모습을 보여 주고 있다. 99퍼센트가 문맹이던 시대에 비록 백성들이 법전을 읽을 수는 없을지라도 신의 가호 아래 법을 선포하는 제왕의 모습을 보게 함으로써 백성들을 범죄와 악의 차가운 현실 세계에서 정의와 온정의 세계로 이끄는 효과를 낳았다.

함무라비법전은 프롤로그서문, 본문법조문, 에필로그맺는 말 등 세 부분으로 이루어져 있다. 서문은 정의로운 사회를 건설하려는 함무라비 왕이 신에게 행한 엄숙한 기도문으로 시작되는데, 오늘날 대다수 국가들의 헌법 서문과 별 차이가 없다.

"나 함무라비는 신을 경외하는 왕으로서, 신의 부름을 받아 태양

빼앗긴 세계문화유산

신 샤마슈가 이 세상에 빛을 준 것처럼 국민의 행복을 위해 이 세상에 정의를 주노라. 그리하여 강자가 약자를 억압하지 않도록……."

1. 함무라비 왕(기원전1795~기원전1750년)의 흉상. 기원전 18세기 함무라비 당대에 제작된 것으로 보인다. 19세기 이란의 수사에서 발굴되었다. (루브르 박물관 소장)
2. 미국 하원의사당에 전시되어 있는 함무라비 왕의 부조상. 토마스 허드슨 존스 제작(1950년).

본문은 282개의 법조문으로 민사, 형사, 경제, 행정, 가족, 의료 등 일상생활의 전 영역에 걸쳐 있다. 이는 4천 년 전 고대사회의 관례와 전통, 일반 국민의 생활상을 설명하는 다시 없이 귀중한 자료이다. 이 때문에 함무라비법전 비문은 그림과 문자가 만나는 예술적 가치뿐만 아니라 학술적 가치로도 유례없는 문화재로 꼽히고 있는 것이다.

에필로그는 후세에 정의와 결부된 자신의 이름을 남기려는 함무라비 왕의 염원을 기록하고 있는데, 그 염원은 이루어졌다. 기원전 1750년대에 메소포타미아 지역을 통일하여 세계 최초의 제국을 이룬 함무라비의 이름은 군사적 제왕만이 아니라 법을 선포한 제왕으로 후대에 길이 남게 되었다.

"위대한 신들은 정의의 왕으로서 나를 불렀도다. 강자가 약자를 해치지 않고, 과부와 고아를 보호하기 위해 지상에 정의를 가져오며, 모든 분쟁을 해결하고 모든 상처를 치유하기 위해 이 귀한 말을 나의 모습과 함께 새겨 두니 후대의 왕들은 내 이름을 기억하라."

최초의 문화재 약탈 사건으로 기록되다

신과 왕, 그리고 법이라는 신성한 조건을 두루 갖추고 있는 이 비문은 바빌론 민족의 대단한 성물이고 문화재였다. 그러나 6백 년 후인 기원전 1158년, 바빌로니아를 침략한 엘람 왕국의 왕 슈트르트 나훈테가 이 비석을 전리품으로 약탈해갔다.

고된 전투를 마친 엘람 왕국의 군대는 바빌로니아에서 엘람의 수도인 수사Susa: 지금의 서부 이란 쿠제스탄 지역까지 티그리스 강을 건너고 4백 킬로미터의 험악한 산악 지대를 가로질러 무려 4톤에 달하는 거대한 돌덩어리를 가지고 갔다. 엘람의 왕은 이 비문의 일부를 지우고 대신 자신의 승전 사실을 새겨 넣었고, 그 뒤 함무라비법전 비문은 엘람 왕국의 전승 기념비가 되어 3천 년 동안 신전에 전시되었다.

함무라비 왕 당시의 메소포타미아 지역 지도.

전시 약탈은 고대사회에서 현대에 이르기까지 인류의 끈질긴 관행이었다. 그것은 정복자의 절대적 권한이었고 무제한의 약탈이었다. 금, 은, 보석과 같이 운반하기 쉬운 보물은 물론이고 비석, 동상과 같이 거대한 기념물도 무

　　　　　　　　빼앗긴 세계문화유산

차별적으로 약탈당했다. 이런 기념물들은 비록 경제적 가치는 없을지라도 상징성이 크기 때문에 약탈의 대상이 되었다. 무엇보다도 승전국은 자기들이 만들어 보지 못한 물건이 보이면 무조건 약탈 대상으로 삼았다.

엘람 왕국의 왕이 함무라비법전 비문을 법전으로서의 가치를 높이 샀기 때문에 약탈한 것은 아니었다. 이는 바빌로니아의 법전이 엘람 왕국에서 통용되지 않았다는 사실로도 알 수 있다. 그럼에도 바빌로니아를 파괴한 엘람 군대는 비문을 파괴하는 대신 힘들여 끌고 갔다. 왜 그랬을까? 신이나 왕이 그려진 비석이나 동상을 약탈하는 것은 적국의 신이나 왕을 포로로 잡아간다는 상징성이 있었기 때문이다. 기념비의 약탈은 승전의 결정적 표시가 된다. 적국에게는 정복을 상징하고, 본국 주민에게는 값비싼 전쟁에 대한 전승 기념 선물이 된다.

엘람 왕은 약탈해 간 함무라비법전 비문의 일부를 훼손하고, 여기에 자신의 업적을 기록했다. 함무라비 왕이 법을 선포하여 자신의 이름을 후대에 남기려고 했던 것과 마찬가지로 엘람 왕은 바빌로니아를 정복한 제왕으로서 자신의 이름을 후대에 남기게 되었다.

약탈물은 왕의 전쟁 수행 능력이나 다른 세계에 대한 지식을 증명하기 때문에 국가의 권위를 드높이는 데 크게 기여한다. 당시 엘람 왕국은 바빌로니아를 수시로 침략하여 문화재를 조직적으로 약탈해 갔는데, 엘람의 왕궁에는 약탈해 온 바빌로니아 문화재를 전시하는 박물관까지 있을 정도였다.

바빌로니아의 문화재는 바빌로니아를 정복했다는 사실을 기념하는

자크 드 모르강(1857~1924년). 함무라비
법전 비문을 발굴한 프랑스 발굴팀 단장.

물품일 뿐만 아니라 바빌로니아 문명의 소유자이며 계승자라는 증거이기도 했다. 오늘날 유럽의 박물관들이 제국주의 시대에 약탈해 온 이집트, 메소포타미아, 그리스의 고대 문화재를 전시해 놓고 고대 문명의 계승자를 자처하는 현실과 다를 것이 없다.

엘람 왕국이 약탈한 바빌로니아 문화재들은 1890년대에 프랑스 고고학자 자크 드 모르강의 지휘하에 수사에서 발굴되었다. 드 모르강은 이란의 유전을 처음으로 발견한 사람이기도 하다. 함무라비법전도 이때 세 토막으로 파손된 채 발굴되어, 루브르 박물관으로 옮겨진 후에 현재 모습으로 복원되었다. 현재 이란의 국립박물관에는 프랑스가 기증한 함무라비법전 비문의 복제품이 있다.

19세기 초의 유럽 제국은 서구 문화의 뿌리를 찾아 비유럽 지역을 샅샅이 뒤져 고대 유적지를 발굴하는 것이 대유행이었다. 비유럽 지역에서의 문화재 획득은 정치적, 문화적 영향력을 상징하는 만큼 문화재 쟁탈전은 총칼에 의한 전쟁만큼이나 치열한 제국주의 경쟁이었다.

이때 프랑스는 이집트에서 발견한 로제타석 Rosetta Stone을 영국에 빼앗긴 치욕을 만회하고자 근동 지역에 많은 공을 들였다. 1895년, 프랑스는 페르시아에서 독점적인 발굴권을 획득했다. 당시 수차례에 걸친 호화판 유럽 여행으로 국고를 탕진한 페르시아 왕이 약간의 돈이라도 얻어 쓰기 위해 이란에 묻혀 있는 유물을 고스란히 내어 준 것이다. 프랑스는 이란에서 독점적으로 발굴한 유물을 엄청난 이윤을 남기고 다른 나라에 수십 배의 가격으로 되팔기도 했다.

프랑스의 독점권은 영국의 항의와 이란 내에서의 반발로 1927년에 끝나게 된다. 1906년에 이란의 헌법 혁명을 주도한 민족주의자들이 이슬람 이전 고대 페르시아의 영광에서 현대 이란의 정체성을 찾으려는 작업을 진행하는 과정에서 고대 문화재 보존 운동을 개시했기 때문이다.

함무라비법전 비문, 누구의 소유인가?

함무라비법전 비문은 바빌로니아에서 만들어져 6백 년간 보존되다가 엘람 왕국에 약탈당해 3천 년이 지난 뒤에 프랑스로 옮겨져 1백 년이 지났다. 세계에서 가장 일찍 약탈당한 문화재이면서 가장 먼 길을 유랑한 대표적인 문화재 중 하나이다. 그렇다면 함무라비법전 비문은 누구의 문화재인가? 바빌로니아의 후예인 이라크의 문화재인가? 엘람 왕국의 후예인 이란의 문화재인가? 아니면 프랑스의 문화재인가?

1980년, 프랑스 수상 레이몽 바레가 석유 수입 문제를 협의하러 이라크를 방문했을 때 사담 후세인 이라크 대통령은 회담 중에 돌연 의제에도 없던 함무라비법전 비문을 들고 나왔다. 후세인은 이라크 민족주의와 과거 제국주의 시대의 비윤리적 약탈을 문제삼으면서 함무라비법전 비문의 반환을 요구했다. 하지만 프랑스는 아무런 언급도 하지 않았다.

프랑스로서는 이란에서 합법적으로 발굴해 온 함무라비법전 비문을 내놓으라는 이라크의 요구가 가당치 않게 들렸을 것이다.

일반적으로 문화재는 그것을 창조한 민족의 소유이거나 최초로 발견된 영토의 국가에 소속된다. 특히 문화재의 이동 경위가 불분명한 고대 문화재의 경우, 문화재가 존재하는 영토의 소유가 강조된다. 터키에서 발견된 그리스인들의 문화재는 터키의 문화재이다. 1980년대에 우리나라 서해안에서 발견된 신안 해저 유물이 중국에 귀속되지 않고 우리의 문화재가 된 것과 같은 이치이다.

과거에는 약탈에 의해 외국의 문화재를 합법적으로 획득하는 게 국제사회의 관행이었지만, 이러한 전시 문화재 약탈 관행은 나폴레옹 전쟁 이후 유럽에서는 폐지되었고 약탈 문화재는 반드시 반환해야 한다는 국제 관행이 성립되었다. 그렇지만 19세기에서 20세기에 걸쳐 진행된 유럽의 제국주의 시대에 그들이 비유럽 지역에서 약탈해 간 문화재는 반환이 이루어지지 않고 있다.

그들은 비유럽 지역에서 가져간 문화재는 약탈한 게 아니라 보호하는 것이라고 주장하고 있다. 폐허에서, 또는 전쟁에서의 파괴나 현지인들의 무지로부터 문화재를 구출해 왔다는 것이다. 그렇지 않았다면 오늘날 이들 문화재는 남아 있지 않았을 것이라고 그들은 주장한다.

외국의 문화재는 합법적으로 구매하거나 발굴하여 자기 나라의 문화재로 만들 수 있는데, 함무라비법전 비문이 바로 여기에 해당된다. 발굴 계약이 아무리 불평등한 협정이었다 해도 그것이 그 시대의 관행이었고, 소유권이 합법적으로 넘어갔다는 주장이다.

빼앗긴 세계문화유산

프랑스로서는 함무라비법전이 이란과의 협정에 의해 합법적으로 발굴한 취득물이기 때문에 이라크에 내어 줄 이유가 없다. 함무라비법전 비문과는 관계도 없는 현대의 이슬람 국가인 이라크가 이를 요구할 근거는 전혀 없다고 보는 것이다. 더구나 함무라비법전 비문은 루브르 박물관의 최고 보물 중 하나가 아닌가?

CHAPTER 02

키루스 칙령 Cyrus Cylinder
- 바빌로니아에서 태어난
인류 최초의 인권 문서

키루스 칙령.
가로 23센티미터 , 세로 12센티미터의 크기로 모두 14행으로 되어 있다.
사용 문자는 아카디아어이다. (대영 박물관 소장)

고대 정복 전쟁에서 승리한 왕은
대부분 모든 전리품을 손에 넣지만
어떤 왕은 승리 후에도 박애 정신을 통해
인간적인 면모를 보여 주는 경우가 있었다.
역사는 이 두 타입의 왕들에 관한 것이다.

_마가렛 마일즈 《약탈물로서 예술》 중에서

전쟁에서 승리한 후 파괴 대신 발표한 칙령

1971년 10월 14일, 뉴욕 유엔 본부. 당시 사무총장이던 우탄트는 이란 팔레비 왕의 쌍둥이 여동생인 팔레비 공주로부터 문화재 사본을 증정받았다. 키루스 칙령이 새겨진 원통형의 문서로, '키루스 실린더Cyrus Cylinder'라 불리는 것이었다.

우탄트 사무총장은 이 문서의 내용이 유엔의 인권을 위한 노력과 일치한다고 평가했고, 그 뒤 문서는 유엔의 공식 용어인 6개 국어로 번역되었다. 이때 증정된 칙령은 지금도 유엔 본부 2층의 안전보장이사회와 경제사회이사회 중간의 복도에 전시되어 있고, 원본은 대영박물관에 있다.

키루스 칙령은 페르시아의 키루스 대왕이 발표한 정책이다. 그는 엘람의 한 작은 왕국이던 안산의 왕으로 출발하여 수많은 정복 전쟁에서 승리를 거두고 기원전 558년에 페르시아 대제국을 이룬 제왕이었다. 그의 제국은 아나톨리아 반도지금의 터키, 근동 지역, 이스라엘, 시리아, 인도와 이집트 경계선에 이르기까지 방대한 국토를 이루었는데 무엇보다도 바빌로니아를 정복한 후에 그 찬란한 문화를 계승한 제왕으로 유명하다.

〈농부로부터 세금을 받고 있는 고레스〉 클로드 비뇽. 1629년 작품. (프랑스 투르 미술관 소장)

기원전 539년, 세계의 중심지인 바빌로니아에 입성한 키루스 대왕
은 파괴와 약탈 대신 칙령을 발표했다. 바빌로니아 주민들의 생계를
향상시키고, 제국 내 여러 민족에게 종교의 자유를 허락하며, 포로로
잡아온 여러 민족과 그들의 신상을 본국으로 귀환시킨다는 공약이었
다. 정복자가 피정복지의 주민을 학살하고 재물을 약탈하는 것을 당
연시했던 고대사회의 관행에 비추어 본다면 이는 대단히 획기적인 약
속이 아닐 수 없다.

키루스 칙령, 바빌로니아에서 발견되다
시리아계 영국인인 호르무즈 라쌈은 명색은 고고학자이지만 대영 박

빼앗긴 세계문화유산

물관의 지원을 받아 고대 바빌로니아 지역을 뒤지고 다닌 도굴꾼으로 더 악명이 높은 사람이었다. 1879년, 그는 바벨탑 남쪽 에사길라 사원의 벽 속에서 원통형 문서 하나를 건져 냈다. 건축 기념으로 건물에 부적이나 귀중품을 넣어 두는 것은 메소포타미아 시대의 관행이었다.

키루스 칙령을 발견한 호르무즈 라삼. 1854년 필립 헨리 들라모트 사진. (영국 웨일즈 스완시 박물관 소장)

이 문서는 부서져서 4분의 1 가량이 떨어져 나간 채로 발견되었고, 즉시 대영 박물관으로 보내졌다. 그로부터 1백여 년 후인 1970년, 예일 대학에 보관돼 있던 쐐기문자판 파편이 이 문서의 나머지 4분의 1로 밝혀졌다. 두 개의 파편은 즉시 합해져서 대영 박물관에 소장되었다.

이 발견은 대단한 센세이션을 몰고 왔다. '키루스 칙령'으로 밝혀진 이 문서에 적힌 내용이 성서의 기록을 뒷받침하기 때문이었다.

기원전 586년 예루살렘을 정복한 바빌로니아 왕조의 네부카드네자르 왕은 솔로몬 성전을 파괴하고 성물을 약탈했으며 유대인 귀족들을 포로로 잡아갔다. 이것이 바로 '바빌로니아 유수'로, 성서는 바사 왕 고레스가 조서를 공포하여 바빌로니아에 잡혀갔던 유대인들과 성물이 다시 유대 땅에 돌아와 제2성전을 건축하게 되었음을 기록하고 있다.

키루스 칙령에서는 유대인의 귀환을 특별히 언급하지 않았으나 이 칙령으로 인해 유대인과 성물이 귀환했으며, 이로써 솔로몬 성전 재

〈키루스와 유대인〉, 15세기 장 푸케 작품. (프랑스 국립도서관 소장)

건이 가능했음은 의심의 여지가 없다. 이는 성서 내용을 뒷받침하는
유일한 문서로서, 문화재가 역사적 사건들을 확인해 주는 증거물임을
말해 주고 있다.

빼앗긴 세계문화유산

성서는 이때 돌아온 유대인이 5만 명이고, 키루스가 반환한 유대 성물은 금은 집기 5천 4백 점이라고 기록하고 있다. 기원전 516년, 유대인들은 바빌로니아에서 돌아온 성물을 가지고 제2성전을 건축했다. 정복자의 자비심에 의해 약탈된 문화재가 돌아온 극히 드문 사례라고 볼 수 있다.

키루스 칙령은 이란 국민들의 자부심이 되었다. 1971년 이란의 팔레비 왕은 페르시아 건설 2천 5백 년을 기념하는 대대적인 축제를 열고, 세속국가를 지향했던 현대 이란을 페르시아 제국의 후계자로 선포했다.

이 축제의 중심인물은 키루스 대왕이었다. 그의 정책이었던 모든 민족의 종교에 대한 관용은 현대 이란의 이상이었다. 이란은 2천 5백 년 전에 관용과 박애 정신을 선포한 키루스 칙령을 인류 최초의 인권 선언으로 격상시키면서 우표와 지폐에도 인쇄했다. 이때 대영 박물관은 키루스 칙령의 원본을 축제 기간 중 특별히 대여해 주었다.

1979년, 호메이니가 이끄는 혁명이 성공하면서 팔레비는 미국으로 망명하고 이란은 종교 국가로 회귀했다. 이때 혁명 세력은 팔레비의 망명을 허락해 준 미국에 분노하면서 미국 대사관 직원 55명을 인질로 잡고 13개월 동안 감금했다. 포로 귀환을 허용하는 키루스 칙령에 긍지를 가지고 있던 이란인들이 스스로 인질 사태를 초래한 것은 역사적 아이러니이다.

그동안 유엔을 비롯하여 많은 학자들은 키루스 칙령에 새겨진 종교적 관용과 인권 존중 사상을 높이 평가해 왔다. 하지만 다른 한편에서는 키루스 칙령이 인권 문서라는 데 반대하고 그 의미를 축소하는 학자들도 있었다.

"정권이 바뀌면 지도자들이 개혁을 공약하기 마련이다. 키루스 대왕의 관용 정책은 광대한 제국의 다수 이민족을 다스리기 위해 펼친 현실적인 대안으로 실용주의의 산물일 뿐이다.

이는 피정복민을 다스리는 키루스 대왕의 채찍과 당근 정책으로, 정복자가 민심을 얻을 목적으로 발표한 프로파간다에 불과하다. 이것을 인권선언이라고 믿는다면, 프로파간다의 희생자는 오늘날의 우리가 될 것이다."

이란이 국제적 부랑자로 미움을 받으면서, 이렇듯이 조상의 업적에 대한 평가도 달라지고 있는 것이다.

키루스 칙령에 대한 대영 박물관의 입장

키루스 칙령에 대한 비우호적 평가의 중심에는 대영 박물관이 있다. 대영 박물관 웹사이트는 키루스 칙령에 대해 다음과 같이 설명한다.

"키루스 칙령은 세계 최초의 인권헌장이라고 말해지기도 하나 메소포타미아 지역에는 기원전 3천 년 무렵부터 왕들이 개혁을 공포하며 새로운 통치를 시작하는 오랜 관행이 있었다."

결국 대영 박물관은 이 칙령이 이란과 키루스와 관련되는 것을 차단하고 있다. 대영 박물관장 닐 맥그레거는 키루스 칙령은 이란과는 무관한 바빌로니아의 전통을 담은 문서로서, 근동 지역의 더 넓은 문화적 맥락에서 보아야 한다고 말한다.

그동안 영국은 문화재가 어느 특정한 민족의 소유라는 데 항상 반대하는 입장을 견지해 왔다. 문화재는 국경을 넘은 인류 공동의 소유, 즉 인류 보편의 문화재라는 게 그들의 논리인 것이다. 이런 논리는 약탈 문화재의 반환을 거부하는 전형적인 코드이다. 그게 아니면, 영국이 자랑하는 세계 최초의 인권 문서인 마그나카르타보다 1천 7백 년 이상 앞선 키루스 칙령을 인정하기를 거부하는 영국의 민족주의적 시각인지도 모른다.

키루스 칙령은 획기적인 문서임에 틀림없다. 인류의 오랜 전통인 정복자의 학살과 약탈 관행을 벗어난 정책이기에 그렇다. 오늘날 우리가 말하는 '인권'이라는 용어는 19세기에 등장했지만, 인권의 개념은 수천 년을 두고 진화해 왔다.

키루스 칙령은 비록 완전한 인권의 실현은 아닐지라도 2천 5백 년 전에 종교적 관용과 인권을 선포한 문서임에 틀림없다. 인권 문서가 아니라면, 포로가 된 유대인과 성물의 귀환을 허락하여 유대의 제2성전을 건축하도록 지원한 문서를 무엇이라 불러야 할까?

키루스 칙령은 어느 국가에 귀속하는가

키루스 칙령을 제작한 나라는 이란이고, 발견한 나라는 영국이다. 발견된 장소는 이라크이고, 당시 이라크의 주인은 오스만 투르크 제국이었다. 당시 '세계의 병자' 오스만 투르크는 제국 내 이민족의 반란과 열강들의 간섭으로 인해 지칠 대로 지쳐 있었다.

식민지에서 유럽 국가들이 문화재를 약탈해 가는 데 관심을 기울일 여력이 없었다.

영국, 프랑스, 독일은 단 한 푼의 보상도 없이 무주공산의 터키 식민지에서 이러한 귀중한 문화재들을 닥치는 대로 가져갔던 것이다. 명색은 발굴이지만 고고학의 기술과 국제 관행이 초보 단계였던 시절에 이 같은 행위는 약탈이나 다름없었다. 오늘날 유럽의 박물관들은 이러한 문화재를 소장하고 합법적 소유권을 주장하고 있다.

이란은 민족의 자부심이자 국가 정체성을 대변하는 키루스 칙령의 반환을 공식적으로 요구하지 않고 있다. 팔레비 시절엔 미국과 영국에 의존하고 있어 감히 문화재 반환을 요구하지 못했고, 오늘날의 이란은 문화재로 인한 또 다른 국제적 분쟁을 야기하기에는 너무나 복잡한 사정이다.

설령 이란이 반환을 요구한다 해도 문제는 복잡하다. 우선 이 문서는 이라크에서 발견된 바빌로니아 문서로, 발굴 당시 형식적이지만 터키 당국의 허가를 얻어서 뒤져낸 문서이기 때문이다. 영국은 이 문서가 오늘날 이슬람 국가인 이란과는 아무 관련이 없다고 보고 있다.

이란이 그동안 기껏 요구한 것은 키루스 칙령의 원본을 대여해 달라는 것뿐이었다. 1971년 팔레비 시절, 영국 정부는 이란과의 우호관계와 이란의 입장을 지지하는 미국의 체면을 봐주어 키루스 칙령의 원본을 이란에 잠시 대여한 적이 있다. 이때도 대영 박물관은 반대했다.

2005년, 대영 박물관은 페르시아 특별전을 개최했다. 이때 박물관측은 이란의 협조를 얻기 위해 키루스 칙령의 원본을 대여해 주겠다는 언질을 주기도 했다. 이란은 50여 점의 진귀한 문화재를 빌려 주었지만, 페르시아 특별전을 성공리에 마친 대영 박물관은 이란의 박물관 환경이 좋지 않다는 트집을 잡으며 태도를 바꾸었다. 최근 대영 박물관은 2009년에는 대여가 이루어질 것임을 시사하고 있지만, 이것도 두고 볼 일이다.

CHAPTER 03

오벨리스크 Obelisk
- 제국주의에 바쳐진 고대 문명의 상징

몬테치토리오 오벨리스크,
기원전 10년 아우구스투스가 이집트 헬리오폴리스에서 가져온 것으로
로마의 이탈리아 하원의사당 앞에 서 있다.

영원한 고대 문명의 상징인 오벨리스크는
정복과 약탈의 세계사에 들어와서
문화적 헤게모니와 제국주의를 상징하는 기념비가 되었다.

_데이비드 제프리 《나폴레옹 이래 고대 이집트》 중에서

카이사르를 기념하기 위한 '클레오파트라의 바늘'

"이집트 기념 선물로 오벨리스크 하나만 갖다 주세요."

나폴레옹이 이집트 원정을 떠날 때, 아내 조제핀이 부탁한 말이다. 그러나 현재 파리 콩코드 광장에 있는 오벨리스크Obelisk는 나폴레옹이 가져온 것은 아니다.

오벨리스크를 탐낸 사람은 조제핀만이 아니었다. 고대 로마 황제를 위시하여 현대의 제국주의자들은 모두 오벨리스크에 광적인 집착을 보였다. 오벨리스크를 이집트에서 처음 뽑아온 사람은 로마 최초의 황제인 아우구스투스였다.

기원전 30년 아우구스투스는 자신의 이집트 정복을 빛내는 최대 기념물은 오벨리스크라고 생각했다. 세계에서 가장 큰 단일 석조물이자 세계에서 가장 오래된 문명이 만든 것으로서, 이는 세계 최대 강국인 로마 제국에 가장 합당한 기념물로 보았던 것이다.

그는 오벨리스크에 중독이 되었다고까지 말해지고 있는데, 이 말은 권력에 중독된 것과 같은 의미일 것이다. 아우구스투스 이후의 황제들도 오벨리스크에 집착하기는 마찬가지여서 몇 개를 더 날라다 로마와 콘스탄티노플을 장식했는가 하면 오벨리스크를 직접 제작하기도 했다.

아우구스투스 황제의 대리석 흉상.
(로마 카피톨리니 박물관 소장)

아우구스투스는 기원전 10년경 카이로 부근 태양의 도시 헬리오폴리스에서 1천 년 이상 서 있던 오벨리스크 네 개를 뽑아갔다. 두 개는 로마에 가져왔고, 나머지 두 개는 알렉산드리아로 옮겼다. 그의 숙부인 카이사르를 기념하기 위한다는 명목이었는데, 이것이 '클레오파트라의 바늘'이다.

이때는 카이사르의 연인이었던 클레오파트라와 안토니우스카이사르가 죽자 클레오파트라의 연인이 된다가 아우구스투스와의 싸움에서 패하고 일주일 간격으로 자살한 지 20년 후의 일이다. 따라서 클레오파트라는 알렉산드리아에 옮겨온 이들 두 개의 오벨리스크를 알지도 못했을 것이다. 클레오파트라의 바늘은 지금 런던과 뉴욕에 각각 서 있다. 1천 9백 년 동안 알렉산드리아에 서 있다 옮겨진 것이다.

오벨리스크는 어둠을 정복한 태양의 신 아몬Amon을 위해 세운 것이다. 오벨리스크는 대개 기원전 1500년대 투트모세 3세와 기원전 1300년대 람세스 2세 때 제작된 것들이다. 아스완 지역의 붉은 화강암을 재료로 길이 20미터 내외, 무게는 200~400톤 가량이다. 보통 신전 입구에 쌍으로 세워졌지만, 로마 제국과 유럽 열강들이 뽑아가면서 이제는 쌍으로 세워진 오벨리스크는 보이지 않는다.

19세기 후반에 접어들면서 프랑스, 영국, 미국이 오벨리스크를 하나씩 가져가면서 그 엄청난 운반 작업에 들어간 과학기술의 힘을 대

빼앗긴 세계문화유산

대적으로 선전했다.

하지만 3천 5백 년 전에 이집트인들이 아스완에서 이를 제작하여 카이로로 날랐던 것이나 2천 년 전 로마인들이 이를 로마와 알렉산드리아로 날랐던 것을 생각한다면 1880년대의 운반은 그리 대단한 업적이 아닐 것이다.

왜 로마 황제들은 오벨리스크에 열광했을까?

우선 이집트 정복의 상징이기 때문이다. 고대 국가, 고대 문명, 그리고 이방의 신을 정복했음을 가장 극적으로 상징하는 것이다. 오벨리스크의 엄청난 크기와 운반의 어려움은 인간의 한계를 벗어난다. 이 일은 황제의 힘에 합당하고 제국의 힘과 기술을 상징한다.

게다가 오벨리스크에 새겨진 신비한 상형문자를 이해하지는 못한다 해도 상형문자의 해독은 1824년 샹폴리옹의 로제타석 해독이 처음이었다, 고대의 난해한 지식과 문명의 영원성을 보여 준다. 고대의 신에게 바쳐졌던 오벨리스크는 힘과 기술과 지식을 상징하는, 제국주의에 바쳐진 기념물이 되었다. 로마 제국의 이미지는 요소요소에 세워진 오벨리스크를 빼놓고는 생각할 수 없는 것이 되었다.

로마 제국과 결부된 오벨리스크의 이미지는 19세기 유럽의 제국주의 시대에 다시 나타났다. 1798년, 이집트를 침략했던 나폴레옹은 3년 뒤인 1801년 영국군에 의해 격퇴되었다. 이로써 프랑스의 이집트 지배는 저지되었고, 영국은 그 대가로 오벨리스크 한 개를 달라고 요구했다. 당시 이집트 총독은 오스만 투르크가 고용한 알바니아인 무

파리 콩코드 광장의 오벨리스크. 꼭대기 금빛의
피라미드는 프랑스에서 씌운 것이다.

하마드 알리라는 자로, 친 유럽
정책을 펴는 야심찬 개혁가였
다. 그는 유럽 열강들의 지원을
기대하고 있었다.

이번에는 프랑스의 루이 18세
가 나폴레옹 정권을 종식시킨
프랑스를 위해서 오벨리스크 한
개를 요청했다. 1836년, 프랑스
는 룩소르에서 람세스 2세의 오
벨리스크를 두 개 받았다. 우선
샹폴리옹이 추천한 한 개는 파
리로 운반되었다. 다른 하나는 옮겨오지 못했는데, 1981년 대통령으
로 선출된 미테랑은 이 오벨리스크를 이집트에 공식적으로 반환했다.
주객이 전도된 셈이다.

프랑스가 가져간 오벨리스크는 프랑스 혁명 당시 단두대가 설치되
었던 바로 그 자리, 오늘날의 콩코드 광장에 세워졌다.

영국은 운송비 문제로 계속 미루다가 1878년에 이르러서야 운반해
갔다. 템스 강변에서 벌어진 거국적인 행사에서, 영국기와 이집트기가
꽂힌 오벨리스크가 올라가는 동안 영국 왕과 수상, 이집트 총독 이스
마일 파샤가 참관하여 고대 문명과 현대 문명의 교류를 찬양했다. 그
다음 해인 1879년, 프랑스와 영국은 수에즈 운하를 컨트롤하는데 걸
림돌이 된다는 이유로 이스마일 파샤를 가차없이 쫓아냈다.

빼앗긴 세계문화유산

1. 런던 테스 강변의 오벨리스크. (클레오파트라의 바늘)
2. 뉴욕 센트럴 파크의 오벨리스크. (클레오파트라의 바늘)

3년 후인 1882년, 영국은 이집트를 점령해 버렸다. 민족의 문화재를 희생시켜 외세를 달래 보려는 이집트 총독의 헛된 생각이 가져온 자업자득이었다.

한편 미국이 오벨리스크를 가져오기 직전인 1881년, 〈뉴욕헤럴드〉는 다음과 같은 기사를 실었다.

"오벨리스크가 없는 메트로폴리탄 주민들은 결코 행복할 수 없다. 로마에 오벨리스크가 있었고, 콘스탄티노플에도 있었다. 파리는 이미 하나 가졌고, 런던도 최근에 하나 가졌다. 만약 뉴욕에 오벨리스크가 없다면 다른 모든 큰 도시들은 뉴욕을 우습게 볼 것이다. 그들은 뉴욕이 오벨리스크를 가질 때까지 결코 당당할 수 없을 것이라고 떠들어 댈 것이다."

제국주의의 기념물 오벨리스크는 이제 대도시 주민들의 욕망이 되었다. 대도시에 솟은 고층건물의 원조이기 때문인가? 그 누구도 오벨리스크의 종교적 성격은 고려하지 않았고, 그것을 잃은 이집트 국민들의 상실감은 조금도 개의치 않았다. 오직 강대국으로서의 자부심과 도시의 장식만을 생각했다.

로마시대에도 오벨리스크의 이전을 반대하는 지성인들이 있었다. 그것은 신전의 일부이며 신성한 것이라는 이유였다. 그러나 그러한 생각은 받아들여지지 않았다. 신전에서 신전으로 옮기는 것은 문제가 되지 않으며, 로마는 세계의 신전이라는 게 이유였다.

뉴욕 센트럴파크에 세워진 오벨리스크는 미국과의 유대를 다지려는 이집트 총독의 기대에 따라 기증된 것이었다. 이집트는 막대한 비용을 들여 건설한 수에즈 운하에 미국이 투자하기를 원했지만, 그들의 기대와는 달리 미국은 사실상 수에즈 운하의 주식을 단 한 주도 사주지 않았다.

이집트는 오벨리스크를 돌려받을 수 있을까?

현재 전 세계에 산재해 있는 오벨리스크는 20여 개다. 로마에 13개, 이집트에 6개, 그밖에 터키, 미국, 영국, 프랑스에 하나씩 있다. 이들 중에서 로마가 가져간 오벨리스크는 분명히 식민지 문화재의 약탈에 해당되지만, 2천 년 전의 일이라 지금으로선 물을 수조차 없다.

반면에 19세기 제국주의 시대에는 자발적으로 기증된 것이다. 유럽 국가들의 정치적, 경제적 압박으로 국가 존립의 위협을 느낀 이집트 총

독이 그들의 환심을 사려고 기증
한 것이다.

　이집트의 신과 파라오의 영광
을 위해 제작되어 수천 년간 이집
트의 일부가 되어 존재했던 오벨
리스크를 기증이라는 이름으로 받
아간 것은 군사적으로 약탈당한
것에 못지않은 상처를 남겼을 것
이다.

　오늘날 이들 오벨리스크는 너

베니토 무솔리니.

무나도 유명한 도시의 상징물이 되었다. 오벨리스크 없는 콩코드 광
장은 생각할 수조차 없다. 그래서 파리의 상징물이 된 오벨리스크의
반환은 생각할 수도 없을지 모른다. 로제타석에 대한 반환 운동을 벌
이고 있는 이집트지만 오벨리스크는 거론조차 하지 않는다.

　세계에서 오벨리스크를 가장 많이 약탈하고 소유한 이탈리아지만,
현대에 들어와서도 또다시 오벨리스크를 약탈했다. 이번에는 에티오
피아의 오벨리스크였다. 1937년 에티오피아를 점령한 이탈리아는 고
대 도시 악숨에 있던 오벨리스크를 약탈해 갔다. 이 오벨리스크는 4세
기경에 에티오피아에서 제작된 것으로 무솔리니의 지령에 의해 약탈
되었다.

　무솔리니는 파시스트 국가 건설을 기념하기 위해서는 오벨리스크
를 약탈하는 게 가장 어울린다고 믿었다. 그는 1944년에 체포될 당시

악숨 오벨리스크. 에티오피아의 독특한 오벨리스크이다.

순금으로 만든 에티오피아 왕관을 네 개나 소지하고 있었을 정도로
문화재에 광적으로 집착한 인물이었다. 그래서였을까? 그는 1939년
에는 이탈리아 문화재의 반출을 금하는 문화재법을 제정하기도 했다.

악숨은 솔로몬과 시바 여왕의 후손이 세웠다는 전설을 가진 에티오
피아의 고대 왕국이다. 그렇기 때문에 그 오벨리스크는 에티오피아의
전설과 역사, 문화의 기념비이자 자랑이었다. 패전국 이탈리아와 유엔
이 체결한 평화조약에는 악숨 오벨리스크를 반환하도록 결정하고 있
었지만, 이탈리아는 약소국 에티오피아를 상대로 이리저리 회피하면
서 수십 년을 끌었다.

에티오피아에서 거국적인 오벨리스크 반환 운동이 일어난 지 50여
년이 지난 2005년 5월, 마침내 오벨리스크는 에티오피아로 돌아와

악숨에 세워졌다. 높이 24미터에 무게가 500톤에 달하는 이 오벨리스크는 세 토막으로 나뉘어 비행기로 운반되었는데 운반비만 770만 달러가 들었다고 한다. 이 돈은 당연히 이탈리아가 지불했다.

에티오피아인들의 50여 년에 걸친 반환 투쟁은 문화재 반환 운동의 귀감이 되었다. 물론 평화조약이 이행된 것이지만 에티오피아 국민들의 일치된 투쟁이 없었다면 불가능한 일이었을 것이다.

CHAPTER 04

솔로몬 성전 Temple of Solomon
- 1천 년의 약탈과 흩어진 유대 성물

〈십계명을 들고 있는 모세〉
1659년 렘브란트 작품. (베를린 게맬데 갤러리 소장)

수천 년, 또는 수천 마일 떨어져 살아
서로를 모르는 사람들이 동시에 같은 것을 찾고 있었다.
그것은 인간을 신에게 연결시켜 주는 성물이었다.

_조셉 프랑크 《언약궤를 열다》 중에서

약탈의 첫 번째 타깃, 신전

불꽃과 천둥이 일고, 검은 구름에 휩싸인 시나이 산에서 모세가 십계명을 받은 것은 대략 기원전 1400년경이다. 그는 하산하자마자 두 개의 돌판에 새겨진 십계명을 보관할 상자를 만들었다. 이것이 바로 언약궤이다. 언약궤는 성막 안에 안치되었다. 이때는 유대 민족이 광야를 유랑하던 때였으므로, 성막은 이동식 성전이었다.

이로부터 5백여 년 후인 기원전 960년에 솔로몬 왕이 7년에 걸쳐 예루살렘 모리아 산, 즉 오늘날의 성전산에 영구적인 성전을 건축한다. 이것이 '솔로몬 성전'으로 알려진 제1성전이다.

고대사회에서 신전은, 신의 거소로서 가장 성스러운 곳이자 최고의 보물과 예술품으로 단장된 가장 호사스러운 공간이었다. 신전은 또한 막대한 헌금과 헌물이 축적된 곳으로 오늘날의 교회, 박물관, 은행을 겸한 장소이기도 했다. 따라서 전쟁이 벌어지면 신전이 약탈의 일차적 타깃이 되는 건 당연한 일이었다.

솔로몬 성전은 건축 당시부터 호사스러움으로 이름을 떨쳤다. 솔로몬 역시 성전 건축 후 지혜와 부귀의 상징적 인물이 되었다. 성전 건축에는 레바논에서 수입한 백향목과 함께 막대한 양의 금과 은, 구리가

성서의 기록을 토대로 재구성한 솔로몬 왕궁 상상도. 성전
에는 지성소, 메노라, 떡상, 향단, 성찬 집기와 제물로 바치
는 짐승을 두던 마굿간도 있었다.

사용되었는데 성서 연구가인 램버트 돌핀은 솔로몬 성전 건축자재를 금 3천 7백 톤, 은 3만 7천 톤으로 잡고 총비용을 오늘날의 돈으로 환산하면 560억 달러가 된다고 추산했다. 이 비용은 전 유대인의 성금이 수백 년 동안 쌓인 결과이므로 전혀 불가능한 액수는 아닐 것이다.

이 성전은 4백 년 동안 존속하다가 기원전 586년 바빌로니아에 의해 완전히 파괴된다. 그로부터 70년 후인 기원전 516년, 바빌로니아에 포로로 잡혀갔던 유대인들이 돌아와 솔로몬 성전의 폐허 위에 성전을 다시 지었다. 이것이 제2성전이다.

제2성전은 기원전 20년경 헤롯왕이 크게 증축했다. 예수가 성전에서 노끈으로 채찍을 만들어 양과 소를 내쫓고 돈을 바꾸는 사람들을 꾸짖은 것은 이 성전에서 일어난 일이다. 이 성전은 70년 예루살렘을 정복한 로마 군대에 의해 완전히 파괴되는데, 이때 남은 성전의 서쪽 벽 일부가 오늘날의 '통곡의 벽'이다.

솔로몬 성전은 로마 군대에 의해 최종 파괴될 때까지 1천 년간 이집트, 아시리아, 바빌로니아, 그리스, 로마에 의해 끊임없이 약탈당했다. 서기 70년, 이스라엘을 마지막으로 정복한 로마의 티투스 황제는

빼앗긴 세계문화유산

승전 기념으로 로마 중심 가에 티투스 개선문을 세 웠다. 이 개선문 아치 안 쪽의 부조된 그림에는 약 탈한 예루살렘 성전의 성 물을 메고 가는 로마군의 행렬이 그려져 있다. 이것 은 예루살렘 성전에서 약

오늘날의 예루살렘 성전. 황금돔 자리가 솔로몬 성전터로 간주된다.

탈된 성물이 실제로 어떠한 것들이었는지를 보여 주는 유일한 그림이다.

성전 약탈물 중에서 가장 중요한 것은 언약궤와 대형 메노라^{대형 금촛대}, 대형 은제 트럼펫 한 쌍, 떡을 진열하는 금상, 향을 지피는 금상, 향을 피 우고 제물을 태우는 데 사용한 금은제 제례 도구, 그리고 성찬 집기 등 이다. 이 성물들은 오늘날 모두 사라졌다.

언약궤는 어디로 갔을까?

성전에서 십계명이 안치된 언약궤는 신이 머무는 곳이기 때문에 가장 중요한 물건이다. 성소 중의 성소이다. 번개와 같은 불꽃을 발산하며 강력한 기적을 일으키는 능력이 있기 때문에 유대인들은 이를 전쟁에 가지고 나갔다. 언약궤가 인간이 최초로 전기를 잡아 놓은 기구가 아 니었을까 하고 추측하는 학자들도 있다.

언약궤는 기원전 516년 바빌로니아의 침공 이래 자취를 감추었는 데, 솔로몬 신전과 함께 파괴된 것으로 보인다. 그러나 아직도 많은 사

〈언약궤의 희생〉 1626년 루벤스 작품. (보스톤 박물관 소장)

람들은 언약궤가 지상에 존재한다는 믿음을 버리지 않고 있다. 3천 년
이 지난 오늘날에도 많은 학자들과 탐험가들이 언약궤의 행방을 찾아
평생을 바치고 있다.

첫째, 솔로몬 성전을 처음 약탈한 이집트 왕 시샤크 람세스 3세로 추정된다가
언약궤를 가져갔다는 설이다. 이 이야기는 1981년에 발표된 스티븐 스
필버그 감독의 영화 〈인디아나 존스와 언약궤의 추적자들〉의 배경이다.

언약궤의 신비한 능력을 빌려 제2차 세계대전에서 승리하려는 나
치와 이를 저지하려는 미국의 고고학자 인디아나 존스 사이의 투쟁을
그린 이 영화에서 이집트의 한 신전 지하에서 언약궤가 발견된다. 언

빼앗긴 세계문화유산

약궤는 나치의 손에 들어갔지만 나치가 언약궤의 능력을 시험하기 위해 뚜껑을 여는 순간 불꽃과 번개가 폭발하여 나치 요원들은 즉사하고, 언약궤는 천둥소리와 함께 스스로 닫혀 버리고 만다.

그 후 언약궤는 미국 정부의 수중에 넘어가 국방성 창고 속으로 들어간다. 창고에는 수없이 많은 동일한 상자들이 쌓여 있어 찾을 수 없게 된다. 이로써 언약궤의 행방은 또다시 미궁 속으로 빠지게 되고, 미스터리는 계속되는 것이다. 대대적인 성공을 거둔 영화는 3천 4백 년 전에 만들어져 2천 5백 년 전에 사라진 전설상의 성물이 아직도 얼마나 현대인들의 마음을 사로잡고 있는지를 여실히 보여 준다.

둘째는 솔로몬과 시바의 아들 메넬리크가 에티오피아로 가져갔다는 설이다. 메넬리크가 아버지 솔로몬을 만나러 예루살렘을 방문했을 때 언약궤를 훔쳐냈다는 것이다. 이것이 오늘날 에티오피아 정교회에 보존된 '악숨 타보트'에티오피아 고대 수도 '악숨'의 언약궤라는 뜻'이다.

이 이야기는 에티오피아의 민족 서사시 〈케브라 나가스트왕의 영광〉에 간략히 등장하는데, 에티오피아 정교회 측은 솔로몬의 언약궤가 악숨의 시온 성모 교회 밀실에 깊이 보관되어 있으며, 오직 최고위 성직자만이 볼 수 있기 때문에 일반에 공개할 수 없다고 말한다.

하지만 대부분의 학자들은 만약 메넬리크가 예루살렘에서 언약궤를 가지고 왔다면, 그것은 솔로몬이 만들어 준 복제품일 것이라고 보고 있다. 그렇다 하더라도 그것은 원본을 가장 충실히 재현한 것으로 3천 년 이상된 또 하나의 중요한 성물임에 틀림없다.

셋째는, 십자군들이 유럽으로 가져갔다는 설이다. 1120년대에 성지

에티오피아 악숨의 시온 성모 교회. 모세의 언약궤가 안치되어 있다고 한다.

수호를 위해 결성된 십자군의 주력부대인 템플 기사단Ordes des Templiers: 템플러는 솔로몬 성전에서 따온 명칭이다은 7세기경 무슬림들이 솔로몬 성전 터에 세운 황금돔 사원 지하의 성전 터를 10여 년간 점령했었다. 템플 기사단의 주요 멤버가 프리메이슨, 즉 석공들의 조합원으로 구성된 만큼 이때 그들이 황금돔 사원의 지하를 샅샅이 조사했을 것이고. 성전 터 지하에 숨겨진 성물이 있었다면 이를 가져갔을 것이라는 추측은 상당한 가능성이 있다.

그때 템플 기사단은 언약궤를 본부가 있는 프랑스 남부 피레네 산악지역으로 운반했다고 한다. 1307년 10월 13일 금요일, 템플 기사단에 대한 대대적인 박해가 일어났을 때 언약궤는 다시 자취를 감추고 영국, 아일랜드, 또는 얼마 후 유럽에서 미국으로 넘어갔다는 등의 갖가지 이야기로 발전한다.

최근에는 언약궤가 아프리카에 존재한다는 책도 출판되었다. 런던 대학교 아시아-아프리카학SOAS 교수인 튜더 파피트는 짐바브웨 렘바족의 성물인 '노마Ngoma'에 주목한다. 고리가 달려 메고 다니는 북같이 생긴 노마가 언약궤일지 모른다는 게 그의 추론이다.

빼앗긴 세계문화유산

렘바족은 예멘에서 건너온 유대인들로 추정되는데, 파피트 교수는 렘바족의 DNA를 조사해 본 결과 솔로몬 성전에서 봉사했던 유대인 성직자들의 후손과 같은 특질이 있었다고 말한다. 노마는 현재 짐바브웨 국립박물관에 보존되어 있는데, 전문가들은 이것을 고대의 성물함, 또는 전쟁에 사용되는 무기의 일종으로 추정하고 있다.

템플 기사단의 표지.

파피트 교수는 노마의 방사성탄소연대 측정검사 결과, 14세기에 제작된 것으로 밝혀졌다고 말한다. 따라서 예루살렘이 외적의 침공을 받았을 때 언약궤를 담당한 유대인들이 이를 들고 예멘을 거쳐 아프리카로 건너갔으며, 그 이래 언약궤가 파손될 때마다 복제한 것이 아닌가 하는 결론이다. 렘바족의 전설 역시 지금의 노마는 예전의 노마를 계속 복제한 것이라고 한다.

언약궤의 행방이 중동, 유럽, 미국, 아프리카로 확산되자 일본도 여기에 가세했다. 1990년대에 히로시마 국제대학 언어학 교수인 요시다 노부히로는 언약궤가 일본에 있을지 모른다고 주장했다. 일본 동남쪽에 있는 섬 도쿠시마 현의 전설에 의하면, 먼 옛날 이상한 옷차림의 외래인들이 도쿠시마 해안에 내렸는데, 이들이 궤짝 하나를 메고 쓰루가 산으로 올라가 어느 동굴에 이를 숨겼고, 그 후 그들은 현지인에 동화되었다는 것이다.

1. 런던 대학교 아시아 – 아프리카 연구소 튜더 파피트 교수. 언약궤가 짐바브웨에 있다는 내용의 《잃어버린 언약궤》라는 책을 2006년 출판하였다.
2. 〈노마〉. 파피트 교수가 언약궤일 가능성이 있다고 보는 짐바브웨 렘바족의 성물이다. 1350년대 복제된 것으로 가운데 구멍은 원래의 노마 일부가 남아 있던 곳이라고 한다. 이 부분 역시 오래 전에 없어졌다고 한다.

실제로 1910년대 일본의 인종학자 기무라 다카타로는 도쿠시마의 우와지 해안 지역 주민들이 유대인의 후예라는 주장을 펴기도 했다. 1947년에는 유대인 학자가 당시 맥아더 사령부의 허가를 받아 쓰루가 산을 탐사했으나 아무것도 발견하지 못했고, 1990년에는 요시다 교수 일행이 다시 답사했으나 소득이 없었다. 솔로몬이 지중해나 인도양에 대규모 상선을 보낸 것은 유명한 사실이지만, 유대 성직자들이 언약궤를 싣고 일본 해안까지 왔다는 설은 지나친 추측이라는 게 학자들의 생각이다.

많은 학자들은 언약궤가 파괴되지 않았다면, 또는 템플 기사단이 가져가지 않았다면, 여전히 예루살렘 부근에 남아 있을 것으로 보고 있다. 외적의 침입을 받았을 때 유대 민족의 가장 신성한 성물을 해외로 반출하는 모험을 하기보다는 예루살렘 주변에 은닉했을 공산이 크기 때문이다.

만약 성지 주변에 은닉했다면, 솔로몬 성전 터일 가능성이 가장 높을 것이다. 솔로몬이 성전을 건축할 당시에 성물의 대피소 역할을 할 지하 터널을 마련했다는 설이 있는데, 기원전 586년 바빌로니아의 침공 이전에 언약궤는 이미 그곳으로 옮겨졌다는 것이다. 실제로 솔로몬 성전 터에서 지하 터널이 여러 차례 확인된 바 있지만, 이스라엘 정부는 민족의 최대 성지를 발굴하는 행위를 엄격히 금하고 있다.

이 성전 터는 이슬람의 3대 성지 중 하나이기도 하다. 세계에서 가장 오래된 모스크인 황금돔 사원이 있고, 무함마드가 승천했다는 알 아크사 모스크가 있는 곳이다. 이 지역은 정치 종교적으로 세계의 화약고이기 때문에 당분간은 발굴이 어려울 것이다. 바로 이 때문에 성전 지하에 언약궤가 묻혀 있다는 소문은 확인되지 않고 있다.

다른 유대 성물은 어디로 갔을까?

언약궤와는 달리 70년에 로마 군대가 약탈해 간 대량의 유대 성물의 행방에 관해서는 여러 기록이 남아 있다. 우선 약탈된 성물의 그림이 있다. 티투스 개선문의 그림이 그것이다.

당시 로마군에 약탈당한 금, 은으로 만든 성물들은 50톤에 이른다고 한다. 오늘날 가치로 따지면 10억 달러 정도이다. 이들 성물 중 일부는 그대로 녹여서 국가 재정에 사용되었다. 가령 예루살렘 정복 다음 해에 티투스가 건설한 로마의 콜로세움 건설비로 2억 달러 정도가 사용되었는데, 콜로세움에는 '황제의 명에 의해 전쟁 약탈물의 일부로 건설되었다'는 글이 새겨져 있다.

그러나 솔로몬 성전의 성물이 워낙 방대한 양이었으므로 이들 모두

1. 로마 시내의 티투스 개선문. 예루살렘을 함락시킨 티투스 장군(후에 티투스 황제)을 기리기 위해 81년에 건설되었다.
2. 티투스의 초상과 뒷면에 그의 유대 정복을 그린 로마 동전. 79년.

가 용광로 속으로 들어갔다고는 여겨지지 않는다. 더구나 성전 약탈의 주인공인 티투스 황제는 유대 정복을 자신의 최대 업적으로 남기고자 했다. 그는 유대 성물의 최고봉인 메노라와 금 떡상, 은 트럼펫을 로마 시민들에게 영원히 기억시키고 싶어 했다. 신비와 권능의 상징인 유대 성물을 녹여서 현금화하는 것보다는 영원한 전리품으로 로마에 남기고자 했던 것이다.

솔로몬 성전의 약탈물은 로마에 있는 '평화의 신전'에 수백 년 동안 전시되었다. 하지만 이 물품들마저 5세기 중반에 사라졌다. 이때는 로마가 게르만족의 침입을 받아 혼란에 빠진 기간이었다. 그렇다 하더라도 그 많은 성물들이 모조리 파괴되거나 약탈되지는 않았을 것이다. 어딘가에 반드시 일부나마 남아 있을 것이라는 확신을 가지고, 1천 6백 년이

티투스 개선문 안 쪽에 새겨진 부조. 예루살렘 성전에서 약탈한 성물을 메고 가는 로마 군대의 행진. 이것은 예루살렘 성전에서 약탈된 성물이 어떠한 것이었는가를 보여 주는 유일한 그림으로 막중한 가치가 있다. 그림에서 메노라, 2개의 금 테이블, 즉 떡을 진열한 떡상과 향을 피우는 향단, 메시아가 오시는 것을 알리는 은으로 된 대형 트럼펫 한 쌍, 성찬 집기 궤짝을 볼 수 있다.

지난 오늘날에도 성물의 행방을 찾는 많은 사람들이 있다.

첫째, 아직도 로마에 남아 있을 것이라는 확신이다. 실제로 1996년에 이스라엘 종교장관은 바티칸에 메노라를 비롯해서 약탈해 간 성물들을 반환하라고 공식적으로 요청한 바 있다. 물론 바티칸의 입장은 보물들이 로마에 존재하지 않는다는 것이었다. 많은 학자들은 로마가 멸망할 때 이들 성물이 재차 약탈된 것으로 여러 역사서에 기록되어 있어 로마에 있을 가능성은 별로 없다고 말한다.

둘째, 이들 성물이 사해문서死海文書. Dead Sea Scrolls가 발견된 이스라엘의 쿰란 동굴 부근에 있다는 것이다. 1952년 쿰란의 제3동굴에서 발견된 동판 문서에는 60여 개의 지역 이름과 함께 물품 리스트로 보이는 글자가 적혀 있었다.

이를 두고 솔로몬 성전에서 사라진 성물들의 이름과 은닉처를 기록한 것으로 본 연구가들은 성물이 쿰란 동굴 어디엔가 은닉되어 있을 가능성이 크다고 믿었다. 그러나 문서가 아직 완전히 해독되지 않았고, 문서에 등장하는 지역은 아직 미확인된 곳으로 리스트에는 성전의 대표적 보물인 메노라, 떡상, 트럼펫에 관한 언급이 없다. 이 때문에 이들 문서는 성물의 은닉처에 관한 게 아니라 파괴된 성전을 재건하기 위한 기부금의 명세일지도 모른다는 추측이 있다.

최근 영국의 고고학자 숀 킹슬리는 수십 년간의 고증을 거쳐 펴낸 《신의 금God's Gold》이라는 책에서 유대 성물들이 이스라엘에 존재한다고 단언하여 센세이션을 불러일으켰다. 그는 성 테오도시우스 수도원을 지목했다. 이곳은 베들레헴 동쪽 10킬로미터 지점에 위치한 수도원으로, 1세기경 예수 탄생을 경배하기 위해 찾아온 동방박사 세 명이 귀로에 하룻밤 유숙한 곳으로 알려져 있다. 그러나 지금은 사람들의 기억에서 사라진 폐허의 작은 수도원일 뿐이다.

킹슬리는 로마와 비잔틴 역사가들의 기록을 인용한다. 그들은 455년에 로마를 약탈했던 반달족이 솔로몬 성전의 보물들을 자기들의 본거지인 카르타고지금의 튀니지로 가져갔다고 적고 있다. 한편,《로마 제국 쇠망사》를 쓴 역사가 에드워드 기번은 반달족이 카르타고에 도착하기 전에 배가 침몰하여 모든 약탈물이 바다에 수장되었다고 적고 있다.

비잔틴 역사가들에 의하면, 이들 유대 성전의 보물들은 반달족을 카르타고에서 몰아낸 벨리사리우스 장군에 의해 동로마로 옮겨졌다. 이 보물들은 533년 콘스탄티노플에서 열린 동로마 군대의 승전 퍼레

1. 제2성전 시기 이스라엘의 페킨 시나고그의 돌판에 새겨진 메노라 그림. 모세가 시내산에서 보았다
는 불타는 나뭇가지를 상징한다.
2. 베들레헴의 성 테오도시우스 수도원. 동방박사가 묵었던 곳에 세워졌다고 한다. 킹슬리 박사는 여
기에 솔로몬 성전의 보물이 간직되어 있다고 주장한다.

이드에서 전시되었다. 하지만 이 보물들은 콘스탄티노플에 오래 머물
지 못했다. 유대 성물의 신비한 능력을 두려워한 동로마 황제 유스티
니아누스가 예루살렘으로 돌려보냈기 때문이다.

이스라엘은 이 물품들을 예수가 처형당한 골고다 언덕에 세워진 교
회에 안치했는데, 7세기경 페르시아가 예루살렘을 함락시키고 약탈과
파괴를 시작하자 다시 피신시켰다. 이들 보물들은 최종적으로 성 테
오도시우스 수도원으로 들어왔고, 이후 현재까지 수도원 지하에 남아
있다는 것이 킹슬리의 결론이다.

유대 성물의 회복이 뜻하는 바는 무엇일까?

성물은 신과 인간을 매개하는 도구로서 신의 권능을 통한 승리의 상징이기 때문에 언약궤를 갖는 자가 세계를 갖는다는 전설이 유포되었는지도 모른다. 오늘날 이들 유대 성물의 행방은 국제 정치의 한복판에 있다. 언약궤와 성물 모두 예루살렘에 있을 가능성이 크다. 언약궤의 은닉처로 가장 가능성이 높은 성전산의 솔로몬 성전 터는 유대교, 그리스도교, 이슬람교 등 3대 종교의 성지이고 아랍과 이스라엘 분쟁의 뇌관이다. 유대안들에게는 성물의 회복이 '제3성전' 건설의 시작이라는 믿음이 있다.

성물의 발견은 제3성전의 건설을 의미할 것인가? 그렇다면 유대인의 제3성전은 이슬람의 황금돔 사원을 대체할 것인가? 아니면 재앙의 원천이 될지도 모르는 성물의 회복은 억제되어야 할 것인가? 솔로몬 신전 성물이 발견된다면, 그것은 인류 문명사에서 최대의 사건 중 하나일 것이다.

이들 성물은 성서 최고의 보물로서 인류가 세습한 최고의 문화재의 하나가 될 것이다. 수천 년 이상 지속되어 온 이들 성물의 추적은 단순히 호사가들의 보물찾기가 아니다. 그것은 인류의 과거에 대한 진지한 성찰의 또 한 가지 방법이다. 신과 인간을 매개하는 성물, 신과 인간 사이의 약속의 상징인 만큼 성물의 회복은 인류에게 복음이고 희망일 수 있을 것이다.

다시 현실로 돌아와서, 만약 이들 성물이 발견된다면 누구의 소유가 될 것인가? 그것은 발견된 지역의 국가에 귀속된다. 이들 문화재가

솔로몬 성물이 약탈당해 돌아다닌 여정을 보여주는 지도.

수천 년 전 제작되어 약탈된 만큼 역사적 경위보다는 현실적인 소유
가 중요하기 때문이다. 하지만 유대 민족과 종교와의 강력한 연관성
때문에, 이스라엘은 성물의 소유권을 주장할 수 있을 것이다.

모든 나라는 민족의 정체성을 나타내는 가장 핵심적인 문화재를 보
유할 권리를 주장할 수 있다. 이것은 민족의 문화적 자결권이며 집합
적인 인권과 같은 국가 기본권이다. 특히 이스라엘이 보상금을 지불
하겠다고 나선다면 성물을 소유한 국가는 반환을 거부하기는 어려울
것이다.

CHAPTER 05

폭군 살해자 조각상 Tyrannicides
- 제2의 시민이 된 문화재

〈폭군 살해자 동상〉
높이 203센티미터 대리석 조각. 단검을 휘두르는 하르모디우스와
옷을 펼쳐 그를 보호하려는 아리스토게이톤, 2세기 로마시대의 복제품.
오늘날 폭군 살해자 동상의 원본(안테르노 작품)이나 복사품(크리스토스와 네시오토스 작품)은
모두 존재하지 않는 가운데, 이 동상은 원본을 보고 복제한 유일한 작품이다.
로마 황제 하드리아누스의 트리폴리 별장의 폐허에서 18세기에 발굴되었다.
(나폴리 국립 고고학 박물관)

문화재의 소유는 국가의 정체성을 보여 줄 뿐만 아니라
국가의 대외적 이미지와 직접적으로 관련된다.

_샤이플 샤이단 《고고학의 윤리성과 문화재》 중에서

자유와 민주주의를 상징하는 영웅 조각상

아테네의 두 시민은 막 피어난 그리스의 민주정치를 위기에 빠뜨린 독재자를 암살할 계획에 착수했다. 귀족 출신의 하르모디우스와 서민 계급의 중년 남성 아리스토게이톤은 비록 신분은 달랐으나 민주주의의 동지였고, 동성 연인 사이이기도 했다. 때는 기원전 514년, 현자 솔론이 그리스에 민주정치를 막 시작한 무렵이었다. 당시 아테네 시민들은 자유와 평등이라는 개념을 처음으로 음미하기 시작한 때였다.

그러나 솔론의 후계자 페이시스트라토스는 폭력으로 권력을 찬탈하고 독재정치로 회귀했다. 그가 죽자, 그의 두 아들이 대를 이어 참주로 군림하면서 민주정치의 싹을 잘랐다. 하르모디우스와 아리스토게이톤은 민주주의의 고귀한 싹이 짓밟히는 데 분노하고 독재자의 아들들인 히피아스와 히파르쿠스를 암살하겠다는 계획을 세웠다.

역사가 헤로도토스는 여기엔 독재자와 민주 투사 간에 얽힌 사랑이 일차적 원인으로 작용했다고 썼다. 독재자의 작은 아들 히파르쿠스는 꽃같이 피어나는 젊은이 하르모디우스에게 연정을 품고 유혹했으나 거부당했다. 하르모디우스는 이 사실을 연인인 아리스토게이톤에게 알렸고, 질투심에 불탄 아리스토게이톤은 독재자의 암살을 기도했다

는 것이다. 어쨌든 다른 남성의 파트너를 유혹하는 것 역시 그리스 동
성연애자들의 고귀한 연애 규칙을 짓밟은 것임에 틀림없다.

이들은 민주 회복의 지지자를 규합하고는 그리스 최대의 축제인 범
아테네 축제일에 아크로폴리스의 아고라 광장에서 암살계획은 실행
에 옮겨졌다. 하지만 거사는 일부 실패하여 독재자의 작은 아들 히파
르쿠스는 암살되었지만 큰아들 히피아스는 암살을 모면했다. 하르모
디우스는 독재자의 경호원에 의해 피살되고, 아리스토게이톤은 살아
남았지만 취조 과정에서 모진 고문을 당하여 죽었다.

기원전 510년 독재자 히피아스는 폭정을 지속하다 실각하여 추방
되고, 이로써 4년간의 독재가 끝나고 아테네에 다시 민주 시대가 도래
했다. 시민들은 그들 두 암살자를 잊지 않고 아테네의 자유와 민주주의
를 상징하는 영웅으로 추모하면서 새로운 민주 시대의 모델로 삼았다.

그 뒤 이들의 이야기는 그리스 역사에 기록되었음은 물론이고 시,
소설, 음악, 미술, 연극, 노래 등 다양한 장르의 예술 작품에서 인기 있
는 주제가 되었다. 또한 이들의 모습은 아테네의 동전에도 새겨짐으
로써 정치, 문화, 경제 분야까지 사로잡는 유행이 되었다.

이들의 이야기를 더욱 유명하게 한 것은 한 쌍의 동상이다
기원전 510년에 조각가 안테노르가 제작한 청동 조각품이다. 이 작품
에는 〈폭군 살해자Tyrannicides〉, 또는 〈자유의 투사Freedom Fighters〉라는
이름이 붙었다.

"두 영웅이 폭군을 살해했을 때 찬란한 빛이 아테네에 비추었다."

빼앗긴 세계문화유산

이것은 이 한 쌍의 동 상 받침대에 새겨진 당 대 최고 시인 시모니데 스가 바친 헌사로, 이는 동상 받침대에 설명을 부착한 최초의 사례이기 도 하다. 동상은 거사 현 장인 아고라에 세워져

아고라 광장의 오늘날 모습.

민주주의의 상징이 되었고, 시민들의 큰 사랑을 받으며 아테네의 아 이콘으로 찬양되었다.

아고라에는 동상을 중심으로 시민들이 모여 정치를 논하고 사랑을 예찬했다. 이들 동상은 애국심과 시민정신을 고취하는 촉매제 역할을 하였다. 시민의 광장 '아고라agora'는 여기서 유래한다.

이 동상은 그리스 공공 광장에 세워진 최초의 시민의 동상이자 공 공기금으로 제작된 최초의 일반인 동상이었다. 아테네 시민들은 자신 들이 낸 세금으로 자신들과 마찬가지로 평범한 시민이었던 이들을 추 모하는 데 주저하지 않았다. 더구나 아테네 시민들은 그 부근에 다른 동상을 세우는 것을 금지하는 특별법까지 제정했으며, 노예의 이름에 이들 폭군 살해자의 이름을 사용하지 못하게 하는 특별법도 만들었다.

폭군 살해자 동상은 새로운 예술 형식을 탄생시켰다. 이들 두 시민 의 조각상은 신이나 영웅, 왕이 아닌 일반 시민을 주제로 삼은 전혀 새 로운 범주의 동상이었다. 꽃미남 청년과 중후한 장년을 묘사한 이 한

쌍의 조각상은 아름다운 남성의 나체를 통해 독재자를 쓰러뜨린 용기와 희생을 예술 작품으로 승화시켰고, 계급과 나이를 초월한 동성 연인들의 사랑과 의리를 통해 평등과 책임, 헌신을 상징하는 민주주의를 시각화했다. 가히 예술의 정치화였고, 정치의 예술화였던 것이다.

그런데 30년 후인 기원전 480년에 이 한 쌍의 동상이 약탈당하고 말았다. 페르시아 전쟁에서 아테네를 함락시킨 페르시아 왕 크세르크세스는 폭군 살해자 동상이 신이나 왕의 조각상이 아닌 일반인의 동상이라는 사실을 잘 알고 있었다. 그리고 민주주의와 동성애의 아이콘인 것도 알고 있었다. 그의 약탈 의도는 명백했다. 아테네 시민들의 아이콘을 몰수하는 것이었다. 하지만 크세르크세스는 이 동상을 파괴하지 않고 예술품으로 간직했다. 동상은 수사의 페르시아 왕 겨울 왕궁에 보관되었다.

살라미스 해전에서 페르시아 군대를 격퇴하고 어수선한 전쟁 상황이 정리된 아테네에서는 시민들이 즉시 약탈된 동상을 복제하는 일에 착수했다. 기원전 477년, 조각가 크리스토스와 네시오토스는 최초의 동상을 충실히 복제한 새로운 한 쌍의 동상을 제작했다. 이들 동상 역시 아고라 광장의 원래 자리에 다시 세워졌고, 두 영웅의 전설은 계속되었다.

약탈된 동상을 회복한 알렉산드로스 대왕

기원전 330년, 원래의 동상을 약탈당한 지 150년이 지났다. 이 무렵, 알렉산드로스 대왕은 페르시아 대제국을 원정하여 문명국 그리스의 철천지원수인 동방의 야만국 페르시아를 정복했다. 이 일은 서양세계

최초의 동방 정복으로 유럽 역사에
기록되었다.

알렉산드로스 대왕은 페르시아
의 막대한 보물이 보관되어 있던
다리우스 3세의 수사 왕궁에 입성
했다. 여기에는 2천 톤이 넘는 금
과 그리스에서 약탈해 온 수많은
예술품들이 소장돼 있었다. 알렉산
드로스 대왕은 폭군 살해자 동상을
비롯하여 약탈된 그리스 예술품을
모두 다시 찾아왔다. 그는 예술품

알렉산드로스 대왕(기원전 356~기원전 323년)의 흉상. 작자 미상. 기원전 330년 리시포스의 청동 흉상의 복제품. 리시포스는 알렉산드로스 대왕이 자신의 초상을 맡긴 유일한 조각가이다. (루브르 박물관 소장)

들을 회복하기 위해 동방 원정 일정까지 늦추었다.

폭군 살해자 동상은 최고의 예우를 받으며 아테네에 귀환했다. 이들
동상이 페르시아에서 그리스 영토 로도스 섬에 처음 도착했을 때는 성
대한 환영식까지 베풀어졌다. 귀환한 동상은 원래의 장소에 복귀했고
아고라에는 원래의 동상과 복제 동상이 나란히 서 있게 되었다.

이들 두 쌍의 동상은 5백 년 동안 아고라에 서 있다 모두 사라졌다.
그리스를 식민지로 삼은 로마에 의해 2세기경 약탈된 것으로 보인다.
로마에서 동상은 여러 번 복제되었고 더불어 동상의 스토리, 즉 독재
자의 암살에 관한 이야기도 역사와 문학의 주요 테마로 전해졌다. 카
이사르의 암살 사건이 대표적이다. 하지만 동성애 이야기는 사라졌다.
아마도 로마가 그리스도교를 받아들이면서부터일 것이다.

기원전 333년 알렉산드로스가 페르시아 다리우스 3세와 맞서 싸우는 이수스 전투 장면. 모자이크 그림으로 기원전 4세기 그리스 그림의 로마시대 카피. (나폴리 국립 고고학 박물관)

　'폭군 살해자들'의 동상은 죽은 자들을 무덤이 아닌 광장에서 추억하는 새로운 방법을 만들어 냈다. 공공 광장을 저명한 인물의 동상으로 장식하는 새로운 관행이 시작된 것이다. 광장과 거리의 중요한 건물에는 수많은 동상들이 세워졌고, 동상의 숫자가 사람 숫자만큼이나 많았기에, 동상은 '제2의 시민'으로 불렸다.

　외적의 침입을 당하여 시민들이 노예로 잡혀갈 때는 이들 동상들도 노예와 같이 끌려갔다. 동상의 운명은 인간의 운명과 같은 길을 걷는 것으로 믿어졌다. 이 때문에 최고 문화재이자 예술품인 동상을 수호하고 회복하는 일은 영웅의 필수적인 증표로 간주되었다.

CHAPTER 06

크니도스 비너스 _{Cnidos Venus}
- 비너스의 탄생, 예술로서의 문화재

〈루도비시 크니도스의 비너스(Rudovisi Cnidian Aphrodite)〉
프락시텔레스 원작의 기원전 2세기경 로마 복제품으로
크니도스 원본을 가장 충실히 재현한 것이다. (로마 국립박물관 소장)

문화재를 예술품으로 보는 것은
문화재를 그 역사적 맥락에서 분리시키는 방법이며,
제국주의 유럽 문화가 비유럽 문화재를 소유하는 방법이기도 하다.

_패티 거스튼블리스 《예술과 문화유산》 중에서

미의 여신 비너스의 원조

기원전 330년대, 의학의 아버지인 히포크라테스의 고향이기도 한 그리스의 작은 섬 코스의 주민들이 마을을 치장하기 위해 비너스 여신상의 제작을 의뢰했다. 의뢰를 받은 당대의 저명한 조각가 프락시텔레스는 두 개의 대리석 비너스상을 제작했다. 하나는 옷을 입은 것이고, 다른 하나는 완전한 나체였다.

프락시텔레스는 두 작품을 같은 값에 내놓았다. 주민들은 옷을 입은 비너스를 택했다. 나체의 비너스가 여신상으로는 너무 파격적이라 생각했을 것이다. 이때 나체의 여신상은 터키 연안의 작은 그리스 도시국가 크니도스 주민들이 사갔다.

크니도스 주민들은 사방이 뻥 뚫린 옥외의 신전에 전시했는데, 도시의 어느 방향에서 보아도 잘 감상할 수 있었다. 도시 한복판에 서 있는 당당하고 에로틱한 나신의 비너스 여신상은 곧 크니도스를 상징하는 명물이 되었다. 수많은 관광객들이 이 여신상을 보려고 배를 타고 크니도스로 건너갔다. 사람들은 '비너스가 아니라면 크니도스는 방문할 가치가 없다'고 단언할 정도로 유명했다.

〈크니도스의 비너스〉를 새긴 3세기 초 크니도스에서 주조된 로마 동전의 판화. 〈크니도스 비너스〉의 원본 모습을 알 수 있게 한다.

〈크니도스의 비너스〉, 최초의 나체 여신상의 탄생

〈크니도스의 비너스〉는 예술사상 실물과 똑같은 최초의 여성 누드 조각상이자 오늘날 미의 여신 비너스_{아프로디테} 조각의 원조로 꼽힌다. 나체 비너스상은 조각 예술의 새로운 장을 열었고, 동시에 여성미의 표준이 되었다.

이 작품은 미와 사랑의 여신 비너스가 목욕에 들어가기 직전의 모습을 묘사한 것으로, 왼손에는 벗은 옷을 들고 오른손으로는 배꼽 아랫부분을 살짝 가린, 보여 주면서 또한 감춤으로써 누드를 더욱 강조한 모습이다. 로마의 역사가 플리니우스는, 이 작품이 그리스 고전기의 절정을 넘은 헬레니즘 예술기의 걸작으로서 프락시텔레스의 최고 작품일 뿐 아니라 전 세계에서 가장 걸출한 조각품이라고 극찬했다.

이 비너스상은 그 후 그리스 전 지역과 로마에서 대대적으로 복제되었다. 전설에 따르면, 조각상이 하도 유명해지자 비너스 여신이 어느 날 밤 직접 크니도스를 방문했다. 조각상을 요모조모 살펴보던 비너스 여신은 자신의 실제 몸과 너무도 닮았다는 사실에 놀랐다. 여신은 당장 프락시텔레스를 찾아가 이렇게 항의했다고 한다.

"당신이 어디서 나의 나체를 보았는가? 보아서는 안 되는 것을 보았도다."

비너스상의 모델이었던 프리네는 프락시텔레스의 연인이자 그의 작품의 단골 모델이었는데, 아테네의 고급 창녀로 이름을 날리는 여인이었다. 나체의 여신상과 모델의 신분까지도 받아들여 이를 도시의 수호 여신으로 삼은 크니도스인들에게는 그만큼 파격적인 면이 있었다.

비너스상으로 인해 크니도스의 명성이 자자해지자, 인근의 부자 나라인 비티니아의 왕으로부터 제안이 들어왔다. 크니도스의 막대한 외채를 탕감해 주는 대가로 비너스상을 넘기라는 것이었다. 그러나 크니도스 주민들이 일언지하에 거절했다고 그리스 역사가 스트라보는 전한다. 크니도스 주민들에게 그것은 경제적 가치 이상이었던 것이다.

〈크니도스의 비너스〉는 5세기경, 콘스탄티노플로 실려 갔다. 그리스도교 국

〈메디치의 비너스〉. 나폴레옹이 이탈리아에서 약탈했다가 반환한 비너스. 원래는 기원전 5세기 작품으로 알려졌으나 오늘날에는 기원전 1세기 작품으로 추정되고 있다. (피렌체 우피지 박물관 소장)

가인 동로마 제국은 로마와 식민지 전역에서 이교도 신전을 폐쇄했는데, 폐쇄된 신전에 있던 예술품들이 그대로 방치되었다. 이 시기 콘스탄티노플의 고위 관료였으며 전문적 예술품 수집가였던 라우수스는

폐쇄된 신전에서 쓸 만한 예술품을 모조리 콘스탄티노플로 반출했다.

로마 제국주의가 무르익으면서, 귀족들과 장군들은 그리스 예술품의 진수를 맛보기 시작했다. 문화재의 상징적인 가치가 아니라 예술적인 가치에 눈을 뜬 것이다. 바로 이 때문에 이제 문화재는 예술품으로 감상되기 위해 더욱 약탈되었다.

라우수스의 소장품은 475년에 일어난 콘스탄티노플의 대화재로 소실되었거나, 그렇지 않다면 532년 콘스탄티노플의 절반을 파괴한 니카 폭동 때 파괴된 것으로 보인다. 이때 〈크니도스의 비너스〉도 파괴된 것으로 보인다.

〈크니도스의 비너스〉는 예술뿐만 아니라 유럽 문화 전반에 큰 영향을 주었다. '비너스'라는 테마는 로마 시대와 르네상스, 신고전주의, 현대 예술로 계승되었고 신화와 시, 문학 작품, 오페라 등 다양한 분야에 큰 영향을 끼쳤다.

비너스상은 미의 표준이라는 점에서도 사람들의 의식에 큰 영향을 끼쳤으며 가정집 정원을 비너스로 장식하는 것과 같이 평범한 일상에도 자취를 남겼다. 이같이 문화재는 창조력의 원천이며, 국가의 명성에 핵심적이다. 고대의 작은 도시국가 크니도스는 2천 3백 년이 지난 오늘날에도 크니도스는 비너스의 도시로 그 명성을 간직하고 있다.

원본 이상으로 유명한 〈밀로의 비너스〉

〈크니도스의 비너스〉의 원본은 소실되었지만 수많은 복제품을 남겼다. 복제품 중에서 원작의 명성을 능가하는 작품으로 〈밀로의 비너스

Vinus de Milo〉가 있다.

이 작품이 발견될 무렵, 프랑스는 고대 문화재 획득에 사활을 건 싸움을 벌이는 중이었다. '로제타석'과 '파르테논 마블'을 소장한 대영박물관은 루브르 박물관의 지위를 위협하고 있었고 세계 문화의 중심지 파리의 명예와 자부심이 흔들리는 상황이었다. 이 무렵, 프랑스 외교관들에게는 다음과 같은 무시무시한 명령이 내려졌다.

"그리스 전 지역에서 약탈할 수 있는 것이면 무엇이든 약탈하라. 죽은 자와 산 자를 불문하고!"

1821년, 낭보가 날아왔다. 그리스의 밀로스 섬에서 한 농부가 우연히 밭에 묻혀 있던 비너스상을 파냈다는 전갈이었다. 정보를 입수한 터키 주재 프랑스 대사 드 리비에르는 즉시 이를 사들여 프랑스로 보냈다. 물론 헐값이었다.

이때 비너스 몸체와 함께 부스러진 왼팔, 사과를 쥐고 있는 왼손, 조각상의 받침대 파편이 발굴되었는데 받침대의 설명문으로 볼 때 이 조각상은 150년경에 제작된 안티오크의 무명 조각가 알렉산드로스의 작품으로 판명되었다.

루브르 박물관에서 비너스상은 왼팔, 왼손, 사과, 받침대 없이 복원하고는 이 작품이 프락시텔레스나 적어도 파르테논 마블의 제작자인 페이디아스의 제자 정도 되는 조각가가 제작한 것이라고 대대적으로 선전했다. 적어도 나폴레옹이 약탈했다가 반환한 〈메디치의 비너스 Venus de Medici〉 이상은 되어야 한다고 생각했다. 따라서 작품의 출처를 알려 주는 받침대는 거북스러운 존재이기에 깨끗이 버렸다.

그렇다면 왼팔의 파
편과 사과를 쥔 손은
어떻게 할 것인가? 파
편 조각들을 몸체에 붙
이기도 어렵지만, 그렇
게 해봤자 미적 효과
를 감소시킬 뿐이기에
이것도 깨끗이 버렸다.
게다가 거추장스럽게
반쯤 매달린 왼팔도 떼
어냈다. 어깨 아래부터
는 아예 없었던 것처럼
되었다.

루브르 박물관 내
에서 벌어진 무서운
성형수술의 결과로 오
늘날 출처 불명의 비
너스만 남게 되었다.
이것이 바로 오늘날

〈밀로의 비너스〉. 기원전130~90년대 제작 추정. 높이 203센
티미터이다. (루브르 박물관 소장) 오른쪽 스케치의 그림은 밀로
의 비너스가 발굴될 당시 파편을 복원했던 모습이다. 장 밥티스
트 조세프 드베이가 그린 그림으로 1821년 프레데릭 클라라크
의 책 《밀로의 비너스》에 나온다.

루브르 박물관의 스타 예술품인 〈밀로의 비너스〉이다.

이 조각상은 그 아름다움과 함께 불분명한 출처 때문에 미스터리한
아름다움을 더해 주고 있는지도 모르지만 그 같은 과거는 발굴 당시

빼앗긴 세계문화유산

의 기록과 그림, 그리고 사진이 남아 있기 때문에 결코 감출 수 없다. 오늘날 밀로스 박물관^{현재 이름은 플라카 박물관}에는 루브르 박물관에 있는 〈밀로의 비너스〉의 복제품이 전시되어 있다. 이 역시 사과를 든 왼손과 왼팔이 없는 모습이다.

문화재를 약탈하거나 함부로 발굴할 경우, 대부분 문화재의 출처를 미궁에 빠뜨린다. 소위 문화재의 맥락^{컨텍스트}이 유실되는 것이다. 이럴 경우, 문화재의 학술적 가치는 잃어버리지만 미적 가치는 남게 된다. 이 때문에 대부분의 박물관들은 문화재의 출처 미상을 아랑곳하지 않는다. 하나의 예술품으로 전시하기 때문이다.

문화재를 예술품으로 취급하는 것은 어차피 잘 이해하지 못하는 남의 문화재를 자신의 예술적 취향으로 이해하는 하나의 방법이다. 이는 또한 유럽 제국주의 국가들이 식민지 문화재를 소유하는 하나의 방법이고, 문화재에 상업적 가치를 부여하는 방편이기도 했다.

오늘날 이러한 문화재를 소유한 유럽 유수의 박물관들은 막대한 관광 수입뿐만 아니라 다양한 복제품 제작, 이미지 사용료로도 막대한 수입을 얻고 있다. 그러나 문화재를 제작한 나라에는 아무런 혜택도 없다.

CHAPTER 07

키케로의 문화재 약탈범 재판 Cicero Accuses Verres
- 식민지에서 문화재를 약탈한 식민지 총독을 벌하다

〈키케로, 베레스를 고발하다〉
들라크루아의 프레스코화로 프랑스 의회 도서관 중앙홀 벽화이다. (출처−프랑스 의회)

시칠리아의 관광 가이드들은
이제 시칠리아를 찾는 외국인들에게
시칠리아의 문화재를 소개하지 않는다.
대신, 어디에 있었던 어떤 문화재가 어떻게 사라졌는지를
소개하는 일이 그들의 주 업무가 되었다.

_키케로의 기소문 중에서

고대 로마 시대의 문화재 약탈범 재판 장면

프랑스의 센 강변 좌안에 위치한 국회의사당 내 도서관 중앙홀의 천정에는 외젠 들라크루아Eugene Delacroix의 벽화가 그려져 있다. 자주색 토가를 휘날리며 열변을 토하는 키케로의 모습으로, 시칠리아에서 모든 주민의 예술품을 털어간 로마 총독 베레스를 기소하는 장면이다.

이 장면은 고대 로마 시대 식민지에서 문화재를 탈취한 사건이 법정에서 다루어진 매우 희귀한 일로 기록되고 있다. 기원전 70년, 로마 광장에서 당시 34세의 변호사였던 키케로는 식민지에서 예술품을 탈취한 죄목으로 원로원 멤버이자 시칠리아 총독이었던 50세의 노회한 정치가 가이우스 베레스를 법정에 세웠다.

사건의 발단은 시칠리아 주민들이 기원전 73년에 시칠리아 총독으로 부임한 베레스의 부정부패를 로마 정부에 고발한 것이었다. 베레스의 죄목은 공금 횡령, 뇌물 수수, 무고한 주민을 감옥에 집어넣거나 협박해서 재산을 갈취한 것 등 모든 범죄를 망라했는데 그 중에서도 가장 악질적인 죄목으로 주민들의 분노를 산 것은 시칠리아에 있는 예술품이란 예술품은 모조리 탈취해 간 것이었다. 그는 공공 예술품이건 개인 소장이건, 신전의 성물이건, 일반 가정집의 그릇이건 가리지 않았다.

시칠리아 시라쿠사 아르키메데스 광장 전경.

시칠리아에는 기원전 6세기경부터 그리스인들이 대거 이주하여 살고 있었는데, 그 중에서도 중심지인 시라쿠사는 그리스의 문화예술이 꽃피던 도시로 플라톤도 이곳을 세 차례나 방문했다고 한다. 마피아 본거지로서의 명성은 18세기 이후의 일이다. 이 도시는 한때는 카르타고의 식민지이기도 했으나, 제2차 포에니 전쟁에서 로마의 스키피오 장군이 한니발을 물리친 이후 로마에 복속되었다. 시칠리아 출신인 아르키메데스는 로마 정부가 그를 보호하라는 특별명령을 내렸음에도 이 전쟁의 와중에 살해되었다.

시칠리아는 특히 금, 은, 동으로 제작된 걸출한 예술품의 보고였다. 베레스는 우선 거리의 동상을 끌어 모았고, 다음은 신전에서 신상과

빼앗긴 세계문화유산

집기들을 탈취했다. 주민들은 공공
예술품을 지키기 위해 자발적으로
문화재 지킴이 조직을 만들어 경비
를 섰지만 속수무책이었다.

그는 주민들로부터 예술품이나 그
릇 같은 공예품을 강제로 기부 받거
나 헐값에 팔도록 강요했고, 이를 거
부하는 주민은 가차 없이 보복했다.
심지어 귀족의 집에 초대받아 가면
식탁 위의 좋은 그릇을 슬며시 들고

키케로(기원전 106~기원전 43년)의 대리
석 흉상. 로마 시대 작품. (이탈리아 아르피
눔 박물관 소장)

나오거나 하다못해 식기에 붙은 장식품을 떼어내 호주머니에 집어넣기
도 했다.

총독의 임기는 원래 1년이다. 그런데 당시 스파르타쿠스가 이끄는
노예반란이 로마를 휩쓸고 있어 베레스의 후계자로 내정된 자는 노예
반란 진압에 투입되어 있었다. 그 덕분에 베레스는 3년간이나 시칠리
아 총독으로 재직하며 마음껏 문화재를 탈취할 수 있었다.

베레스가 로마로 돌아갔을 때 시칠리아 거리와 공공건물, 신전은
빈껍데기가 되었고 모든 가정집은 대대로 내려오던 가보를 잃었다.
극도의 상실감에 분노한 주민들은 로마에 몰려가서 베레스를 고소하
면서 이를 담당할 검사로 키케로를 섭외했다. 키케로는 베레스 부임
직전에 시칠리아에 고위 관리로 파견되어 수년간 재직한 바 있는데,
그의 학식과 청렴함은 주민들에게 깊은 인상을 남긴 터였다.

키케로는 베레스를 어떻게 기소했는가?

키케로는 평민 출신으로, 학식과 인격을 자산으로 로마 정계에서 고위직으로 올라가고 있는 중이었다. 이 때문에 거물 베레스를 상대하는 일은 일종의 정치적 도박이었다. 베레스는 로마 정치판에 끈끈한 연줄이 있었고, 게다가 예술품 절취 사건은 매우 민감한 사안이었기 때문이다.

당시 로마는 국가적으로 식민지 예술품을 약탈하여 시내를 장식하고 있었다. 로마의 귀족층들도 점차 개인적으로 예술품 수집에 취미를 들이고 있을 때였고 베레스는 시칠리아에서 탈취한 예술품을 고위층에 뿌리기도 했다. 더구나 키케로 역시 예술품을 감상하고 수집하는 취미가 있던 터였다. 따라서 예술품 수집광이라는 죄목으로 베레스를 기소한다는 것은 당시의 사회적 풍조로 볼 때 부메랑이 되어 돌아올 가능성이 있는 매우 위험한 일이었다.

키케로가 이 사건을 맡은 것은 정치적 야심과 관련이 있을 것이다. 키케로가 맞선 베레스의 변호사 호르텐시우스는 당대의 명연설가로 이름을 날리는 노련한 변호사였다. 미디어가 없던 시대에, 이러한 재판에서 이긴다는 것은 커다란 명성을 얻음과 동시에 곧바로 정계의 중앙으로 진출할 수 있는 지름길이었다.

그렇더라도 많은 사람들은 키케로가 이 사건을 맡게 된 진정한 이유는 지성인으로서, 철학자로서, 예술품의 취득과 소유의 도덕성을 세우려는 그의 확고한 신념에서 비롯된 것으로 본다.

키케로는 식민지 총독으로서 베레스의 탈취 행위를 전시 문화재 약탈과 구별했다. 그는 전시에는 승자가 모든 것을 자유로이 약탈할 수 있음을 인정했다. 그러나 평시에 로마 정부를 대신하여 식민지를 다스리는 총독이 본분을 망각하고 식민지에서 예술품을 탈취한 행위는, 비로마적이며 로마의 명예를 실추시킨 명백한 범죄라고 엄중히 비판했다.

키케로는 예술품의 종교적 성격을 강조하면서 시칠리아 주민들로부터 깊은 존경과 애정의 대상이었던 예술품을 무자비하게 탈취한 베레스의 행위를 비난했다. 그는 물었다.

"크니도스 주민들이 비너스를 포기할 수 있었겠는가?"

재판은 로마 광장에서 10일간 공개적으로 진행되었다. 배심원으로 원로원 멤버 30여 명이 선발되었는데, 키케로는 증인으로 시칠리아 주민들을 내세웠다. 감동적인 증언이 잇달았다. 스키피오 장군이 카르타고에서 되찾아온 아폴로 신상이 끌려갈 때, 주민들이 신상에 향을 뿌려 그 향기가 오래도록 시칠리아에 남도록 했다는 증언이 있었고, 가보로 전해 내려오던 그릇을 잃고 울부짖는 아낙네의 증언도 있었다.

키케로는 베레스가 모독한 신들에 대해 기도를 올리는 것으로 연설을 끝냈다. 그의 연출과 연기는 완벽했다. 광장에 모인 로마의 방청인들은 키케로에게 갈채를 보냈고 베레스를 야유했다. 키케로의 연설이 얼마나 설득력이 있었던지 베레스는 재판 도중에 도망쳤다. 궐석재판에서 배심원 전원은 베레스의 유죄를 평결했다.

이후 베레스는 마르세유로 망명했고, 로마 시민권을 잃었다. 상당한 재산을 가지고 도피했기 때문에 망명지에서도 27년간 부유하게 살았지만, 끝내 예술품 때문에 죽음을 맞았다. 마르쿠스 안토니우스가 탐을 내던 예술품을 순순히 내주지 않고 버티다가 그에 의해 살해되고 말았던 것이다. 키케로는 철학자, 법률가, 정치가로 당대를 풍미했으나 정변에 휩쓸려 60세에 암살당했는데 우연히도 베레스와 같은 해에 죽음을 맞았다.

피해자인 시칠리아 주민들은 큰 배상을 받아 내지는 못했지만, 그들의 고통은 영원히 기억되었다. 베레스 재판은 후대에 큰 자취를 남겼는데, 예술품 약탈을 도덕적 차원에서 비난하는 전통을 세운 것이다. 또 '베레스'라는 이름은 문화재를 불법으로, 또는 비도덕적으로 편취한 사람의 대명사가 되었다. 프랑스 예술사가 드 갱시는 나폴레옹을 베레스에 비유했고, 시인 바이런은 파르테논 신전에서 조각품들을 뜯어간 엘긴을 베레스에 비유했다.

키케로가 국가적 관행으로 용인했던 전시 적국의 문화재 약탈 행위는 유럽에서 19세기 초 이래 불법화되었다. 유럽의 예술품을 대대적으로 약탈했던 나폴레옹의 패망이 계기가 된 것이다. 이와는 대조적으로, 19세기 제국주의 유럽은 식민지에서 조직적으로 예술품을 탈취하는 것을 관행으로 삼았다.

오늘날 국가 간의 문화재 반환 문제는 거의 제국주의 시대 식민지에서 약탈해 간 문화재가 대상이 된다. 키케로는 예술품에 대한 도덕적 입장에서 베레스를 단죄했으나, 2천 년 이후 오늘날 식민지 문화재를 소유한 국가들은 도덕적 비난을 외면한 채 오직 합법적인 소유권을 내세운다.

당시는 식민지 문화재 탈취를 금하는 법이 없었고, 또한 강제로 탈

빼앗긴 세계문화유산

취한 것인지 자발적으로 넘긴 것인지 입증하기가 어려우며, 그 시대의 관행이었다고 우긴다. 그러는 중에도 문화재 반환의 윤리적, 도덕적 측면을 중요시하는 여론이 국제적으로 꾸준히 확산되고 있음은 부인할 수 없는 사실이다.

CHAPTER 08

가나의 혼인 잔치 Wedding at Cana
- 예술품 약탈의 황제 나폴레옹, 문화재 반환의 문을 열다

〈가나의 혼인 잔치〉
파올로 베로네세의 1563년 작품으로 가로 9.9미터, 세로 6.6미터이다.
그림의 중앙에 예수와 성모, 사도들이 앉아 있고 그 위 발코니에서 음식을 준비하는 일꾼들이
양을 잡고 있다. 칼날이 예수의 머리 바로 위에 서 있는 것은 예수의 희생을 상징한다.
발코니 위로는 푸른 하늘이 보이고, 구름과 세 마리 새가 날고 있다. 이는 승천을 예고한다.
하객들은 베로네세 당시의 사람들과 아랍인들이 섞여 있다. 맨 앞줄 음악가 그룹에는
흰 옷을 입고 비올라를 켜고 있는 베로네세 자신이 나오고,
빨간 옷을 입은 사람은 동 시대의 화가인 티치아노라고 한다. (루브르 박물관 소장)

프랑스의 위대한 힘과 지성, 그리고 예술을 보라.
오직 프랑스만이 세계의 모든 걸작 예술품을 보호할 수 있는
유일한 국가라는 증거이다.
모든 나라 사람들은 프랑스에 와서
예술품을 빌려 보아야 한다.

_1796년 저명한 프랑스 예술인 39명이 나폴레옹의 예술품 약탈을
지지하며 발표한 성명문에서

성서의 주제를 세속적인 모습으로 그린 대담한 작품

루브르 박물관에서 가장 유명한 그림이 〈모나리자〉라면, 그곳에서 가
장 큰 그림은 모나리자의 맞은편에 걸린 〈가나의 혼인 잔치Wedding at
Cana〉이다. 16세기 베네치아의 거장 파올로 베로네세가 그린 이 작품
은 캔버스 그림으로는 세계에서 가장 큰 것으로, 르네상스를 대표하
는 걸작이자 나폴레옹이 약탈해 온 그림으로 유명하다.

가나의 두 번째 기적 탄생하다

〈가나의 혼인 잔치〉에서 예수는 평범한 물을 포도주로 바꾸는 기적을
보이는데, 이를 예수의 '첫 번째 기적'이라 부른다. 베로네세의 그림은
'가나의 두 번째 기적'으로 불릴 만큼 웅대한 스케일과 뛰어난 예술성
으로 보는 이들의 찬탄과 경이감을 불러일으킨다. 1563년 제작 당시
부터 이 그림은 명화로 소문이 자자했는데, 그림이 전시되자 하도 구
경꾼들이 몰려드는 바람에 그림이 걸렸던 수도원은 하루 방문객 수를
제한하기까지 했다.

　이 그림은 원래 베네치아 남쪽 작은 섬에 있는 '산 조르조 마조레
수도원'을 위해 제작되었다. 수도원은 그림 주제로 요한복음 2장에 나

황제 나폴레옹, 1804년 도미니크 앙그레 작품. (프랑스 군사 박물관 소장)

오는 '가나의 혼인 잔치'를 지정하면서 크기와 등장인물, 색채까지도 일일이 지정했다. 당시는 그림 속에 등장하는 사람 수대로 비용을 지불하는 게 관례였기 때문에 130여 명이 등장하는 이 작품의 가치는 엄청났을 것이다. 당시 34세의 베로네세는 미켈란젤로의 영웅적인 화법을 계승할 만한 대가로 부상하고 있었다. 베로네세는 15개월에 걸쳐 이 그림을 완성했는데, 235년 동안 수도원에 걸려 있다가 나폴레옹에게 약탈되어 루브르 박물관으로 실려갔다.

예수의 행적을 그린 이 그림의 배경은 이스라엘이 아니라 그리스와 로마, 르네상스 건물의 분위기를 보여 준다. 130명에 달하는 등장인물도 성서에 나오는 인물과 베로네세의 동시대 인물들이 뒤섞여 등장하는데, 베네로세 자신과 르네상스 시대의 화가들도 여러 명 출연하는 등 성서의 주제를 세속적인 모습으로 전환시킨 대담한 작품이다. 이 작품이 프랑스로 건너오게 된 것은 프랑스 미술계로서는 커다란 행운이었다. 야외에서 벌어지는 혼인 잔치의 장면을 담고 있는 그림의 영롱한 색채는 프랑스 인상파 화가들에게 영감을 주었고, 20세기 현대 예술의 기초가 되었다.

이 그림을 더욱 유명하게 만든 것은 나폴레옹의 약탈이었다

1796년, 이탈리아 원정군 사령관으로 발탁된 나폴레옹은 이탈리아에 들어가자마자 대대적인 예술품 약탈을 시작했다. 당시 이탈리아는 르네상스가 이뤄낸 풍성한 과일을 맘껏 누리고 있었다. 종교를 대신하여 미와 이성이 시대의 정신이었던 르네상스 사회는 활기와 개혁이 넘쳐흘렀고, 예술계는 대담한 실험정신으로 충만했다.

그 결과, 걸작 예술품이 대거 탄생되어 사회적으로 막대한 부를 창조했다. 귀족층에서는 예술품 수집이 대유행이었다. 예술품은 고대 유물이나, 보석, 성물에 비해 가격이 저렴할 뿐 아니라 대량 제작이 가능했기 때문에 귀족들의 저택을 장식하고 외교와 사교 행사의 필수품으로 자리 잡았다. 여기다 성서나 그리스 고전을 주제로 삼는 예술품을 이해한다는 것은 귀족이 갖춰야 할 필수 조건이었다.

나폴레옹은 이탈리아에서만 5백여 점의 걸작 미술품을 탈취했는데 〈가나의 혼인 잔치〉는 약탈 목록의 맨 윗자리에 있었다. 나폴레옹은 화폭을 절반으로 자른 다음 액자에서 뜯어내어 파리로 실어 왔다. 이 그림은 액자에 끼었을 때의 무게가 1톤이었다. 루브르 박물관에서 찢어진 두 폭은 다시 이어졌고, 대대적인 수선 과정을 거친 후에 일반에 공개되었다.

세계 최대의 그림이자 이탈리아 르네상스 최대 걸작 〈가나의 혼인 잔치〉는 즉시 파리 시민들의 자부심이 되었다. 자랑스러운 전리품이었기 때문에 더욱 그러했다. 이 그림은 나폴레옹이 조제핀과 이혼하고 1810년에 오스트리아 공주인 마리 루이즈와 재혼할 때 결혼식장을 장식했다. 1815년, 나폴레옹이 워털루 전투에서 최후의 패배를 맞게 되자 예술품을 약탈당했던 국가들이 즉시 회수 작전을 개시했다. 이탈리아, 프러시아, 네덜란드, 벨기에의 군대가 루브르에 몰려가서 신성한 전리품인 루브르 박물관의 소장품들을 지키려는 프랑스 병사들과 총격전까지 벌어졌다.

이때 루브르 박물관장 도미니크 비방 드농은 '박물관의 보전'이라는 논리를 앞세워 약탈 예술품의 반환에 끈질기게 저항했다. 그동안 나폴레옹의 약탈 예술품을 총괄해 온 그는 〈가나의 혼인 잔치〉를 다시 운반해 가기에는 상태가 너무 허약하다는 이유를 내세워 베네치아의 종주국이었던 오스트리아를 설득했다. 그 대신 드농은 17세기 프랑스 화가인 샤를 르 브룅의 대작 〈시몬의 집에서의 성찬Feast at the House of Simon〉을 내주었다.

이 그림은 현재 베네치아 아카데미아 미술관에 걸려 있다. 르 브룅은 루이 16세 휘하에서 프랑스 미술계의 대부로 군림했던 어용화가로, 19세기 예술비평가 존 러스킨은, '르 브룅의 그림은 베로네세 작품의 포장지는 될 수 있을 것'이라고 두 그림을 비교했다.

그 뒤에도 〈가나의 혼인 잔치〉는 여러 차례 수난을 겪었다. 1870년 보불전쟁프로이센-프랑스 전쟁과 두 차례의 세계대전 중에는 독일군의 약탈을 피하기 위해 대형 트럭에 실려 전국을 돌며 숨어 지내야 했다. 1989년부터 3년 동안 루브르 박물관이 수백만 달러를 들여 복원 작업에 나섰는

르 브룅의 〈시몬의 집에서의 성찬〉. (베니스 갤러리 아카데미아 소장 및 제공)

데, 로마 시스티나 대성당의 복원 작업에 비유될 정도의 대역사였다.

2006년 이 작품은 컴퓨터로 복사되었다. 18개월이 걸린 복사 작업
은 베로네세가 원작을 제작했던 기간보다도 오랜 작업이었다. 초정밀

컴퓨터과학이 새로이 탄생시킨 이 그림은 '세 번째 가나의 기적'으로 불리지만, 일부에서는 인간 복제와 같이 예술품 복제의 윤리성에 의문을 표시하는 견해도 만만치 않다.

컴퓨터 복제는 산 조르조 마조레의 문화유산 보호기관이 주문한 것으로, 복제된 그림은 2007년에 원래의 자리인 수도원에 걸렸다. 〈가나의 혼인 잔치〉가 귀환했다고 감격해 하는 사람들도 있었지만, 베네치아 사람들은 베로네세의 원작품을 잊지 않고 있다.

지금도 때때로 베네치아에서는 나폴레옹의 문화재 약탈에 대한 모의재판이 열리고 있으며, 프랑스 정부와 루브르 박물관을 상대로 소송을 외치는 사람들이 있다. 그렇지만 〈가나의 혼인 잔치〉는 이미 끝났다. 르 브룅의 그림을 대신 받아 온 것으로 일단락이 지어졌다고 보아야 하기 때문이다.

나폴레옹은 왜 예술품을 대대적으로 약탈했을까?

정복의 상징일 수도 있고 프랑스를 장식하기 위해서이기도 하지만, 사실은 이보다 더 큰 뜻이 있었다. 유럽 최고의 문화유산들을 집결시켜 파리를 도전받지 않는 세계의 문화 중심지로 만들겠다는 야망이었다. 이른바 문화적 슈퍼 파워를 꿈꿨던 것이다.

세계 정복의 야망에 불타고 예술에 대한 정열을 가진 나폴레옹은 자신의 군사적 문화적 야망을 실현시킬 가능성을 프랑스 혁명전쟁에서 찾았다. 나폴레옹은 유럽의 거의 모든 지역을 정복하고, 가는 곳마다 대규모 문화재 약탈을 감행하면서 자신의 야망을 실현시켜 나갔

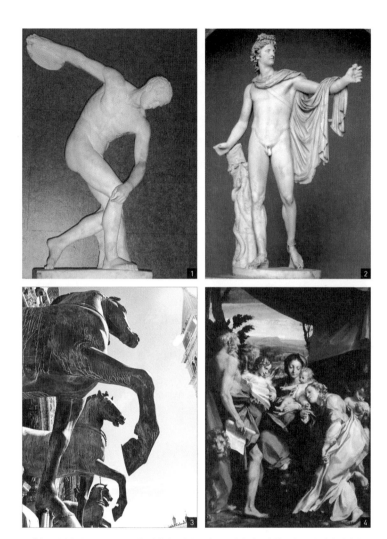

1. 〈디스코볼러스(원반 던지는 사람)〉. 기원전 5세기 그리스 조각가 미론의 청동상. 로마 시대 대리석 복사품. (로마 국립박물관 소장)

2. 〈벨베데레의 아폴로〉 높이 2.2미터. 기원전 320년대 그리스 조각가 레오카레스의 청동상. 로마시대 복사품. (바티칸 박물관 소장)

3. 〈네 마리의 청동말상〉 기원전 4세기 그리스 조각가 리시포스의 작품(또는 로마시대 복제품 추정). (베네치아 성 마가 성당 소장)

4. 〈성 제롬과 성모〉 코레조로 불리는 안토니오 알레그리의 1523년 작품. (파르마 국립미술관 소장)

〈라오콘〉. 기원전 200년대 그리스 원작품의 로마시대 복사품. 높이 242센티미터 대리석 작품. (바티칸 박물관 소장)

다. 그는 혁명을 쟁취한 프랑스의 위대함을 내세워 문화재 약탈을 정당화했는데, 유럽의 위대한 문화재들을 절대군주의 억압에서 해방시켜 자유와 지성의 중심지 프랑스의 보호하에 두어야 한다고 주장했다.

나폴레옹의 문화재 약탈은 유럽 각지의 최고 예술품을 총망라한 것이었다. 세계 예술의 모델이 될 걸작만을 선별했고, 유럽의 예술사를 한눈에 보여 주는 대규모 컬렉션이었다.

빼앗긴 세계문화유산

대표적인 약탈물은 그리스 조각품인 〈라오콘〉, 〈원반 던지는 사람〉, 〈벨베데르의 아폴로〉, 〈네 마리 청동 말상〉, 르네상스 시대의 걸작으로 코레조의 〈성 제롬과 성모〉, 베로네세의 〈가나의 혼인 잔치〉, 안젤리코의 〈성모의 대관식〉, 반 아이크 형제의 〈하나님의 어린 양〉 등이 있다.

여기엔 이탈리아에서만 걸작품 5백여 점, 네덜란드에서 2백여 점이 약탈되었는데 예술품 외에도 각종 진귀한 고문서와 성물, 자연과학 표본 등이 대거 포함되어 있다. 나폴레옹의 예술품 약탈 상황은 전쟁 상황 이상으로 프랑스 신문에 상세히 보도되었다. 언론은 이탈리아에서 획득한 걸작 예술품들에 관해서는 상세한 해설까지 곁들이면서, 나폴레옹의 예술품 획득은 군사적 승리보다 값진 것이고 이것이야말로 나폴레옹을 진정한 영웅으로 만드는 것이라고 평했다.

1797년 7월 나폴레옹은 예술원 회원으로 추대되고, 프랑스 문인들은 앞을 다투어 예술품 약탈을 찬양하는 시를 나폴레옹에게 바쳤다. 때를 맞추어 나폴레옹의 약탈 문화재는 마르세유 항구에서부터 파리까지 퍼레이드를 벌였다. 퍼레이드의 현수막에는 이런 문구가 적혀 있었다.

"그리스는 로마에 예술품을 넘겨주었고, 로마는 이들을 잃었다. 이제 이들은 더 이상 주인이 바뀌지 않을 것이다."

1798년 7월, 이탈리아로부터 약탈한 예술품의 마지막 마차가 파리에 도착한 날에는 정부가 주도한 성대한 환영 행사가 있었다. 축제는 나흘간 계속되었고, 마지막 날엔 루브르 박물관에서 약탈 예술품 선정 업무를 담당했던 위원 전원에게 훈장이 수여되었다.

약탈물 퍼레이드에서 가장 인기를 끌었던 것은 베네치아에서 탈취해 온 〈네 마리 청동 말상〉이었다. 이 유명한 조각상은 그리스에서 로마로, 로마에서 다시 콘스탄티노플로, 그러다가 다시 십자군에 약탈당해 베네치아로 끌려갔고, 이번에는 나폴레옹에게 약탈되어 파리에 들어오는 중이었다. 이 조각상은 곧 개선문 위에 세워졌고, 베네치아로 반환될 때까지 파리 시민들의 자랑거리였다.

나폴레옹의 약탈 예술품은 루브르 박물관에, 자연과학적 수집품은 자연사 박물관에 전시되었다. 루브르 박물관과 자연사 박물관은 일약 국제적 차원의 박물관으로 명성을 얻게 되었다. 유럽의 문화재가 이렇게 일목요연하게 한곳에 전시된 적이 없었기 때문에 약탈 문화재 전시는 곧 프랑스 관광의 명물이 되었다. 사람들은 처음으로 유럽의 문화유산을 한꺼번에 보고 느낄 수 있었고, 유럽 각국의 예술을 비교할 수 있었다. 그들은 한편으로는 큰 감명을 받았으나 또한 충격을 받았다. 고대 그리스에서 르네상스를 거치며 유럽의 핵심적인 전통으로 자리 잡은 예술이 원래 장소에서 뿌리 뽑혀진 것이다. 예술품은 원래 장소에서 보존되어야 한다. 이것은 나폴레옹의 예술품 약탈을 비판하는 지식인의 선두에 섰던 예술사가 드 갱시의 주장이었고, 많은 사람들이 여기에 동조했다.

나폴레옹 전쟁은 유럽 민족주의 씨를 발아시켰다. 이 시대 문화재는 단순히 값진 보물이 아니었다. 그것은 민족의 과거를 증거하는 확고한 물증이었다. 사람들은 또한 약탈당한 자신의 문화재를 보면서, 자신들의 문화와 역사가 약탈되었음을 느꼈다.

나폴레옹 전쟁의 여파로 새로 태어난 신생국들은 민족의 정체성과

빼앗긴 세계문화유산

일체감을 부여하는 문화재의 가치에 눈을 떴고, 약탈된 자신의 문화재를 회복해야 할 필요성을 절실히 느꼈다. 나폴레옹의 패망과 함께 약탈된 문화재를 원래 소유국으로 반환시키는 것은 전쟁 처리의 당연한 귀결이었고 우선순위였다.

빈 회의에서 전시 약탈 문화재의 반환이 실현되다

워털루 전투에서 나폴레옹을 격퇴한 영국의 웰링턴 장군은 약탈 예술품을 원래 소유국으로 반환할 것을 영국 정부에 건의했다.

"오늘날의 전쟁의 관행에 반하여 프랑스군이 조직적으로 약탈한 예술품은 원래 국가들에게 반환되어야 한다. 이 일은 예술품을 전리품으로 생각하는 프랑스 국민들에 대한 도덕적 교훈이 될 것이다."

이에 따라 연합국 대표들은 군대를 파견하여 루브르를 점령한 뒤 예술품들을 접수했다. 문화재를 회복한 유럽의 여러 도시에서는 축포가 울리고, 환영 행사가 대대적으로 열렸다. 로마의 예술인들은 '모든 예술품들이 그것이 창조된 원래 장소에, 그 창조자들이 의도한 원래 환경으로 회복되어야 할 것'이라는 성명을 발표했다. 이로써 전시 약탈 문화재의 관행이 불법화되고, 약탈 문화재의 반환이라는 국제적 관행이 탄생하게 되었다. 패전국 프랑스가 전승국에게 약탈 문화재를 반환한 것은 당연한 일이었지만, 여기서 중요한 점은 프랑스는 단지 약탈한 문화재만을 반환했고 전승국들도 그 이상은 요구하지 않았다는 사실이다. 이것은 전승국이 패전국을 약탈해 온 그간의 관행으로 보아 아주 이례적인 일이었다.

웰링턴 장군. 워털루 전투에서 나폴레옹을 패 망시키고 빈 회의에서 약탈 문화재 반환을 주 도한 영국의 장군, 정치가. 1804년 로버트 홈 작품. (영국 국립 초상화 박물관 소장)

나폴레옹 전쟁이 가져온 피해 는 실로 막심한 것이었다. 워털 루 전쟁에서만 4만 7천 명이 사 망했고 2만 마리의 말이 희생되 었다. 그러나 전승국들은 프랑스 문화재를 약탈하지 않고, 프랑스 가 약탈한 문화재만을 반환시켰 다. 이는 전례가 없는 관대한 처 분으로, 약탈 문화재를 원래 장소 에 반환시키는 새로운 원칙의 탄 생이었다. 국제적 차원에서 최초

의 전시 약탈 문화재 반환이 결정된 '빈 회의'의 원칙은 향후 국제 관습 법으로 정립되어 갔다.

빈 회의는 역사상 최초로 국제적인 문화재 반환 문제를 논의하고 결정했지만, 거기에는 국제 정치의 현실이 반영되지 않을 수 없었다. 영국, 오스트리아, 러시아 같은 연합국 중심 멤버들은 약탈 문화재 반 환이라는 원칙도 중요시했지만, 현실 정치도 감안했다. 혁명이 진압되 고 왕정복고로 돌아간 프랑스를 과도하게 처벌하는 것은 오히려 국제 사회의 안정에 해가 된다고 보았던 것이다.

따라서 그들은 약탈당한 이탈리아나 네덜란드, 독일을 달래 가며 중요한 문화재만을 회수해 가도록 하는 제한적 반환 조치를 취했다. 가령 이탈리아는 약탈당한 그림의 절반을 회수했고506점 중 259점, 네덜란

빼앗긴 세계문화유산

드는 3분의 2를 회수했다^{200점 중 126점}.

반환은 또한 유럽 전승국에 한정되었다. 무엇보다도 나폴레옹의 약탈물 중 가장 인기를 끌었던 〈네 마리 청동 말상〉은 베네치아로 반환되었다. 그러나 이 조각상은 원래 1204년 제4차 십자군이 콘스탄티노플에서 약탈하여 베네치아에 매각한 것이었다. 빈 회의에서 이 조각상을 원래의 약탈지인 콘스탄티노플로 되돌려 보내자는 의견은 전혀 없었다.

당시 콘스탄티노플을 점령하고 있던 터키는 동로마 제국의 후계자로 인정되지 않았고, 유럽의 정치외교적인 파트너로 간주되지도 않았다. 터키 술탄은 빈 회의에 초대받지도 못했다. 이것은 나폴레옹이 교황청에서 약탈한 '하이델베르크 문서'가 최초 약탈지인 하이델베르크로 반환된 것과는 대조적인 일이었다.

프랑스 일반 국민들은 문화재 반환 결정에 크게 반발했다. 프랑스인들은 패전을 인정하지 않았다. 어쩌면 워털루 전투는 나폴레옹 개인에 대한 전쟁이라고 믿었는지도 모른다. 파리의 한 시민이 돌린 팸플릿은 프랑스 국민들의 감정을 보여 주는 좋은 예가 될 것이다.

"모든 역사를 통해서, 전리품 취득은 용인되어 왔다. 웰링턴이 이끈 영국의 인도 침략 전쟁에서 인도의 왕실 보물은 영국의 왕실 보물에 편입되었다. 루브르에 소장된 예술품은 승리의 과실이며, 합법적인 대가이고, 항복 조약에 의해 양도된 것이다. 예술을 통해 인류에 봉사해 온 루브르는 발가벗겨졌다."

나폴레옹 패망 후에 반환받은 문화재를 수용하기 위해, 각국에서는 루브르를 모델로 경쟁적으로 국립박물관이 설립되었다. 또한 나폴레

1. 카트리메르 드 갱시. 나폴레옹의 예술품 약탈을 비난한 대표적 인물. 1787년 프랑수아 본비유 작품.
2. 도미니크 드농. 나폴레옹 예술품 약탈에 앞장섰던 인물로 초대 루브르 박물관 관장이다. 19세기 초 로베르 레페브르 작품. (베르사이유 박물관 소장)

옹 군대는 점령지에서 취득한 문화재를 그곳의 한 장소에 모아 두었는데, 프랑스 군대가 떠난 후 이들 문화재 집합 장소는 자연스럽게 공공 박물관으로 전환되었다. 베네치아의 아카데미아, 밀라노의 브레라 미술관, 암스테르담의 국립박물관, 마드리드의 프라도 박물관이 대표적인 사례이다. 나폴레옹 전쟁은 또한 유럽을 박물관 시대로 인도했다.

나폴레옹의 약탈은 문화재 역사에서 큰 장을 닫았다. 인류 문명의 역사만큼이나 오랜 전시 문화재 약탈 관행의 합법성에 종지부를 찍은 것이다. 나폴레옹 전쟁이 퍼뜨린 민족주의의 열기 속에서, 나폴레옹의 문화재 약탈은 민족의 문화유산 보호 의식을 일깨웠고 모든 유럽인에 속한 공동의 문화재를 일국의 소유로 하지 않고 원래 장소에서 보존해야 한다는 인류의 공동 문화재 보존 사상을 낳았다.

　문화재의 약탈을 금지하는 이유는 사유재산, 또는 종교적, 예술적 성격의 재산이기 때문이 아니다. 그것은 민족의 유산이며, 또한 인류의 공동 유산이므로 약탈되어서는 안 되며, 약탈되면 반환시켜야 하는 것이다. 오랜 역사와 관행을 지닌 전시 약탈의 합법성은 약탈 문화재 반환의 원칙에 자리를 내어 주게 되었다. 이 원칙은 두 차례의 세계대전을 겪으며 국제 관습법으로 성립되었다. 빈 회의에서 역사적인 문화재 반환 논의가 이루어지는 뒤편, 영국은 1801년 나일강 전투에서 프랑스 군대로부터 약탈한 로제타석을 대영 박물관에 소장시켰다. 1816년에는 그리스에서 영국 대사 엘긴이 뜯어온 파르테논 마블을 대영 박물관에 소장시켰다. 그토록 약탈의 관행은 뿌리 깊은 것인가? 로제타석이나 파르테논 마블은 유럽의 문화재가 아니었기 때문인가? 약탈 문화재 반환에 관한 유럽 국가들의 이중성을 예고한다.

민족의 유산,
제국주의에 희생되다

〈거울에 비친 모습〉, 샹폴리옹은 룩소스의 '왕들의 계곡'에서 가장 화려한 세티 1세의 무덤 벽 두 개를 통째로 부수고 벽화를 뜯어 갔다. 두 벽화는 오늘날 루브르 박물관과 토리노 박물관에 있다.

CHAPTER 09

로제타석 Rosetta Stone
- 제국주의 문화재 약탈의 신호탄

〈로제타석〉
높이 114센티미터, 넓이 72센티미터, 두께 27센티미터의 검은색 화성암이다.
맨 윗부분은 이집트 상형문자, 중간은 이집트 서민의 글인 데모틱 문자,
맨 아래는 그리스 고전 문자로 되어 있다.
원래 로제타석은 고대 도시 타니스(현재의 지명은 사엘 하가르)의 한 신전에 세워졌었다.
그 뒤 중세 이집트를 지배하던 아랍인들이 알렉산드리아로 옮겨 대형 선박의 바닥짐으로 사용했다.
그러다 16세기 오스만 투르크 지배 시에는 라시드 항구의 성벽을 구축하기 위해
운반되었던 것으로 보인다. (대영 박물관 소장)

이 귀중한 비문은 영국군의 자랑스러운 전리품이다.
이것은 힘없는 주민들에게서 약탈한 게 아니라
승전으로 영예스럽게 취득한 것이다.

_프랑스군으로부터 로제타석을 인수한 영국 해군 터너 대령이
입수 경위를 설명하는 서신에서

나폴레옹의 고대 문화에 대한 열정으로 발견된 로제타석

1797년, 이탈리아 원정을 성공적으로 마친 나폴레옹은 영웅이 되어 파리로 개선했다. 프랑스 혁명정부는 여세를 몰아 영국을 원정하라고 주문했지만 나폴레옹의 생각은 달랐다. 세계 최강인 영국 해군을 건드리는 것은 승산 없는 싸움이라고 생각했던 것이다. 그 대신, 나폴레옹은 이집트로 떠나고 싶어 했다.

알렉산드로스 대왕은 23세에 페르시아와 이집트를 정복해서 세계 최대 제국을 이루었다. 나폴레옹 역시 20대였다. 알렉산드로스 대왕처럼 세계 제패를 꿈꾸던 29세의 나폴레옹은 혁명정부를 설득했다. 우선 이집트를 정복하여 인도에 이르는 영국의 해상 루트를 끊어 버리고, 이집트의 곡창지대를 손에 넣은 다음 영국을 정복하는 게 순서라고 그는 말했다.

나폴레옹은 마침내 1798년 7월 이집트 원정길에 올랐다. 나폴레옹의 이집트 원정은 13세기 십자군의 이집트 원정 이후 최초의 유럽인에 의한 침략이었다. 4만 명에 이르는 병력과 3백 척의 선박이 동원되고, 167명의 민간인 학자들도 따라왔다. 민간인들을 데리고 간 것은 제국주의 침략을 위장하기 위한 것이라는 설명도 있지만, 나폴레옹의 고대문화에 대한 열정이 이유였을 것이다.

군사적으로 볼 때 그의 원정은 대실패였지만 그가 데리고 간 167명의 학자들은 업적을 남겼다. 그들은 이집트에 도착하자마자 카이로에 '이집트 연구소'를 설립하고 조직적으로 이집트의 과거와 현재를 연구했다. 이집트의 정치, 경제, 역사, 문화, 예술, 자연과학에 걸친 연구 결과는 10년 후에 24권의 방대한 보고서로 나왔다. 〈이집트 보고서 Descriptions of Egypt〉가 그것이다. 1809년과 1828년 두 차례에 걸쳐 출간된 이 책은 이집트를 유럽에 본격적으로 소개했다.

프랑스와 영국, 로제타석의 약탈과 재약탈

1799년 7월, 이집트 북쪽 항구도시 라시드에서 나폴레옹 원정군 공병 대위 부샤르는 영국군의 공격에 대비해 옛 성벽을 증축하다가 성벽 아랫부분에 박혀 있는 검은색 돌덩어리 하나를 발견했다. 뭔지 알 수 없는 글자가 빽빽이 새겨진 돌은 한눈에 보아도 예사롭지 않았다.

그는 이것을 파내어 즉시 카이로에 있는 이집트 연구소로 보냈다. 나폴레옹은 즉시 파리에서 탁본 기술자를 불러 비문의 탁본과 석고본을 떠서 파리에 보냈다. 이 비문이 바로 당대 최고의 문화재 발견 중 하나인 로제타석 Rosetta Stone이다.

로제타석 발견 2년 후인 1801년 3월, 이집트에 상륙한 영국군은 카이로와 알렉산드리아에서 나폴레옹 원정군을 격퇴했다. 이때는 나폴레옹이 이미 2년 전에 혼자 파리로 떠난 후였다. 곧 프랑스가 영국에 항복하는 알렉산드리아 조약이 체결되고, 조약에 의해 영국군은 로제타석을 전리품으로 빼앗았다. 프랑스 사령관은 끝까지 로제타석을 놓치지 않으려고 저항했지만 전승국의 힘 앞에서 속수무책이었다.

로제타석을 접수했던 영국군에 해밀턴이란 자가 있었다. 그는 당시 터키 주재 영국 대사 엘긴의 부관으로, 그는 그리스에서 파르테논 마블을 뜯어가는 것을 지휘하고 있었는데 영국 정부는 그를 즉각 이집트로 급파했다. 로제타석의 접수를 완벽하게 지원하기 위해서였다. 해밀턴은 나중에 외무부 차관으로 승진하고, 나폴레옹 패망 후에는 약탈 문화재 반환 협상에도 깊이 관여한 약탈 문화재 전문가였다.

1802년 2월, 로제타석이 영국군에 포획된 프랑스 전함 '이집트 호'에 실려 런던에 도착했다. 비문은 조지 3세의 이름으로 대영 박물관에 기증되었다. 비문의 왼쪽 귀퉁이에는 '1801년 영국군이 이집트에서 포획하다'라는 글이, 오른쪽 귀퉁이에는 조지 3세의 이름이 들어갔다. 3천 년 전, 함무라비법전 귀퉁이에 약탈자의 전승 사실과 이름을 새겨 넣은 것이나 마찬가지였다.

로제타석은 대영 박물관의 보물이 되었다. 이것은 영국이 취득한 최초의 중요한 이집트 유물이었고, 또한 제국주의 시대 비유럽 지역에서의 문화재 약탈의 개막을 알리는 신호탄이기도 했다.

널리 알려진 바와 같이 로제타석은 이집트 상형문자, 서민 글자인 데모틱 문자, 그리스 문자 등으로 구성되어 있다. 따라서 이 비문은 고대 이집트의 상형문자를 현재의 살아 있는 그리스 문자와 연결시키는 최초의 문서였고, 그리스 문자를 열쇠로 오래전에 죽어버린 이집트 상형문자의 해독 가능성을 여는 문화재였던 것이다.

로제타석의 해독을 위해 영국과 프랑스 학자들 간에 치열한 경쟁이 벌어졌다. 그것은 영불 양국의 헤게모니 다툼이기도 했다. 1814년 영국의 물리학자 토마스 영이 어느 정도의 진전을 보았지만, 비문 해독의 최종 영광은 프랑스 학자 장 프랑수와 샹폴리옹에게 돌아갔다.

샹폴리옹은 12세 때인 1801년에 처음으로 로제타석의 복사본을 접했다. 그때 그는 상형문자의 해독에 일생을 바치겠다고 결심했다. 그는 언어의 천재였다. 고대 그리스어, 페르시아어, 콥트어, 헤브라이어, 아랍어, 산스크리트어, 중국어까지 마스터하고 18세부터 본격적으로 로제타석의 해독 작업에 착수했다.

그리고 32세 때인 1822년에 마침내 상형문자의 해독에 성공했다. 14년에 걸친 연구 끝의 성공이었다. 샹폴리옹은 비문 해독의 과정에서 토마스 영의 연구 결과를 이용했는데, 그가 이를 인정할 것을 요구했으나 샹폴리옹은 끝까지 거부했다. 그는 역사상 최초의 상형문자 해독이라는 영광을 나누고 싶어 하지 않았다.

샹폴리옹은 어떻게 상형문자를 해독했을까?

이집트 상형문자는 기원전 3100년경부터 신전이나 왕궁에서 사용된 귀족의 언어였다. 그러다가 기원전 7세기경부터는 상형문자를 간단히 흘려 쓴 '데모틱 문자'가 서민의 문자로 사용되었다 데모틱이라는 이름은 샹폴리옹이 붙친 것이다. 기원전 4세기경 알렉산드로스 대왕의 이집트 정복 이후부터는 4백 년간 관청에서 그리스어를 사용했다. 기원후 로마의 이집트 지배 시기에는 라틴어가 공식 언어로 사용되었다.

빼앗긴 세계문화유산

4세기경, 로마
가 그리스도교 국
가로 탈바꿈하면
서 이교도 박해가
일어나 이교도의
신전이나 문서에
대한 대대적인 파
괴가 잇달았다. 이
집트의 종교와 깊

1. 토마스 영(1773~1829년)의 흑백 초상화. 1839년 토마스 페티그
류의 책 《메디칼 포트레이트 갤러리》에 수록.
2. 샹폴리옹(1790~1832년) 초상화. 1831년 레옹 코니에 작품. (루
브르 박물관 소장)

이 관련된 상형문자의 사용은 엄격히 금지되는 대신 이집트 언어를
그리스 문자로 표기한 '콥트어'가 상형문자를 대신했다. 6세기경에 이
르러서 이집트의 상형문자는 완전히 자취를 감추었다. 비문이나 파피
루스를 읽을 수 있는 이집트 전통 종교인들도 사라짐으로써 상형문자
의 해독 방법은 미궁에 빠지게 되었다.

7세기부터는 이집트가 아랍 무슬림의 지배를 받으면서 아랍어가
대중화되고 데모틱 문자도 사라졌다. 11세기경에는 콥트어마저도 아
랍어에 밀려 사라짐으로써 이집트 고대 왕국과 연결된 언어의 끈은
완전히 끊어졌다. 오직 소수의 그리스도교도 후예를 중심으로 콥트어
가 간신히 명맥을 이어갈 뿐이었다. 샹폴레옹은 살아 있는 언어인 그
리스어와 콥트어를 매개로 상형문자를 해독했던 것이다.

로제타석은 기원전 196년 프톨레마이오스 5세의 즉위 1주년을 기
념하여 공포된 칙령을 새긴 비문으로, 그 내용은 그리스 왕실과 이집

샹폴리옹의 노트. 원으로 표시한 것이 클레오파트라의 이름이다.

트 국민들의 단합을 호소하는 것이다. 그 때문에 언어는 그리스어와 귀족층의 상형문자, 서민층의 데모틱어가 함께 사용되었던 것이다.

프톨레마이오스 왕조는 3백 년간 모두 세 개의 칙령을 공포했는데, 세 개의 칙령 모두 세 개의 언어를 사용하여 비문에 새겨 넣었다. 로제타석의 비문은 세 번째 칙령이다. 로제타석은 가장 먼저 유럽인에게 발견되어 상형문자 해독을 이끈 비문이라는 중요성 때문에 유명해진 것으로, 다른 두 개의 비문도 19세기 말과 20세기 초에 모두 발견되었다.

상형문자의 해독은 미궁에 빠져 있던 고대 이집트의 3천 년 역사를 되살려 냈다. 그것은 사라진 문명의 재발견으로, 이제 신전과 피라미드의 벽과 파피루스에 그려진 상형문자는 더 이상 아름답고 신비스런 그림이 아니었다. 이집트의 역사와 종교가 생생히 살아났고 진정한 의미를 갖게 됨으로써 인류 최초 문명의 모습이 설명되기 시작했다. 이집트 문명이 고대 그리스와 근동 지역의 신화와 종교에 미친 영향이 해명되기 시작했다.

샹폴리옹의 상형문자 해독은 유럽 문화의 뿌리를 그리스에서 이집트로, 더 멀리 동쪽으로 이동시켰다. 유럽에는 대대적인 이집트 열풍

빼앗긴 세계문화유산

이 일어 사람들이 고대 유물을 찾아 이집트로 대거 몰려갔다. 이제 그곳은 유물 획득의 각축장이 되었다.

그 후 샹폴리옹은 무엇을 했나?
프랑스는 비록 로제타석은 빼앗겼지만, 나폴레옹 원정 학자들과 샹폴리옹의 업적을 바탕으로 이집트 연구에 박차를 가했다.

1926년 루브르 박물관에 이집트관이 신설되고, 샹폴리옹이 초대 관장을 맡았다. 2년 뒤인 1828년, 샹폴리옹은 이집트를 여행했다. 상형문자 해독이 정확한지 여부를 확인하기 위해서였다. 그는 이 여행의 과로로 중

세티 1세의 무덤 벽화인 〈거울에 비친 모습〉. (루브르 박물관 소장)

풍에 걸려 41세에 사망했다. 그의 여행 기록인《이집트와 누비아의 유적》은 그의 사후 13년인 1845년에 출간되어 유럽에서 이집트학의 탄생에 기여한 필독서가 되었다.

상형문자 해독의 아버지인 샹폴리옹도 제국주의 학자답게 고대 문명의 문화재 약탈을 또한 업적으로 남겼다. 이집트에 갔을 때, 그는 신

왕조 시대의 수도였던 룩소르의 '왕들의 계곡'을 둘러보았다. 그 중 세티 1세의 무덤은 기원전 13세기에 건축된 가장 화려한 무덤이었다. 샹폴레옹은 무덤의 벽 두 개를 통째로 부수고 벽화를 뜯어 갔다. 두 벽화는 샹폴리옹과 함께 여행했던 이탈리아 학자 로시니와 사이좋게 나누었다. 그들이 뜯어 간 이집트 벽화는 오늘날 루브르 박물관과 토리노 박물관에 있다. 벽화의 이름은 〈거울에 비친 모습Mirror Image Scenes〉이다.

이집트의 권리는 어떻게 될까?

로제타석의 비문을 둘러싸고 프랑스와 영국의 약탈 게임이 벌어지는 와중에 이집트의 권리는 안중에도 없었다. 당시의 국제 관행은 발견자가 절반을 갖고, 나머지는 땅 소유자가 갖는 것이었다. 당시 이집트는 오스만 투르크의 속국이었다. 터키도 우습게 보는 판에 이집트는 말할 것도 없었다. 영국과 프랑스는 이집트를 무주의 땅으로 간주했다.

그 후에라도 영국이 만에 하나 이집트에 로제타석에 대한 위로금을 이집트에 주었다면 오늘날 이야기는 달라진다. 이집트는 로제타석을 요구할 권리가 없었을 것이다. 19세기 제국주의 시대에 신전과 왕실 묘가 조직적으로 도굴당한 데 비하면 일개 건축자재로 사용된 로제타석을 뜯어간 것은 그리 중요하지 않았는지도 모른다. 이집트도 처음에는 로제타석에 대해 크게 신경을 쓰지 않았다.

그러나 이집트에서 공짜로 뜯어간 문화재들은 유럽 박물관에 어마어마한 가격으로 팔렸다. 국제사회에서 문화재는 주권과 같은 국가적 위신이며 국부의 상징이다. 제2차 세계대전이 끝난 후에 벌어진 문화

빼앗긴 세계문화유산

재 반환 운동은 탈식민지 운동의 일환이었다. 이제 제3세계의 리더로 부상한 이집트는 문화재 반환 운동의 전면에 나서게 되었고, 로제타석이 주목을 받게 되었다. 그리스의 치열한 파르테논 마블 반환 운동도 큰 자극제가 되었다.

하와스 이집트 문화재청장.

2003년, 대영 박물관을 방문한 이집트 문화재청장 하와스 박사는 이집트 문화재 반환의 챔피언으로 '문화재의 차르^{제왕}'라고 불린다. 하와스는 공개적으로 로제타석의 반환을 요구했다.

"그것은 이집트의 상징이다. 훔쳐간 문화재는 반드시 돌아와야 한다."

그러나 얼마 가지 않아 하와스는 목소리를 낮추었다. 2011년에 개관하는 카이로의 그랜드 박물관 개관식 전시를 위해 로제타석을 3개월간 대여해 줄 것을 요청했다. 그러나 대영 박물관이 이에 응하지 않을 것이라는 관측이 우세하다. 하와스 박사가 한편으로는 로제타석의 소유권을 주장하면서 3개월 대여를 요청한 것도 의심스럽다. 대여해 줄 경우, 이집트가 반환하지 않는다면 어떻게 할 것인가? 대영 박물관은 2005년에 로제타석의 복제품을 이집트에 기증했다.

"우리는 이집트의 문화재를 소장한 게 아니다. 세계 문명의 일부로서 이집트의 유물을 갖고 있을 뿐이다. 중요한 것은 유물의 보존이다."

이것은 대영 박물관의 한결같은 반응이지만, 이런 궤변 뒤에는 로제타석은 이집트만의 문화재가 아니고 유럽의 문화재이기도 하다는 뜻이 담겨져 있다. 서구 문명의 원천은 그리스를 넘어 아프리카, 아시아에 닿아 있다. 유럽 문화의 궁극적 뿌리를 보여 주는 로제타석이 어찌 이집트만의 문화재이겠는가? 이것이 유럽 박물관들의 기본적인 사고방식이다. 대영 박물관장 맥그레거는 이렇게 간단히 말한다.

"로제타석은 아프리카를 정복한 그리스 제국주의의 부산물이다."

시카고 박물관장 제임스 쿠노는 이렇게 묻는다.

"현대 이집트와 파라오 시대 이집트와의 관련은 무엇인가? 고대 유물은 이슬람 국가들이 생겨나기 훨씬 이전에 제작된 것들이다. 고대 유물을 문화재로 규정하는 국내법이나 국제법은 150년 전에 태어난 것이다. 이들 국가들은 영토 내에서 발견된, 또는 발견되었다고 믿는 고대 유물을 민족의 정체성과 자부심으로 파악한다. 민족의 유산만 중요하고 세계문명에 대한 중요성은 조금도 생각지 않는다."

이들의 공통된 견해는 고대 이집트의 로제타석이 현대 이집트와는 관련성이 희박하다는 것이다. 로제타석은 대영 박물관에 전시된 이래 단지 두 차례만 자리를 떠났다. 처음은 1917년 제1차 세계대전 기간 중 독일군의 공습을 피하기 위해 지하 15미터의 우편 철로에 피신되어 2년간 숨었다. 마지막은 1972년 상폴리옹의 로제타석 해독 150주년을 기념하여 루브르 박물관에 한 달간 대여한 것이 전부이다.

현실적으로 이집트가 로제타석을 돌려받을 가능성은 극히 희박하다. 우선 그것은 19세기 초에 약탈된 것이다. 그 시대에는 법도 관행도 없었고, 게다가 한 다리 건너 프랑스로부터 빼앗은 것이다. 그렇다고 영국도 고민이 없는 것은 아니다. 고대 이집트 문명을 설명하는 로제

빼앗긴 세계문화유산

타석이 세계적으로 알려지면 알려질수록 이집트의 상징임을 확인시키고 있기 때문이다.

현재 소유자가 누구이든 간에 문화재가 상징하는 확고한 이미지는 바꿀 수 없다. 유명한 문화재는 제작자를 상기시킨다. 이집트 파라오의 비문으로 이집트 언어로 씌어진 로제타석은 이집트의 역사와 문화를 단적으로 상징하는 이집트의 확고한 이미지이다. 그럼에도 불구하고 로제타석이 영국에 있다는 사실은 영국의 제국주의와 떼려야 뗄수 없는 관계이다. 대영 박물관의 스타 문화재가 점점 추악한 제국주의의 상징이 되어가고 있는 데 영국의 고민은 깊어지고 있다.

이집트가 반드시 돌려받아야 할 문화재 5점

2005년, 하와스 박사는 이집트가 반드시 돌려받아야 할 문화재 다섯 점의 목록을 발표한 바 있다.

1. 로제타석^{대영 박물관}
2. 네페르티티 왕비 흉상^{베를린 달렘 미술관}
3. 덴드라 신전 천정의 12궁도^{루브르 박물관}
4. 쿠푸 피라미드의 설계자로 알려진 헤미운누의 석상^{독일 힐데사임 뢰머펠리자우스 박물관}
5. 피라미드 건축가였던 안카프 흉상^{보스톤 미술관}

그는 이들 다섯 점의 문화재를 지목한 근거를 다음과 같이 설명했다.

1. 이집트 문화유산의 핵심적인 것

2. 신전이나 무덤의 일부인 것

3. 취득 경위가 의심스러운 것

이들 다섯 점은 모두 제국주의 시대에 반출된 것이다. 로제타석은 이집트의 상징적 문화재로 전시 약탈된 것이다. 네페르티티 흉상과 헤미운누 흉상은 독일 발굴팀이 이집트 관리들을 속여서 반출한 것이다. 덴드라 12궁도는 프랑스 유물 브로커가 신전의 천정을 파괴하고 뜯어 간 것으로 가장 악질적인 케이스이다.

하와스 박사는 특히 이집트 천문학의 귀중한 성과물인 12궁도는 반드시 반환되어야 한다고 강조했다. 안카프 흉상만은 유일하게 합법적으로 반출된 경우지만, 이것은 안카프 흉상으로는 유일한 것이므로 반드시 회복되어야 한다는 게 그의 주장이다.

1. 〈덴드라 신전〉. 1841년 데이비드 로버츠 작품. (영국 브리스톨 박물관 소장)
2. 덴드라 신전 천정의 12궁도 부조. 2.55미터 × 2.53미터로 기원전 50년경 제작. (루브르 박물관 소장)

빼앗긴 세계문화유산

그는 이 리스트를 유네스코
에 제출하면서 유네스코 산하
'문화재 반환 정부 간 위원회'
의 중재를 요청했다. 그러나 유
네스코의 기능은 정부 간 직접
대화를 보조하는 수준으로, 상
대국이 대화에 성의를 보이지
않는 한 유네스코의 역할은 사
실상 성과를 거두기 어렵다.

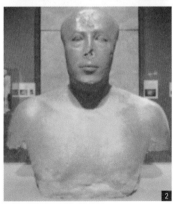

1. 헤미운누 조각상. 화강암. 기원전 2570년경
제작. (독일 힐데사임 뢰머펠리자우스 박물관 소장)
2. 안카프 흉상. 화강암에 회칠. 기원전 2500년
대. (보스톤 미술관)

CHAPTER 10

파르테논 마블 Parthenon Marbles
- 민족의 유산인가, 인류 보편의 유산인가

오늘날 파르테논의 모습.

자신의 정체성을 대변하는 것은 자기 자신의 일부이다.
그것은 분리될 수 없다. 분리될 수 없는 것이 분리된 것,
그것은 모순이다. 국민들은 이러한 모순에 분노하는 것이다.
파르테논 문제는 파르테논 마블이
그리스와 불가분임을 인정하는 데서 출발해야 한다.

_다니엘 샤피로 《문화재 반환, 소박한 요청》 중에서

약탈 문화재의 상징, 파르테논 신전

그리스의 파르테논 신전은 유네스코의 로고이자 유네스코가 선정한 첫 번째 세계 문화유산으로, 전 세계 모든 문화유산의 상징적인 건축물이다. 파르테논 신전을 장식했던 예술품인 '파르테논 마블Parthenon Marbles'은 세계에서 가장 유명한 약탈 문화재의 상징이다.

지난 2백 년간 그리스 국민들은 이 문화재의 반환을 위해 치열한 캠페인을 전개해 왔다. 파르테논 마블의 반환을 위한 그리스의 법적, 외교적, 문화적 캠페인은 오늘날 국제사회에서 문화재 반환 운동의 교과서 역할을 하고 있다. 문화재 반환 운동에 관심 있는 사람이라면 파르테논 마블의 반환 운동을 살펴보지 않을 수 없다.

파르테논 신전은 어떻게 건축되었는가?

파르테논 신전은 '여신의 신전'이라는 뜻으로, 전쟁과 지혜의 여신인 아테나에게 바친 신전이다. 기원전 5세기경 그리스는 페르시아 전쟁에서 극적으로 승리했는데, 이는 역사상 동양에 대한 서양의 최초의 승리로 기록되고 있다.

이 승전을 기념하기 위해 아테네의 수호 여신이자 전쟁과 지혜의 여

페리클레스. 페르시아 전쟁에서 승리한 후 파르테논 신전을 건축하고, 그리스 황금기를 이끈 지도자. 그리스 원본을 복제한 2세기 로마 작품. (대영 박물관 소장)

신인 아테나를 위한 신전이 건축되었다. 15년의 공사 끝에 기원전 432년에 완성된 신전의 건축에는 역사가 헤로도토스, 철학자 프로타고라스, 희곡작가 소포클레스 등 당대 최고의 문화인들이 자문을 했고, 당시 청년 석공이었던 소크라테스도 건축에 참여했을 것으로 보인다.

설계는 당시 그리스 최고 건축가인 익티노스와 칼리크라테스가 담당했고, 신전을 장식한 대리석 조각과 부조, 즉 파르테논 마블은 페이디아스를 비롯한 최고의 조각가들이 만들었다.

기원전 5세기경의 그리스는 고대 세계에서는 유례없이 고도의 과학과 철학, 예술이 꽃피면서 최고의 예술 작품들이 탄생하던 시기였다. 이 무렵을 대표하는 파르테논 신전과 파르테논 마블은 건축 당시 이미 그리스의 힘과 영광을 말해 주는 전설적인 보물로 찬양되었다.

파르테논 조각품은 세 부분으로 이루어진다. 지붕 밑 페디먼트의 조각품, 외벽의 메토프깊은 부조상, 내벽의 프리즈얕은 부조상가 그것이다. 이들 조각품들은 각각 신페디먼트, 영웅메토스, 인간프리즈을 묘사한 것이다.

파르테논 예술의 세계는 민족의 기원을 상징하는 신화의 세계이며 그리스 민족의 무의식의 세계에 닿아 있다. 그리고 신전에 조각된 인간은 그리스인 자신들로 야만인들과 구별되는 문명인의 모습이다. 파르테

빼앗긴 세계문화유산

논은 그리스 신전에 신이 아닌 일반인이 새겨진 최초의 경우로, 그리스인들의 민족의식의 표현이다.

파르테논 신전은 건축 후 9백 년 동안 아테나 여신의 신전으로 존속되다가 로마 시대에는 교회로, 오스만 투르크가 지배할 때는 모스크로 개조되었다. 그 후 신전은 화

파르테논 신전의 원형(원래의 채색된 모습). 대리석 건물로 화강암 기반 위에 세워져 있다. 남쪽과 북쪽에 각각 17개, 동쪽과 서쪽에 각각 8개의 기둥이 있고 동쪽과 서쪽 기둥 안 에는 다시 각각 6개의 기둥이 있다. 기둥은 홈이 파지고 위쪽이 좁아지는 도리아식의 전형이며 높이는 10미터, 지름은 2미터에 달한다. 건물 내부는 동서로 구획되어 동쪽 방은 아테나 여신상을 모신 신전이고, 서쪽 방은 델로스 동맹기금을 보관하는 금고였다.

파르테논 신전과 그 예술품의 원래 모습은 2세기경 로마 정부의 지원으로 그리스 유적을 방문한 그리스 지리학자 파우사니아스의 기록 《그리스 여행(Description of Greece)》에 일부 기술되어 있고, 1676년 콘스탄티노플 주재 프랑스 대사의 요청으로 파르테논 신전을 방문하여 신전을 스케치한 프랑스 화가 자크 카레(Jaques Carrey)가 남긴 4백여 장의 상세한 스케치가 초기 신전의 모습을 전하고 있다.

약 저장고로 사용되었으며1678년에는 베네치아가 아테네를 침략했을 때 신전이 폭파되고 건물의 천정, 기둥과 벽이 크게 파손되었다. 이때 파르테논을 장식했던 예술품 일부가 파괴되었지만 그런 대로 신전에 남아 있었다.

파르테논 마블, 뜯겨 나가다

1799년, 33세의 토마스 브루스 엘긴 백작이 터키 주재 영국 대사로 발령을 받았다. 원래 고대 문화재에 관심이 있었고, 그때 막 12세 연하의 부유한 상속녀와 결혼식을 올린 엘긴은 스코틀랜드에 있는 저택

1. 엘긴 백작. 엘긴 생존시의 초상화. 현재는 개인 소장인듯 함.
2. 엘긴이 하나 뽑아간 에레크테이온 신전 여상주(caryatid) 기둥. 원래는 여섯 개였으나 지금은 다섯 개만 남았다.

을 그리스풍으로 화려하게 꾸밀 계획을 세우고 있었다.

그는 터키 주재 대사 발령을 계기로 파르테논의 조각상들을 복제할 준비를 서둘렀다. 자비로 서너 명의 건축가와 조각가로 구성된 팀을 구성한 후 터키 정부에 파르테논을 스케치하고 석고상을 뜨는 데 필요한 허가장을 받았다.

그러다 엘긴은 차츰 파르테논의 실물을 뜯어내는 것도 가능하다고 보았다. 당시 터키는 이집트에서 나폴레옹 원정군을 쫓아내 준 영국에 고마움을 느끼고 있는 터여서 영국 대사라는 막강한 지위를 이용할 수 있었다. 1801년, 엘긴은 '파르테논의 조각상을 뜯어내어 반출해도 좋다는 터키 정부의 두 번째 허가장을 받았다'고 주장하면서 파르테논 조각품 중 상태가 가장 양호한 것들을 모조리 뜯어내어 영국으로 가져갔다.

그의 만행은 거기서 끝나지 않았다. 그는 파르테논 신전의 기둥 하

빼앗긴 세계문화유산

나를 빼갔고, 주변의 다른 신전에서도 예술품을 뜯어갔다. 파르테논 북쪽의 에레크테이온의 여상주女像柱 기둥을 뽑아낼 때는 신전 건물이 무너지지 않도록 벽돌 기둥을 급조하여 박아 넣기도 했고, 운반을 위해 두꺼운 마블을 잘라 내기도 했다. 이렇게 하여 엘긴은 파르테논 마블의 절반 이상을 뜯어 갔는데, 그때까지 남아 있던 마블 중에서 상태가 양호한 것의 90%를 뜯어 간 셈이었다.

파르테논 마블을 뜯어낸 후 엘긴의 운은 다했다. 1803년, 임기를 마치고 귀국하는 도중에 나폴레옹 군대에 포로로 잡혀 프랑스에서 3년을 보내야 했고, 선박 사고로 파르테논 마블의 일부가 바다에 빠지는 바람에 3년 후에 인양을 하기도 했다.

1812년, 마침내 마지막 파르테논 마블이 영국 전함에 실려 영국으로 들어왔다. 마블은 공짜로 얻었지만 철거와 운송에 들어간 비용은 7만 5천 파운드였다. 이 막대한 비용 지출로 결국 엘긴은 파산했고 아내로부터 이혼을 당했다. 빚에 쪼들린 엘긴은 영국 정부에 파르테논 마블을 팔겠다고 제의했다.

영국 정부는 파르테논 마블을 어떻게 했는가?
영국 정부의 초기 반응은 애매했다. 마블을 무단으로 뜯어 왔다는 여론의 비난이 있기는 해도 파르테논 마블의 유례없는 가치를 놓치고 싶지 않았다. 1816년, 마블의 구입 문제를 심의하기 위한 의회 청문회가 열렸다.

당시 파르테논 유적들은 터키 치하에서 폐허가 되어가고 있었고,

임박한 그리스 독립전쟁1821~1833으로 아크로폴리스 주변에서 그리스와 터키군의 공방전이 벌어질 것으로 예상되고 있었던 만큼 파르테논의 파괴 가능성은 충분히 있었다.

청문회의 핵심은 마블의 취득 방법이 '영국법'을 위반했는가 여부였다. 엘긴은 원래 그의 스코틀랜드 저택을 장식하기 위해 개인적인 용도로 마블을 원했다. 사적인 목적을 위해 공직을 이용했는가? 뇌물이나 부당한 영향력 행사는 없었는가? 청문회는 형식적인 토론을 벌이다가 그의 행위가 영국법에 저촉되지 않고, 합법적으로 반입했다는 결론을 내렸다.

둘째는 엘긴이 당시 그리스의 종주국이었던 터키 당국의 허가를 받고 마블을 뜯어왔는가였다. 터키 당국으로부터 받았다는 허가장은 모두 두 개였다. 처음 허가장은 파르테논 신전에서 스케치하고 모형을 뜨는 걸 허가한 것이고, 두 번째 허가장은 파르테논 조각품들을 뜯어내어 반출해도 좋다는 허가장이었다.

엘긴은 두 번째 허가장을 제시하지 못했다. 단지 엘긴의 비서가 개인적으로 번역한 영문 번역본만 제시했을 뿐이다. 의회는 허가장의 진본이 있건 없건 비공식 영어 번역본의 효력 여부에 관해서는 불문에 부쳤다. 청문회가 내린 결론은 터키 정부의 허가를 받아 적법하게 파르테논 마블을 반출했다는 것이었다.

셋째, 청문회는 마블의 반출이 그것의 보호를 위해 필요한 것이었는가를 토의했다. 따라서 청문회는 파르테논 마블이 최고의 걸작 예술품이므로 마블의 보호를 위해 영국으로 가져온 것은 잘한 일이었다

빼앗긴 세계문화유산

는 결론을 냈다.

넷째, 청문회는 구입 가격도 토의했다. 엘긴은 7만 5천 파운드를 사용했다고 주장했다. 이것은 순전히 철거와 반출을 위한 비용이었고, 마블 자체에 지불한 비용은 한 푼도 없었다. 청문회는 엘긴이 지불한 비용이 예술품의 가격을 반영하는 것은 아니라고 하여 3만 5천 파운드로 가격을 정했다.

결국 청문회의 목적은 엘긴의 행위에 대한 면죄부를 주고 마블의 값을 깎는 데 있었다. 그래야만 영국 정부가 합법적으로 저렴하게 구입할 수 있었기 때문이다.

1816년 의회는 찬성 82표, 반대 30표로 파르테논 마블의 구입을 결정했다. 그들은 마블의 공식 명칭을 '엘긴 마블Elgin marbles'로 결정하고, 대영 박물관이 소장한다는 법을 통과시켰다. 바로 이 결정에 의해 대영 박물관은 오늘날 엘긴 마블의 합법성을 주장하고 있다. 마블은 1832년부터 대영 박물관의 엘긴관에 전시되다가 1939년 엘긴 마블을 위해 신축한 듀빈 갤러리로 옮겨 지금까지 전시되고 있다.

영국인들의 생각은 무엇일까?

파르테논 마블이 영국에 반입될 당시 유럽에는 그리스풍의 신고전주의가 유행하고 있었다. 지식층에서는 그리스 예술에 대한 관심이 높았고, 부유한 사람들은 그리스 관광이나 그리스 예술품 수집이 대유행이었다. 엘긴 마블은 이러한 열기에 불을 지폈다.

일상생활에서도 그리스 스타일이 유행했다. 귀족들의 대저택은 엘긴

〈알바니아 옷을 입은 바이런의 초상화〉 1813년 토마스 필립스 그림. (런던 국립 초상화미술관 소장)

마블류의 페디먼트, 메토프, 프리즈 같은 예술품으로 장식하는 게 유행이 되었고, 젊은이들은 그리스 조각과 같은 몸매 가꾸기에 열중했다. 다위니즘의 영향으로 인종과 외모를 중시했던 당시의 영국 사회에서, 영국이야말로 그리스 민주주의와 문화를 정통으로 계승한 국가라는 자부심이 팽배했다.

여기에는 또한 유럽 문명의 원조인 고대 그리스의 후예인 그리스가 야만인의 속국이 되어 버린 이상 그리스는 더 이상 고대 그리스의 후예가 될 수 없다는 유럽인들의 자만심이 문화재 약탈을 합리화했다는 시각이 있다.

영국은 이제 로제타석에 이어 파르테논 마블까지 손에 넣게 되었다. 값비싼 고대 문화재를 소유한 지적이고 돈 많은 제국이라는 국가 이미지에 국민들은 크게 고무되었다. 따라서 대다수 영국인들은 파르테논 마블이 영국에 들어온 것을 열렬히 환영했다. 모든 인류를 위해 고대의 유물을 보호하는 것이 필요하다는 이유로, 영국인들은 엘긴의 행위는 불가피한 일이었다고 여겼다. 엘긴 역시 의회 청문회에서 자신의 동기는 영국인들을 위해, 그리고 유럽 전체를 위해 뛰어난 그리스 예술을 보존하려는 데 있었다고 역설했다.

빼앗긴 세계문화유산

반대 여론도 컸다. 가장 큰 이유는 파르테논 마블이 그리스의 민족 유산이며, 이를 영국이 파괴했다는 점이었다. 이민족의 지배 하에서 신음하는 그리스를 도와주지는 못할망정 고통 받는 그들의 민족혼을 상처내고 도적질한 것이나 마찬가지라는 게 반대론자들의 논리였다.

비판의 선두에 선 사람은 시인 바이런이었다. 그는 그리스 민족 유산을 탈취한 엘긴의 비도덕성과 역사적 불의를 고발하면서, 엘긴을 시칠리아에서 모든 예술품을 약탈해 갔던 로마 총독 베레스에 비유했다. 키케로가 성공을 거두었던 것처럼 바이런의 비판은 여론의 큰 호응을 얻었다. 폐허가 된 파르테논 신전을 방문한 바이런은 〈차일드 해롤드의 순례Childe Harold's Pilgrimage〉라는 시를 남겼다.

이것을 보고 울지 않는 자, 어리석어라.
너의 벽은 마멸되고, 허물어진 신전은 앗아져 버렸다
이 유적을 보호해야 할 영국인들의 손에.
다시는 회복될 수 없으리라.
그것이 고향에서 강탈당했던 그 시간은 저주를 받으라.
또다시 너의 불행한 가슴은 상처 나고
너의 쓰러진 신들은 북쪽의 증오스러운 나라로 끌려갔도다.

바이런은 그리스 유적이 지금은 주인을 잃고 훼손되고 무시되는 상황이지만 궁극적으로 그리스가 독립하게 되면 그 유산과 역사를 회복하리라는 것을 예견하고 있었다. 1824년, 38세의 바이런은 그리스 독립전쟁에 참전키 위해 아테네에 도착했지만 열병에 걸려 곧 사망하고 만다. 시대를 풍미했던 낭만주의 시인의 그리스에서의 죽음은 터키의 압제에서 벗어나기 위해 몸부림치는 그리스의 곤경을 외면했던 유럽인들의 양심을 두드렸다.

엘긴의 행위는 1840년대에 이미 '엘기니즘Elginism'이라는 신조어를 낳았다. 이 말은 문화재 반달리즘파괴 행위, 문화재 약탈 행위, 또는 제국주의 시대에 빼앗긴 문화재 회복 운동을 뜻한다.

한편 문화재 반환 운동을 혐오하는 사람들, 가령 시카고 대학의 존 메리맨 교수 같은 사람은 문화재 반환 운동을 정치적 목적으로 보면서 '문화 민족주의'라고 부르거나 시인 바이런에 빗대어 '바이러니즘'이라고 비꼬기도 한다.

그리스, 파르테논 마블의 반환 운동을 시작하다

1832년에 독립한 그리스는 오랜 식민지 역사를 청산하고 새로운 신생국으로 출발하면서 파르테논 신전을 국가와 민족의 상징으로 삼았다. 그때부터 그리스 정부는 파르테논 신전의 복구와 마블을 되찾는 운동을 개시했다.

그러나 제2차 세계대전에 이르기까지 1백 년간의 운동은 아무 성과가 없었다. 파르테논 마블 반입의 합법성과 보

파르테논 회복 운동을 주도한 그리스 여배우이자 문화부 장관이었던 멜리나 메르쿠리 기념 우표.

존 필요성을 무기로 내세우는 영국의 입장은 난공불락이었다. 그러다 제2차 세계대전이 끝난 후부터 마블의 반환은 다시금 그리스 정부 최대의 국가적 과제가 되었다. 그리스는 막 식민지에서 독립한 신생국들과 연대를 이루어 문화재 반환 캠페인의 선두에 섰다. 그리스가 제시한 반환 요청의 근거는 다음의 세 가지였다.

1. 파르테논 마블은 그리스 민족의 핵심적인 문화유산이므로 반드시 반환받아야 한다^{민족의 유산}.
2. 파르테논 마블은 파르테논 신전의 일부이다. 분산된 문화재는 반드시 통합시켜야 한다^{유적의 통일성}.
3. 파르테논 마블의 반출은 불법적이고 비도덕적이었다. 그리스가 터키의 식민지로 있으면서 문화재에 대한 주권을 갖지 못한 시기에 반출되었다^{반출 시의 법적, 도덕적 하자}.

그리스의 노력은 1960년대와 1970년대에 이르러 유엔과 유네스코에서 어느 정도 성공을 거두었다. 식민 통치시대에 반출된 핵심적인 문화재를 돌려줄 것을 권고하는 결의문을 이끌어 내기도 했다. 1973년 유엔 총회는 '수탈의 희생국들에 대한 문화재 반환에 관한 권고'를, 1979년 유엔 총회는 '문화재의 원래 소유국에 대한 반환, 또는 원상회복에 관한 결의'를 채택했다. 비록 이러한 권고와 결의에 구속력이 없고, 모든 서유럽 국가들과 미국과 일본이 표결에 기권했지만 국제사회에 식민지 문화재 반환의 윤리적 당위성을 확산시키는 계기가 되었다.

파르테논 신전과 마블을 재결합시켜야 한다는 '유적의 통일성' 주장은 오래전부터 유럽의 관행이어서 유럽의 여러 나라 국내법이 이를 지지하고 있었다. 1896년 영국의 법정은 저택의 벽에 1백 년 이상 걸렸다가 도난당한 벽걸이 양탄자를 반환하라는 판결을 내렸고, 1949년에는 유명 건축가가 설계한 건물에서 떼어낸 문짝을 반환하라는 판결이 내려진 바 있었다.

제1차 세계대전의 전후 처리에서는 연합국 측이 '분산된 문화재의 재결합'이라는 원칙하에 독일이 가진 벨기에 문화재를 강제로 빼앗아 넘겨준 예도 있었다. 그렇지만 영국은 마블이 신전의 일부가 아니라 독자적인 예술품이라고 주장했다. 신전에서 떼어 내도 상관없다는 입장이었다. 영국 예술사학자들은 다음과 같은 해석을 내놓았다.

"조각이 원래 파르테논의 장식물로 용도가 있었지만, 이러한 가치는 비교적 부차적이고 사소한 것이다. 파르테논 마블은 건축물의 일부라기보다는 원칙적으로 독립적인 예술작품이다."

그러나 영국 건축가 제임스 커빗은 분산된 파르테논 마블을 재결합시킨다는 목표로 1982년에 '파르테논 마블 반환을 위한 영국 위원회'를 결성하고 마블 반환 운동을 전개했다. 이 단체는 오늘날 파르테논 마블 반환을 위한 강력한 압력단체로 영국 내에서 많은 지지를 받고 있다.

파르테논 마블이 그리스 민족유산의 핵심이라는 점은 설명할 필요도 없다. 그럼에도 불구하고 영국은 그런 자명한 사실조차 인정하지 않으려고 한다. 대영 박물관장 맥그레거는 이렇게 말한다.

"파르테논 조각은 어느 국민의 이야기가 아니다. 그것은 유럽만의 이야기도 아니다. 몇 세기를 거치면서 그것은 많은 다른 것들을 뜻하게 되었다. 그 조각들은 런던에 도착한 이래 유럽의 이야기가 되었고, 세계의 이야기가 되었다."

그는 파르테논 마블을 유럽의 문화유산으로, 더 나아가 세계의 문화유산으로 확대하여 설명하고 있다. 그러나 이러한 주장은 파르테논 마블과 그리스의 관계를 희석시키려는 궤변에 지나지 않는다. 파르테논 마블을 둘러싼 영국과 그리스의 싸움이 계속될수록 파르테논 마블은 그리스의 상징으로 굳어져 갔고, 대표적 약탈 문화재로 악명을 더해 가고 있을 뿐이다.

영국이 파르테논 마블을 움켜쥐고 있는 근거

제2차 세계대전 기간 중에 영국은 한때 파르테논 마블의 반환 가능성을 내비치기도 했다. 나치에 저항하는 그리스에 보상 차원으로도 필요했고, 또한 나치에 대한 외교적 프로파간다 차원에서였다. 이때 영국 외상 안소니 이든은 전쟁이 끝나면 마블을 반환할 것을 의회에 권고하는 제스처를 보이기도 했다. 그러나 전쟁이 끝나자 영국은 태도를 바꾸었다. 마블의 반환보다 마블의 보존이 더 중요하다는 이유를 댔다.

영국에서는 노동당이 마블 반환에 비교적 호의적인 태도를 보이기도 했으나 1997년 집권 후에는 소극적으로 돌아섰다. 마블 반환에 대한 영국 정부의 반대 입장은 변함이 없는데, 그들의 주장은 한결같다.

1. 엘긴의 마블 반출은 합법적이었다. 이미 1816년 의회 청문회에

서 결론이 났다. 영국 정부는 마블을 구입하여 대영 박물관에 주었고, 따라서 마블은 영국 정부의 적법한 소유이다[합법적 소유].

2. 마블은 대영 박물관의 컬렉션 중 일부이다. 대영 박물관법에 의해 박물관은 소장품을 처분할 수 없다[대영 박물관법].

3. 마블은 세계 유산으로서 최적의 장소에서 보존, 연구, 전시되어야 한다. 영국은 그리스보다 모든 면에서 더 적합한 국가이다[문화재의 보존 우선].

4. 마블은 그리스의 민족유산이라기보다는 유럽 공동의 유산이며, 세계 유산이다. 인류 보편의 문화재는 한 국가에 속한 것이 아니다[세계유산].

영국 측의 합법성 논리인 터키의 허가를 받아 적법하게 반출했다는 주장은 오늘날 많은 의심을 사고 있다. 파르테논 마블을 뜯어 가도 좋다는 두 번째 허가장의 원본이 존재하기 않기 때문이다. 이탈리아어[당시 지중해 지역의 공용어] 번역본을 보면 무엇이든 뜯어가도 좋다는 허가장은 아니다. 그래서 학자들은 엘긴이 영국 정부에 팔아넘긴 마블을 적법하게 취득했다는 근거가 없다고 결론짓고 있다.

엘긴은 마블을 돈을 주고 구입한 것도 아니다. 따라서 마블을 뜯어가도 좋다는 터키 정부의 허가장이 없다면, 이는 명백히 절도 행위에 해당한다. 절도는 언제 어느 나라에서나 범죄이다. 물론 시효에 의해 절도죄가 현실적으로 성립할 수 있는가는 별도의 문제지만 불법은 불법이다.

영국이 대영 박물관법에 의해 반환할 수 없다는 이유는 전적으로 영국의 사정이다. 영국의 문화 정책, 문화재법, 대영 박물관 관리 업무, 이사 선출은 모두 정부의 소관 사항이기 때문에 영국 정부가 대영 박물관법을 들먹일 수는 없는 것이다. 더구나 영국 정부는 2004년에 소위 '인체 조직법Human Tissue Act'을 제정하여, 박물관들이 소장하고 있던 인간 유해의 반환을 허락한 전례가 있다. 법은 새로 제정하면 된다.

영국 정부가 오랫동안 주장해 온 '문화재의 보호'도 이제는 더 이상 주장할 수 없게 되었다. 최근 그리스는 뉴 아크로폴리스 박물관을 건립했는데, 박물관 설계도를 공모할 때 조건은 '대영 박물관보다 더 우수한 박물관'이었다. 이로써 영국은 더 이상 대영 박물관이 최상의 장소라고 주장할 수 없게 되었다.

2007년, 그리스 정부는 파르테논 신전에 남아 있던 모든 조각품들을 철거하여 새 박물관에 옮겨놓았다. 마블의 반환을 반대하는 스탠포드 대학교 메리맨 교수는 엘긴 마블이 원래 장소인 파르테논 신전으로 돌아간다면 반환의 도덕적 타당성은 있겠으나 파르테논 신전이 아닌 그리스의 박물관으로 돌아간다면 박물관에서 박물관으로 이동하는 식의 반환이 무슨 의미가 있는지를 묻고 있다.

그러나 마블이 파르테논 신전으로 돌아가지 못할지라도 마블이 원래 있었던 지역으로 돌아가는 것 자체가 중요하다. 문화재가 태어난 환경과 하늘 아래, 원래 장소의 바람과 태양 아래 두었을 때 예술품은 그 의미를 회복하고 그 마력을 갖는다는 게 문화재 학자들의 입장이다.

현재 영국이 가장 의지하는 근거는 파르테논이 세계의 문화유산이라는 점이다. 이러한 논리는 유럽과 미국의 유명한 박물관들의 지지를 얻을 수 있기 때문이다. 2002년, 대영 박물관이 배후에서 주도하여 세계 18개의 대형 박물관들이 선언문을 발표했다. 소위 '인류 보편 박물관의 중요성과 가치Declaration on the Importance and Value of Universal Museum'이다. 이 선언의 요지는 위대한 문화재는 인류 공동의 유산으로 그 가치는 한 민족의 소유가 될 수 없고, 인류 전체를 위해 세계적인 박물관에 남아 있어야 한다는 것이다.

그러나 이 선언은 문화재 반환 운동을 차단하려는 대형 박물관들의 이기적인 담합으로 해석되었다. 그것은 또한 약탈 문화재를 대거 소장한 세계적 박물관들의 위기감의 표현으로 이해되었을 뿐이다. 국제박물관협의회ICOM 윤리위원장 제프리 루이스는 이 선언을 비판하면서 다음과 같이 말했다.

"오늘날 논의의 핵심은 인류 보편 박물관의 중요성이 아니라 국가의 정체성을 대변할 문화재를 그 나라의 국민들이 소유할 수 있는가의 문제이다."

세계적인 박물관들이 약탈 문화재 반환 운동에 맞서 싸우기에는 그들의 도덕적 권위가 너무나 땅에 떨어졌다. 마블 반환을 위한 그리스의 노력은 영국 내에서도 이미 상당한 지지 세력을 확보했다. '파르테논 마블 반환을 위한 영국 위원회'는 영국 정부와 대영 박물관에 압력을 가하는 무시하지 못할 압력단체가 되었고, 문화재 반환을 위한 세계적 단체로 성장했다.

현재 회장은 런던 대학 그리스학 명예교수인 로버트 브라우닝 교수이며 회원은 비중 있는 언론인, 교수, 변호사, 영화배우, 가수들과 같은

빼앗긴 세계문화유산

대중들에게 영향력 있는 인사들로 구성되어 있다. 영화배우 바네사 레드그레이브도 활발한 멤버이다.

영국 위원회에 이어 미국, 러시아, 독일, 호주 등 세계 주요 국가들도 파르테논 마블의 반환을 지지하는 위원회를 결성했다. 이들 각국의 위원회는 1995년에 '파르테논 조각의 재결합을 위한 국제협회'를 창설하여 국제적으로 활발한 활동을 펼치고 있다.

현재 국제협회의 회원국은 14개국이다 미국, 영국, 독일, 러시아, 캐나다, 이탈리아, 에스파냐, 스웨덴, 벨기에, 브라질, 호주, 뉴질랜드, 사이프러스, 세르비아. 회장은 호주 출신의 작가 데이비드 힐로, 이러한 운동에 적극 호응하여 이탈리아는 2002년에 소장하고 있던 파르테논 마블 한 점을 그리스에 장기 대여 형식으로 반환하기도 했다.

1999년에 아테네를 방문한 클린턴 대통령 역시 그리스의 파르테논 마블 반환 캠페인을 지지한다고 말했다. 그러나 미국 정부는 곧이어 그것은 대통령 개인의 견해일 뿐이라며 파장을 막았다. 그의 발언은 해프닝으로 끝났지만 국제적인 여론 흐름의 단면을 보여 준다.

여론조사를 보면, 영국 국민들은 마블의 반환에 대체로 호의적이다. 2002년에 있었던 MORI의 여론조사에 의하면 영국인의 40퍼센트가 반환을 지지하고 있고, 16퍼센트는 반대하는 것으로 나타났다. 마블의 장기 대여, 공동 소유, 공동 관리인 경우에는 56퍼센트가 반환을 지지했고 7퍼센트만이 반대였다.

2004년, 노동당 출신의 전 외상 로빈 쿡은 엘긴 마블의 반환을 공개적으로 지지했다. 그는 언론과의 인터뷰에서 외상 재임 시에도 마블의 반환을 지지했지만 정부의 공식 입장과 달라 공개적으로 지지하지 못했다고 밝혔다.

오늘날 국제적 여론은 식민 통치의 과실인 약탈 문화재는 반드시 반환되어야 한다는 것이다. 그러나 이를 강제할 법적 방법은 없다. 식민지 문화재 반환에 관한 국제 협약도 국제 관습법도 성립되지 않았다. 오직 윤리적이고 도덕적인 차원에서 두세 개의 방향에서 캠페인이 전개되고 있다.

하나는 제국주의와 식민지 시대의 불법성과 비윤리성에 대한 역사적 심판이고, 두 번째는 핵심적인 민족 문화유산을 소유할 주권의 차원에서, 세 번째는 분산된 문화재를 재결합시켜야 한다는 문화재의 통일성의 차원에서이다. 이 싸움은 장기적인 전쟁이다. 그러나 장기적으로 이기는 싸움이다. 국제문화재협회 이사장 샤피로 교수는 말한다.

"문화재 반환은 누구의 소유인가의 문제가 아니다. 그것은 누구에게 속한 것인가의 문제이다. 문화재 취득에 관한 문제가 아니라 문화재 상실에 관한 문제이다."

파르테논 마블은 문화유산을 상실한 자의 고통에 관한 이야기이다. 많은 그리스인들은 약탈당해 조국을 떠나는 파르테논 조각들이 울부짖는 소리를 들었다고 말한다. 선착장에서 짐짝을 나르던 인부들은 짐짝에서 나오는 울부짖음에 깜짝 놀라 작업을 멈추어야 했다고 전하고 있다.

파르테논 신전의 주요 구성

1. 페디먼트Pediment

삼각형 부분의 길이는 28미
터, 중앙 부분의 높이는 3미
터, 깊이 90센티미터이다. 동
쪽 페디먼트는 거의 부서졌
고, 서쪽 페디먼트만이 일부
남아 있다. 동서 페디먼트에
는 원래 50개의 조각상이 있
었는데, 대부분 파괴되고 잔
존한 조각상 17개가 대영 박

1. 파르테논 서쪽 페디먼트 일부. (대영 박물관 소장)
2. 파르테논 동쪽 페디먼트 일부. (대영 박물관 소장)

물관에 있다. 페디먼트 조각상은 당대 최고 조각가인 페이디아스의 작품
으로 전해진다. 동쪽 페디먼트의 조각상들은 '아테나 여신의 탄생'을 묘
사한 것으로, 내용은 과거 기록으로만 전해지고 있다.

서쪽 페디먼트의 조각상들은 올리브나무를 가진 아테나 여신과 삼지창을
든 바다의 신 포세이돈이 아테네의 수호신이 되기 위해 겨루는 모습을 여
러 신들이 지켜보는 장면이다. 이들 조각상들은 5세기경 파르테논이 성
모 교회로 개조될 당시 파괴된 것으로 추측되고 있다.

2. 메토프Metope

건물 바깥쪽 윗벽을 띠처럼 두른 벽면에 세 줄기 세로 홈 사이의 패널에
새겨진 메토프의 패널가로 세로 각 1.3미터에는 깊은 부조 조각상이 있다. 원래

메토프는 92개가 있었지만 대부분 훼손되고, 보존 상태가 제일 양호한 부분 15개가 대영 박물관에 있으며 부스러진 39개의 조각만이 그리스의 원래 장소에 남아 있다. 조각가 칼라미스의 작품으로 알려지고 있는데, 주제는 '질서와 혼돈의 투쟁'이다. 그리스와 야만인과의 전설적 싸움을 묘사하고 있다.

남쪽 면의 메토프는 전설적 그리스 원주민인 라피트(Lapithes)와 반인반수 센토러스(Centaurus)와의 투쟁을 묘사하고 있다. (대영 박물관 소장)

3. 프리즈Frieze

신전 건물의 안쪽 윗 벽면을 띠처럼 두른 프리즈낮은 부조상는 높이 1미터에 길이 160미터에 달하며 111개의 패널로 이어져 있다.

이 111개의 프리즈 패널들에는 4백여 개의 인물상과 2백여 개의 동물상 등 총 6백여 개의 낮은 부조 조각상이 있었다. 총 111개의 프리즈 패널 중

1. 파르테논 프리즈, 동 (포세이돈, 아폴로, 알테미스). (그리스 아크로폴리스 뮤지움)
2. 파르테논 프리즈, 서 (말탄 사람들(Horsemen)). (대영 박물관 소장)
3. 파르테논 프리즈, 남 (전차를 끄는 기수들). (대영 박물관 소장)

잔존 패널은 97개이며, 이중 56개전체 길이 160미터 중 54미터가 대영 박물관에 전시되어 있고, 아테네에는 41개가 남아 있다. 프리즈의 주제는 '범 그리스 축제 행렬'이다. 4년에 한 번씩 열리던 이 축제는 아테나 여신의 생일 8월 초을 기념하여, 그리스 도시국가 전체 주민이 모여 축제를 벌이며 아테나 여신상에게 새로운 드레스를 헌정하는 의식으로 진행되었다. 이 의식을 참관하는 올림푸스의 신들을 중심으로 그리스인들이 행진하는데 말을 탄 사람들, 음악가, 남녀노소 시민, 제물을 위한 짐승들의 행렬이 조각되어 있다.

CHAPTER 11

네페르티티 왕비 흉상 Queen Nefertiti
- 독일은 어떻게 이집트 파라오의 아내를 빼앗아 갔을까

〈네페르티티 흉상〉
높이 47센티미터로 화강암에 회칠을 하고 그 위에 채색.
(베를린 달렘 미술관 소장)

세계에서 가장 아름다운 여자를 보기 위해
전 세계에서 사람들이 몰려오는데,
네페르티티가 떠난다면 박물관의 문을 닫으란 말인가?

_문화재 반환을 요구하는 이집트에 대해,
베를린 달렘 미술관 이집트관 책임자의 응답 중에서

세계 제일의 미녀 네페르티티는 누구의 것인가

2003년 6월의 베네치아, 무더위 속에서 제50차 베네치아 비엔날레가 열리고 있었다. 비엔날레의 테마는 '꿈과 갈등'이었다. 예술가의 꿈으로 세계의 갈등을 막아 보자는 취지였을 것이다. 하지만 이 비엔날레에서 예술과 정치가 충돌하는 사건이 벌어졌다. 헝가리 팀의 출품작 '네페르티티의 몸Body of Nefertiti' 때문이었다.

리틀 와르소라는 이름의 2인조 헝가리 전위예술팀은 목 없는 여성의 청동 조각상을 제작한 다음, 여기에 현재 베를린 달렘 미술관에 소장되어 있는 이집트 왕비 네페르티티 흉상을 얹었다. 투명하고 몸에 착 달라붙은 옷을 입은 몸은 거의 나체로 보였다. 박물관 내에서 실제로 수 시간 동안 왕비의 흉상은 목 없는 동상 위에 놓여졌다. 비디오 촬영이 끝나고, 흉상은 다시 박물관 유리관 속으로 들어갔는데, 제작팀은 이 과정을 촬영한 비디오와 목 없는 동상을 베네치아 비엔날레에 출품했다.

몸체는 얼굴만큼 아름답지는 않았다. 이상적인 얼굴과 사실적인 몸의 조합은 어색한 만남이었다. 제작자들은 이 여성의 몸과 나이와 지위에 남긴 시간의 흔적을 보여 주려는 게 목적이었다고 설명했다. 작품의 제작은 베를린 달렘 미술관의 이집트관장 빌둥의 지원하에 이루어졌다.

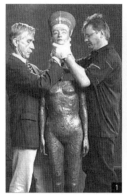

1. 〈네페르티티의 몸〉 작업 과정.
2. 네페르티티 흉상과 몸이 합쳐진 모습.

이 작품은 이집트 측의 거센 반발을 초래했다. 이집트 문화재청장 하와스 박사는 역사적으로 존엄의 대상인 네페르티티 여왕을 거의 누드 상태로 국제 비엔날레에서 보여 주는 것은 신성모독이고 비윤리적이라고 분개했다. 그는 이런 행위는 이집트 전통과 이슬람 정신에 대한 도발이라고 항의하면서, 리틀 와르소에 대해서는 소송을 불사하겠다고 위협했다.

"우리의 국보인 네페르티티 흉상은 신진 예술가들의 실험 대상이 될 수 없다. 이것은 이집트 문화재에 대한 훼손이며, 문화재를 안전하게 보존할 의무가 있는 달렘 미술관의 책임에 중대한 문제가 있다."

흉상을 소유한 베를린 달렘 미술관에 비난의 화살이 집중되었다. 네페르티티의 흉상은 1912년에 발굴된 이래 이집트와 독일 사이에 1백 년 가까이 문화재 반환 분쟁의 핵심이 되어 왔는데, 베네치아 비엔날레에서 오랜 분쟁이 폭발했다.

그러나 빌둥 관장은 이집트의 항의를 정치적인 의도라며 일축했다. 빌둥은 그 작품의 제작은 정치와는 무관한 예술 작품의 창조라고 옹호하면서, 그것은 네페르티티에 대한 모욕이 아니라 오히려 현대 예술이 네페르티티에 대해 경의를 표한 것이라고 말했다.

그는 이 작품이 현대 예술과 고대 유물과의 대화, 즉 고대 문화가 현대 예술에 지속적인 영향력을 행사하고 있음을 보여 주는 것이라고 설명했다. 고대의 문화재는 현대 예술의 원천이자 가치 창출의 근원이다. 문제는 그게 누구의 소유인가이다.

네페르티티는 이집트어로 '미인의 출현'이라는 뜻

네페르티티라는 이름은 그 자체로 '미인의 출현'이라는 뜻으로, 기원전 14세기경 이집트 제18왕조의 파라오인 아멘호테프 4세^{아케나톤}의 왕비이다. 그녀는 생시^{기원전 1370~기원전 1330년}에도 절세의 미녀 소리를 들었지만 3천 3백 년 이상 지난 오늘날에도 흉상이 증명하듯 세계 제일의 미녀로 인정받고 있다.

출생과 사망에 관한 정확한 기록은 없고 미라도 발견되지 않았다. 메소포타미아 지역의 인도-이란계였던 미타니 왕국의 공주였다는 설이 있을 뿐이다. 어쨌든 파라오의 아내로 강력한 권한을 행사했던 것만은 틀림없다. 남편 아멘호테프 4세와 이집트를 공동 통치한 정치가로도 유명하며, 수도를 테베에서 아케트아톤으로 옮기고 이집트의 전통적 다신교를 유일 태양신 아톤으로 바꾸려고 시도한 개혁가이기도 했다.

그녀는 또한 남편 아케나톤이 죽은 다음에는 독자적으로 이집트를 통치했다고도 하니 역사상 가장 강력한 여성 중 한 사람임에 틀림없다. 이같이 정치와 종교 양면에서 강력한 권한을 가졌던 절세미인의 흉상은 오늘날까지도 세계인을 매료시키고, 분쟁과 센세이션을 불러일으키고 있다.

3천 3백 년 전에 제작된 절세미인 네페르티티의 흉상은 그 오래된 나이와 예술적 아름다움으로 오늘날 세계 최고의 문화재이다. 흉상은 1912년 카이로에서 150킬로미터 남쪽에 위치한 아마르나의 유적지에서 독일인 이집트 학자 루드비히 보르하르트가 이끄는 독일 발굴팀에 의해 발견되었다. 흉상은 네페르티티 당시의 왕실 조각가인 투트모세의 작품인데, 발굴 장소도 투트모세의 아틀리에였다.

놀라운 사실은, 회칠에 채색된 이 흉상은 오랜 세월에도 훼손되지 않고 본래의 찬란한 채색을 고스란히 보존하고 있었다는 점이다. 대담한 붉은색 입술, 검은 눈썹과 속눈썹, 노란빛이 도는 황색 톤의 얼굴빛, 높은 왕관에 어울리는 우아한 긴 목, 화려한 색채의 목걸이와 왕관, 뛰어난 사실적 묘사를 보여 주는 흉상은 의심할 여지없이 이집트 예술의 걸작 중에서도 가장 뛰어난 작품이었다. 또한 흉상은 균형은 잡혔으나 얼어붙은 듯한 이집트의 전통적 조상彫像과는 확연히 다른 혁신적인 기법의 예술품이었다.

독일 발굴팀은 흉상의 진가를 즉시 알아차리고는 이집트 관리들이 눈치 채지 않도록 만전을 기했다. 당시의 국제적 관행은 발굴된 유물을 발굴한 팀과 소유한 나라가 반반씩 분배하는 파르타지partage-발굴팀과 소유국이 유물을 분배하는 방식 **방식이었다. 이집트는 이 방식을 따랐다. 분배 방**법은 이집트 심사위원회에서 발굴물을 하나하나 심사하여 개별적으로 반출 허가를 내주는 것이었다.

당시 이집트의 유물국장은 프랑스인 가스통 마스페로였고 심사를 담당한 위원도 프랑스인이었지만, 그는 경험이 부족한 젊은 학자였다.

보르하르트는 어떻게 흉상을 무사히 반출할 수 있었을까?

흉상의 발굴을 아예 숨겼던지, 아니면 다른 시시한 유물에 섞어 넣어 반출 허가를 받았는지 아직도 의문점이 많다.

아무튼 보르하르트가 정정당당하게 '네페르티티 왕비의 흉상'이라는 이름으로 반출 허가를 받지 않은 것만은 확실하다. 왕비의 흉상이라면 반출 허가가 나올 리 만무했을 것이다. 당시 보르하르트는 유럽의 이집트학 권위자 자격으로 이집트 정부에 자문위원직을 맡고 있었다. 저명한 학자로서 이집트 정부의 신임을 받고 있던 보르하르트가 그러한 꼼수를 부렸다는 것은 식민지에서 활동하던 유럽 학자들의 도덕적 수준을 말해 준다.

흉상을 허가한 심사위원회의 평가도 의문이다. 회칠을 한 지저분한 흉상을 보고 싸구려 석고제품으로 알았고, 그래서 허가를 내주었다는 설명인데 차라리 심사위원이 흉상의 진가를 알아보지 못했다고 말하는 편이 더 설득력이 있을 것이다.

이 흉상은 이집트의 전통적인 스타일이 아니다. 네페르티티 시대는 짧은 기간이었지만 개혁의 시대였다. 그 시대는 종교뿐만 아니라 예술에서도 전통을 따르지 않는 자유분방한 모습이었다. 그래서 어쩌면 심사위원들은 이 흉상이 비이집트적이라고 느꼈는지도 모른다. 그래서 가치가 없다는 결론을 내렸을 것이다. 아무튼 네페르티티 흉상을 발굴하자마자 보르하르트는 흥분하여 본국에 소식을 알렸다.

"말로는 도저히 설명할 수 없다. 보지 않고는 알 수 없다. 하여튼 놀라운 작품이다."

독일 발굴팀은 흉상의 반출에 필사적인 노력을 기울였다. 보르하르트는 이 흉상이 당시 유럽에서 한창 꽃피고 있던 누보 아르, 아르데코 유행에 크게 어필할 것으로 보았다. 화려한 채색과 이국적 아름다움, 그리고 현대적인 모습은 그만큼 유럽의 새로운 예술 사조와 맞아떨어졌던 것이다.

유럽에 도착한 네페르티티는 일약 유럽의 신예술과 새로운 패션의 선도자가 되었다. 세계에서 가장 아름다운 여성이라는 칭송을 들으며 20세기 미의 표준이 된 것이다. 게다가 1922년에는 네페르티티의 다음 왕 투탕카멘의 무덤이 발굴되면서 유럽 예술계에서는 이집트 붐이 크게 일었다. 이 무렵 투탕카멘 시대의 예술을 대표하는 네페르티티 흉상은 세계적 예술품이 되었다. 네페르티티는 즉각 클레오파트라에 필적하는 이집트 여왕으로 등극하였다.

독일에 반입된 흉상은 10년의 복원 작업을 거쳤다. 처음에는 독일 발굴팀에 경비를 댄 사업가의 소유가 되었다가 1923년에 베를린 박물관에 기증되어 일반에 그 모습을 드러냈다.

네페르티티 흉상이 반출된 것을 뒤늦게 알게 된 이집트 정부는 즉

빼앗긴 세계문화유산

각 반환을 요구했다. 당시 나치의 2인자였던 괴링은 긍정적이었다. 나치 정권에 대한 이집트의 충성을 확보하기 위해 이집트 왕 푸아드 1세에게 반환을 약속하는 언질까지 주었다. 그러나 히틀러가 네페르티티를 보는 순간, 아리안적 특징을 지닌 흉상의 아름다움에 반해 버렸다. 히틀러는 흉상을 절대 돌려보내지 말라고 명령했다고 한다.

제2차 세계대전이 끝난 직후, 네페르티티 흉상은 나치가 약탈한 문화재를 숨겨 놓은 메르케스 소금 갱에서 미군에 의해 극적으로 발견되었다. 그때 흉상은 베를린 박물관에 등록된 문화재였기에 연합군은 1956년 서독 정부에 이를 반환했다.

'노피Nofi'라는 애칭을 가진 네페르티티 흉상은 오늘날 베를린에서 가장 널리 알려진 스타로 독일 문화의 일부분이 되어가고 있다. 독일인들은 네페르티티가 자기들과 삶을 같이하는 귀화인이라고 믿고 있는지도 모른다. 베를린 박물관의 이집트관장 빌둥은 이렇게 말한다.

"네페르티티는 이집트에 있을 때보다 독일에서 더 많은 사람들을 만났다. 만약 이집트에 그대로 있었다면 그토록 세계적인 유명인사는 되지 못했을 것이다. 네페르티티는 외국인이 다른 사회에 뿌리내리는 좋은 사례로, 그녀는 동화된 게 아니라 받아들여진 것이다. 자신의 초연함과 독특함을 잃지 않고서 말이다. 네페르티티는 자기 확신에 찬 현대 여성의 이상형이다. …스캔 검사 결과, 흉상은 원래부터 얼굴과 목에 잔주름이 있고 눈 밑이 약간 처져 있는 나이 든 여성이었다. 네페르티티는 성숙한 여성의 아름다움을 갖고 있는 중년 여성이지 TV나 잡지에 등장하는 모델 같은 젊은 여성이 아니다."

원래 흉상은 한쪽 눈알의 수정체가 빠진 채로 발견되었다. 그간 고고학자들은 유실된 눈알의 복구 방법을 연구해 왔으나 1996년에 실시된 정밀 검사 결과, 원래 한쪽 눈알 없이 제작된 작품임이 밝혀졌다. 조각가 투트모세가 처음부터 왕비의 한쪽 눈알을 만들지 않았다니, 이러한 의도적인 미완성은 무엇을 뜻한단 말인가?

왕비가 원래 한쪽 눈을 실명했기에 작가는 사실주의를 택한 것일까? 또는 왕비에게 버림받은 조각가의 복수일 가능성도 있을지 모른다. 평소 네페르티티의 바람기에 관한 평판으로 볼 때, 이런 추측은 전혀 근거가 없지 않다. 어쨌든 지엄한 왕비의 흉상이, 그것도 절세미인의 흉상이 처음부터 한쪽 눈알이 없었다는 사실은 고고학계의 미스터리로 남아 있다.

네페르티티 흉상의 반환을 요구하는 이집트의 입장

이집트는 1926년부터 네페르티티 흉상 반환을 줄기차게 요구해 왔다. 독일의 발굴팀이 정직하게 신고하지 않은 가운데 의심스러운 정황에서 흉상이 반출되었다는 게 이집트의 공식 입장이다. 물론 독일은 흉상이 적법하게 취득되었음은 의심의 여지가 없다고 단언하면서 일체 대응하지 않고 있다.

2005년, 이집트 문화재청장 하와스 박사는 이집트가 반드시 반환받아야 할 다섯 점의 문화재를 발표하면서 네페르티티 흉상도 포함시켰다. 그로부터 2년 뒤인 2007년, 하와스는 베를린 박물관에 반환이 아닌 대여를 요청했다. 그것도 딱 3개월간의 대여였다. 2011년에 문을 여는 이집트 그랜드 박물관의 개관식에 전시하려는 목적이라며, 그는 대신 이집트의 다른 귀중한 유물을 풍성하게 제공하겠다고 약속했다. 이와 함께 하와스 박사는 3개월 후 네페르티티 흉상이 반드시 독일에 돌아가도록 보증하겠다고 약속했다.

자신의 문화재를 단기간 대여만이라도 해달라는 필사적 요청은 바로 오늘날 국제사회에서의 문화재 반환 문제의 비정한 현주소를 보여 준다. 독일 측은 3개월간의 대여 요청도 외면했다. 중요한 것은 유물의 보존으로 흉상의 안전 차원에서 이집트에 여행시킬 수 없다는 것이었다.

'유물의 보호'라는 명분은 반환을 거부하는 강대국들이 하나같이 내세우는 논리이다. 하와스 박사는 독일에 일체의 문화재 대여를 중단하겠다고 외치고 있으나, 이미 다량의 이집트 유물을 확보해 놓고 있는 세계적인 박물관에 대해 현실적인 제재 방안을 찾기는 어려울 것이다.

네페르티티의 흉상은 이집트 예술품 중에서 가장 많이 복제된 작품 중 하나이다. 포스터, 엽서, 달력에서 그 인기를 실감할 수 있다. 왕비의 목걸이로 잘 알려진 네페르nefer는 길쭉한 황금 구슬을 태양광선같이 여러 줄 늘어뜨린 것으로, 가장 인기 있는 액세서리이자 박물관의 인기 상품이다.

문화재는 관광객을 유치하는 일등공신이다. 이집트 정부가 중요 문화재를 회수하려고 맹렬한 캠페인을 벌이고 있는 것도 실은 국가의 관광산업 융성을 위해서이다. 하지만 문화재의 진정한 가치는 단순한 관광자원 이상이다. 그것은 현대 예술의 원천이며, 현대적 삶의 방식을 창조하는 가치 창출의 원천이다.

문화재는 현대의 문화산업과 경제에 대단히 중요한 요소로 작용한다. 식민지 문화재를 소장한 서구의 박물관들은 문화재 보호라는 명분 뒤에서 막대한 관광 수입을 누리고 있다. 최근에는 저작권법을 적용하여 사진과 복제품을 판매함으로써 더 큰 수입을 올리고 있다. 하지만 그 문화재를 원래 만들고 소유했던 국민들에 대한 배려는 조금도 없다.

현실적으로 네페르티티 흉상의 반환 가능성은 크지 않다. 그것은 약탈 문화재가 아니다. 물론 명시적인 반출 허가를 받은 것도 아니다. 네페르티티 흉상이 발굴된 1912년의 이집트 문화재법은 모호했다. 허가장이 없다고 불법인 것은 아니다. 이집트는 1929년에 와서야 허가장 제도를 실시했기 때문에 1929년 이후에 입수한 이집트 문화재가 허가장이 없는 것이라면 불법이 된다.

스위스 취리히 대학의 쿠르트 지헤르 교수는 유물의 통일성 차원에서 네페르티티 흉상의 반환 가능성을 검토하기도 했다. 흉상이 발굴된 장소가 투트모세의 작업장이고, 당시 작업장에서 다른 유물도 여러 개 발굴된 만큼 투트모세 작업장을 재구성하면서 작업장의 중심 유물인 흉상의 반환을 요구할 수 있을 것이라는 의견이었다. 그러나 그것 역시 가능성이 먼 이론이다.

CHAPTER 12

베닌 브론즈 Benin Bronze
- 아프리카 약탈 문화재, 현대 예술의 길잡이가 되다

〈베닌 브론즈〉
무장한 베닌 무사를 표현하고 있다. 16세기 작품

"식민지, 또는 외국 점령의 결과로 분산된
핵심적 문화재를 회복하는 것은 국민들의 도덕적 권리이며,
민족의 기원과 문화를 이해하는 데 필수적인
문화재를 회복 또는 반환시키는 것은 윤리적인 문제이다."

_1977년 국제박물관협의회(ICOM) 특별위원회의 선언 중에서

제국주의의 약탈 전쟁에 의한 슬픈 문화재

철학자이자 아프리카 예술품 수집가인 에른스트 안스파크는 '베닌 브론즈Benin Bronze'를 평가하면서 다음과 같이 말했다.

"어느 시대 어느 문명의 조각품을 불문하고, 헨리 무어나 자코메티 같은 현대 거장의 조각품을 막론하고, 이보다 더 높은 가격을 받을 만한 조각 예술품은 거의 없다."

베닌 브론즈는 아프리카의 위대한 문화재이자, 고가의 예술품이며 제국주의의 약탈 전쟁으로 전 세계로 흩어진 슬픈 문화재이다. 16세기부터 금과 노예를 찾아 아프리카 서해안에 진을 치고 있던 유럽인들은 19세기로 접어들면서 가난한 아프리카와의 교역을 집어치웠다. 무역 파트너 대신 식민지로 삼는 게 더 이윤이 크

베닌 원정대와 약탈된 문화재. (원정대 일원인 H.S. 마삼 장군 촬영)

기 때문이었다.

1892년, 아프리카 서해안에 주둔해 있던 영국 무역대표부는 베닌 왕국과 통상 협약을 체결했다. 그런데 이 협약은 베닌의 독립을 박탈하는 내용이 교묘히 숨어 있었다. 우호조약으로 알고 협약을 체결한 베닌 왕이 나중에야 속은 사실을 알고 인준을 거부했다. 영국 무역대표부 부영사 필립스는 이를 트집 잡으면서 베닌 왕을 엄중히 꾸짖기 위해 직접 방문하겠다고 통고했다.

그는 이참에 베닌 왕을 폐위시킬 작정이었는데, 본국 정부의 허락도 받지 않은 채였다. 1897년, 열 명의 영국 상인들과 250명의 아프리카 병정들로 구성된 군대가 편성되었다. 필립스 부대는 베닌 왕국으로 향하던 중에 숲속에 매복하고 있던 베닌 군대의 기습을 받고 몰살을 당했다. 이때 필립스도 죽었고, 두 명의 영국인만이 살아남았다.

소식을 접한 영국 정부는 즉시 1,200명의 해군을 베닌에 파견했다. '베닌 응징 전쟁'이라고 이름이 붙은 이 전쟁을 지휘한 로슨 제독은 아프리카 식민지 토벌로 악명을 떨친 자였다. 로슨은 열흘간의 치열한 전투 끝에 베닌을 점령하고, 왕궁을 비롯한 전 도시에 불을 질렀다. 그 뒤 베닌 왕은 유배를 당하고 왕의 측

〈베닌 브론즈〉. (대영 박물관 소장)

빼앗긴 세계문화유산

근은 모조리 처형되었으며, 베닌은 영국의 식민지가 되었다.

이때 영국군은 왕궁에 본부를 두고 왕실을 무자비하게 약탈했다. 왕궁에는 막대한 양의 동, 청동, 상아, 목제품, 태피스트리^{색실로 회화를 한 올 한 올 직조한 섬유 예술작품}가 쌓여 있었는데, 그 모든 것을 실어갔다. 이것이 바로 오늘날 전 세계에 퍼져 있는 베닌 문화재로, 일괄적으로 '베닌 브론즈'라고 부르는 나이지리아의 문화유산이다.

베닌 브론즈는 어떻게 만들었을까?

베닌 왕국은 13세기부터 나이지리아 서부 지역 일대를 지배한 나라였다. 베닌의 왕 오바King Oba는 신성한 존재로 추앙받았다. 오바 왕실은 15세기부터 포르투갈에서 동을 수입하여 왕을 위한 각종 기념물을 만들었는데, 왕실 전용의 거대한 동 제품 제작소에서는 역대 왕과 왕족의 전신 조각상, 두상, 마스크가 제작되었다.

그들은 특히 왕과 모후가 사망하면 흉상을 만들어 신전에 세웠고, 왕국의 주요 사건을 사각형 동 패널에 새겨 왕궁의 벽과 기둥에 촘촘히 걸었다. 그것은 문자가 없었던 그 시대의 왕조실록이자 베닌 왕국의 역사를 기록한 역사책이었다.

수백 년간 제작된 이들 작품은 수천 점에 달했다. 상징과 현실, 추상과 사실이 교차되면서 점차 정교한 예술 기법으로 발전했다. 그것은 수백 년간의 예술 사조를 한눈에 볼 수 있는 엄청난 컬렉션이었다. 탁월한 예술품이자 신성한 왕을 기리기 위한 종교적 성물이고 베닌왕국의 역사와 문화를 기록하는 거대한 기념비였다.

〈베닌의 오바왕〉. 1815~1827년 밀라노에서 간행된 줄리오 페라리어의 삽화. 《고대와 현대의 관습》 제2권 중에서.

그러나 1897년 영국의 토벌 전쟁으로 인해 오바 왕실의 역사와 문화유산은 하루아침에 깨져 버렸다. 그것은 제국주의 침략 역사상 유례 없는 폭거였다. 수백 년 동안 모아온 한 나라의 문화재를 거의 모두 실어 갔기 때문이다.

영국은 오바 왕실의 잔혹성을 말한다. 영국군이 도착했을 때, 오바 왕실에서는 인간을 제물로 바치는 끔직한 의식을 진행하고 있었다고 한다. 그때 왕궁이 온통 피바다였기에 더 큰 희생을 막기 위해 침략이 불가피했다고 말한다. 더구나 그 전쟁은 응징을 위한 전쟁으로, 경비를 조달하기 위해서라도 문화재 약탈은 불가피했다고 말하기도 한다. 그러나 영국의 설명은 과장되었고, 아전인수였다. 당시 오바 왕실에는 백인과 내통한 열세 명의 죄수들에 대한 사형이 집행 중이었다. 이것이 응징

빼앗긴 세계문화유산

전쟁의 명분을 주었고, 문화재 약탈을 합리화시켰다.

영국군이 약탈한 문화재는 적어도 약 3천 점으로, 대부분 15세기 이래의 브론즈와 상아 조각품들이다. 이들 문화재는 런던에 도착한 즉시 경매에 붙여졌다. 예술품이 아니라 한낱 괴기스런 물품으로 취급되었기에 모두 헐값에 팔렸다. 독일 박물관이 9백 점 가량을 사

〈베닌 브론즈〉 40센티미터 × 33센티미터. (프랑스 케브랑리 박물관 소장)

갔고, 유럽의 여러 박물관과 호기심을 가진 개인 수집가들도 경매에 참여했다.

이로써 베닌 브론즈 중 1천 점은 영국에 남았지만 나머지는 전 세계로 흩어졌다. 영국 외무성은 대영 박물관에서 전시회를 한 번 열고는 모두 대영 박물관에 기증했다. 이 기증을 근거로, 대영 박물관은 오늘날 베닌 브론즈의 합법적 소유권을 주장하고 있다.

대영 박물관이 처음 개최한 베닌 브론즈 전시는 주목받지 못했다. 학자나 예술가들조차 관심을 보이지 않았다. 이색적인 것에 대한 호기심으로, 또는 인종학적 물품으로 취급되었지 예술성은 전혀 언급되지 않았다. 징그럽고, 주술적이며, 우상숭배의 산물이라는 반응이 대부분으로, 다윈의 진화론적 차원에서 열등한 흑인 문화의 증거로 해

석되었을 뿐이다.

1960년대에도 박물관이나 예술사가들은 이런 견해를 유지했다. 아프리카 예술사의 대가로 알려진 케네스 클라크조차 '베닌 브론즈가 위대한 예술작품으로 큰 감동을 준다 해도, 그리스 조각 아폴로가 더 높은 차원의 문명을 구현하고 있음은 의심할 바 없다'고 말했다.

현대 예술가들에게 깊은 감명을 준 베닌 브론즈

베닌 브론즈가 유럽에 온 지 10년이 채 안 되어 서구의 전통 예술을 거부했던 이들 현대 예술가들은 큰 영감을 받았다. 피카소, 마티스, 미로, 브라크 같은 예술가들은 베닌 브론즈에서 예술의 새로운 개념과 유형을 보았다. 1932년, 아프리카 예술 전문가인 라통이 파리에서 전시회를 열었을 때 베닌 브론즈는 그 정교한 기법과 자연주의적 예술성을 크게 평가받았다.

상업적으로도 대성공을 거두어 전시회에 내놓은 대부분의 작품이 매각되었다. 3년 뒤인 1935년에는 뉴욕의 현대미술관에서 '원시예술 Primitive Art'이라는 이름으로 전시회가 열렸는데, 이 역시 대성공을 거두었다. 이를 계기로 베닌 브론즈는 높은 수준의 예술품 반열에 오르게 되었다. 그 이래 베닌 브론즈는 아프리카 예술에 대한 새로운 인식을 유도하면서, 동시에 유럽의 현대 예술을 새로운 차원으로 인도했다.

1956년 소더비 경매에서는 베닌 브론즈 조각상 한 점이 1,200달러에 팔렸다. 1980년의 소더비 경매에서는 16세기 베닌 브론즈 패널 한 장이 42만 달러에 팔렸고, 2007년에는 17세기 베닌 브론즈 왕의 두상

빼앗긴 세계문화유산

^{22센티미터} 한 점이 5백만 달러를 호가했다. 100년 전에 베닌 브론즈를 헐값에 구입한 유럽의 박물관들은 횡재를 한 셈이었다. 이로써 베닌 브론즈는 대영 박물관의 보물 중의 보물이 되어 그 가치만 해도 수십 억 달러에 달하게 되었다.

나이지리아, 반환 캠페인을 시작하다

1963년, 영국에서 막 독립한 나이지리아는 영국과 유럽의 박물관들에게 베닌 브론즈의 반환을 호소했다. 베닌 브론즈는 대대로 내려오는 왕실의 보물로, 국가의 역사를 기록한 기록물이며 무엇보다도 불법적으로 약탈당한 문화재라는 내용이었다.

그들은 국립박물관 개관을 앞두고 다시 한번 호소했다. 브론즈 몇 개만이라도 돌려달라는 절박한 호소였다. 이때 유네스코도 나이지리아 정부를 지원했지만, 브론즈는 단 한 점도 돌아오지 않았다. 개관식에는 나이지리아에 남아 있던 소량의 실물 브론즈가 전시되었고, 전시회 물품의 대부분은 흑백 사진으로 대체되었다.

브론즈 반환 호소에 영국은 응징 전쟁의 대가라는 입장을 고수하면서 차가운 반응을 보였다.

'박물관은 역사를 재심판하

〈베닌 브론즈〉. (스미소니안 박물관 소장)

는 기관이 아니다'라는 게 약탈물
에 대한 대영 박물관의 냉정한 입
장이었다. 1972년에 비밀 해제된
대영 박물관의 문서는 베닌 브론즈
에 대한 기록을 보여 준다.

"그것은 약탈물이지만, 박물관은
합법적으로 입수한 것이다."

유럽의 다른 박물관들도 적법한
소유권을 주장했다. 1897년의 런던
경매에서 돈을 주고 정당하게 구입
한 것이라는 게 그들의 입장이었다.
이제 나이지리아가 베닌 브론즈를
확보하는 가장 현실적인 방법은

〈페스탁 마스크〉. (대영 박물관 소장) 사진은
메트로폴리탄 박물관이 소장한 것과 똑같은
복제본이다.

돈을 주고 구입하는 수밖에 없었다. 나이지리아 정부는 유럽과 미국
에서 베닌 브론즈의 경매가 있을 때마다 조금씩 사들이기 시작했으나
치솟는 가격으로 인해 겨우 수십 점 구입하는데 그쳤다.

1950년대와 1970년대에 걸쳐 대영 박물관은 동일한 종류라고 생
각하는 여분의 브론즈 몇 점을 나이지리아 정부에 매각했다. 시가보
다 약간 낮은 가격이기는 하지만 고가이기는 마찬가지였다. 세계 최
빈국이 억울하게 약탈당한 자기 문화재를 세계 최대의 부자 박물관에
돈을 주고 구입하는 현실이야말로 오늘날 문화재 반환의 비정한 현실
이다. 그것도 자신의 문화재를 약탈하고 자신을 식민지로 삼은 국가

빼앗긴 세계문화유산

의 국립박물관으로부터의 구입이다.

나이지리아 정부는 반환 운동과 구입과 병행하여 장기 대여를 요청하기도 했지만 성과가 없기는 마찬가지였다. 1977년 라고스에서 개최된 제2차 범 아프리카 문화예술 축제인 페스탁FESTAC의 마스코트는 '이디아 왕비Queen Idia'의 마스크였다. '페스탁 마스크'로도 불린 이 문화재는 15세기에 제작된 동과 상아로 된 마스크였다.

나이지리아 정부는 이 마스크를 축제 기간만이라도 대여해 달라고 대영 박물관에 요청했다. 이에 대영 박물관은 처음엔 200만 파운드의 보험금을 요구했다가 말을 바꾸었다. 그것은 특수 시설에서 보관중이라는 구실을 대며 안전상 해외 반출이 어렵다는 것이었다. 결국 축제는 복제품을 사용했다.

영국과 유럽 박물관들이 베닌 브론즈의 반환을 호소하는 목소리에 그토록 냉담한 태도로 일관하는 데는 또 다른 이유가 있다. 이들 간에 암묵적인 양해가 있었던 것이다. 만에 하나 브론즈를 반환한다 해도, 부패한 나이지리아 정부가 해외에 비싼 값으로 팔아먹지 않으리라고 장담할 수 없다는 것이다. 실제로 나이지리아 정부가 1950년대에 대영 박물관으로부터 사들인 20점의 베닌 브론즈는 현재 거의 남아 있지 않다고 한다. 1980년 해외에서 '나이지리아 고대 보물전'이 열렸을 때 단지 다섯 점만이 남아 있었다고 한다.

1973년, 영국을 방문한 나이지리아 대통령이 엘리자베스 여왕에게 베닌 브론즈 한 점을 기증했다. 17세기에 제작된 오바 왕의 흉상이었는데, 놀랍게도 진품이었다. 원래 그는 여왕에게 기증할 선물로 베닌 브론즈의 복제품을 제작했다고 한다. 하지만 복제품이 마음에 들지 않아 시찰을 가장하고 직접 박물관을 방문해서는 진품을 몰래 빼왔다.

이 문화재는 1897년 영국군에 약탈당한 것으로, 이것을 나이지리아 정부가 국립박물관 개관을 위해 대영 박물관으로부터 매입하여 소장해 왔던 것인데 대통령이 스스로 영국에 갖다 바친 꼴이 된 것이다. 영국 정부는 이 선물이 시가 3만 파운드를 호가하는 17세기의 진품을 알면서도 슬며시 접수해 버렸다.

이런 상황에서 유럽 국가들은 베닌 브론즈를 돌려주지 않을 좋은 이유를 발견했을 것이다. 반환보다 보존이 중요하다는 유럽 국가들의 입장이 정당화되었기 때문이다. 나이지리아 정부의 처신은 자신뿐만 아니라 아프리카 국가들의 문화재 반환 운동에 찬물을 끼얹는 결과를 가져왔다.

그토록 문화재의 보존을 외쳐 대는 대영 박물관 역시 베닌 브론즈를 가끔 팔아먹었다. 1970년대였다. 한 그룹으로 제작된 17개의 패널을 같은 종류의 복제본으로 보고, 하나만 남기고 나머지를 여기 저기 매각했는데 이들은 복제본이 아니라 동일한 인물이 등장하는 여러 개의 별개 작품들이었다.

이는 대영 박물관의 큐레이터들이 베닌 브론즈의 내용을 제대로 이해하지 못한 결과이다. 왜 이런 일이 벌어졌을까? 그 이유는 약탈되기 전에 어디에 어떻게 소장돼 있었던 것인지 기록이 전혀 없기 때문이다. 현재 대영 박물관에 전시된 브론즈 중에서 원래 쌍으로 제작된 작

빼앗긴 세계문화유산

품은 대부분 한쪽만 남아 있다.

영국은 1997년에 베닌 원정 100주년 기념 전시회를 성대하게 개최했다. 최근에는 '왕과 의식 – 나이지리아 왕실 예술'이라는 타이틀을 걸고 2007–2008년에 걸쳐서 빈, 베를린, 시카고 등지에서 베닌 브론즈 특별 전시회를 성황리에 열기도 했다. 이때 전시된 3백여 작품들은 오스트리아, 독일, 영국, 프랑스 박물관의 협찬으로 이루어졌다.

약탈한 베닌 왕국의 문화재를 가지고 유럽인들의 성대한 파티는 계속되고 있다. 그러나 이들 문화재는 베닌 왕국의 역사적 기록물이고 왕실의 예술품이다. 나이지리아 민족의 문화유산인 베닌 브론즈의 진수를 정작 나이지리아 국민들은 한번도 본 적이 없으며, 전시회에 참석한 왕족들마저도 난생 처음 보는 것이라고 했다.

대영 박물관장 맥그레거는 베닌 브론즈가 폭력적 상황에서 반출된 점은 유감이라고 했다. 그러면서 그것은 베닌 왕국의 치안 붕괴의 결과로 2003년에 이라크 박물관이 약탈당한 상황과 흡사했음을 암시한다. 이같은 발언은 타락한 지식인의 탐욕과 불법의 과실을 움켜쥐고 놓지 않으려는 박물관들의 비뚤어진 양심을 보여 준다. 도덕성과 역사의식을 찾기 힘든 그들의 처절한 자기 합리화는 계속 이어진다.

"위대한 예술품은 국경을 넘은 전 인류의 유산이다. 이들이 런던, 베를린, 파리, 뉴욕으로 분산됨으로써 아프리카 예술에 대한 높은 평가가 가능해졌다."

이에 예술비평가 톰 플린은 다음과 같이 비판한다.

"그렇다면 전 세계에 속하는 베닌 브론즈의 반환에 집착하는 나이지리아는 그것의 중요성을 모르는 편협한 국가라는 뜻인가? 베닌 브론즈가 대영 박물관에 왔기 때문에 아프리카 예술이 높은 평가를 받고 있는 데 대해 감사하라는 뜻인가? 아니면 베닌 브론즈는 더 이상 미개 예술이 아니라고 격려하는 것인가? 예술의 기준을 정하는 것은 오직 유럽의 학자들뿐이라는 말인가?"

유럽에서 베닌 브론즈의 예술적 가치에 집착하는 이유는 분명하다. 그것이 위대한, 그리고 고가의 예술품이기 때문이다. 하지만 베닌 브론즈는 오직 미적 가치를 위해서 제작된 예술품이 아니다. 그것은 신성한 베닌 왕실을 상징하는 성물이며 베닌 왕국의 역사적 기록으로서 베닌 국민들의 문화유산이다. 대영 박물관은 다른 것은 전부 무시하고, 오직 베닌 브론즈의 예술적 가치만을 강조할 뿐이다.

베닌 브론즈가 약탈되던 상황에 대한 기록은 이미 유실되었다. 작품의 내용과 기원, 출처에 관한 정보가 미비한 상태에서 단지 예술품만으로 전시되고 있다. 대영 박물관 전시실 안내판에는 아프리카의 문물에 대한 상세한 설명조차 없다. 대신 아프리카 예술품 수집가이자 대영 박물관의 후원자인 세인스베리 경과 아프리카 조각에 대해 높은 평가를 주도해 온 영국의 조각가 헨리 무어에 대한 설명문만이 크게 걸려 있을 뿐이다.

반환 운동의 전망

그리스, 이집트, 에티오피아에 이어 나이지리아는 문화재 반환 운동의 최선봉에 서 있다. 베닌의 경우는 그만큼 절실하고 억울한 케이스이

빼앗긴 세계문화유산

다. 모든 문화재가 일거에 약탈당했고, 그마저도 경매에 붙여져 전 세계로 흩어졌다. 아프리카 노예들의 디아스포라^{이산離散}의 땅'이라는 의미로, 그리스어의 '분산' 또는 '이산'을 뜻한다) 를 연상시킨다. 이 모든 것은 제국주의 침략 전쟁의 결과로, 그 장본인인 영국은 결코 그 불법성을 인정하지 않고 있다.

게다가 침략의 과실을 소유한 박물관들이 합법적 소유권을 내세우고 있다는 점이다. 특히 유럽의 박물관들은 정당하게 사들인 선의의 구매자라고 주장한다. 유럽 사회에서 선의의 구매자의 소유권은 강력하게 보호를 받는다.

유럽에서 약탈의 관행과 약탈물의 소유는 일찍이 로마 시대부터 확립된 제도였다. 고대 로마법은 약탈물의 절대적 법적 소유권을 인정했고, 중세 유럽에서 통용된 게르만법은 추상적 소유권보다 구체적 현실을 중요시했다. 일단 물건을 갖고 있는 자가 보호를 받는 것이다. 제3자로부터 적법하게 물건을 취득한 경우 선의의 취득자로 인정되고, 그 물건의 내력이 어떠하건 보호를 받는다.

이런 원칙은 '선의의 취득자 보호'라는 법 원칙으로 대륙법에 계승되어 약탈물이라 해도 돈을 주고 구입했으면 선의의 취득자로 보호를 받았다. 오늘날 선의의 취득자 요건은 한결 까다로워졌지만, 유럽 사회에서의 선의의 구매자를 보호하는 오랜 전통은 약탈 문화재의 반환을 어렵게 하는 또 하나의 배경이 되고 있다.

게다가 베닌 브론즈의 값이 천정부지로 오른 것도 반환을 더 어렵게 한다. 한 점에 수백만 달러를 호가하는 문화재를 순순히 내줄 박물관이 어디 있겠는가?

그러므로 베닌이 싸워야 할 상대는 영국뿐이다. 영국은 변명의 여지가 없는 범죄를 저질렀기 때문이다. 그들은 침략과 약탈의 장본인이고, 그것을 전 세계에 팔아넘겼다. 더구나 영국의 베닌 브론즈 약탈은 약탈 문화재 반환의 국제적 관행이 성립된 이후에 저질러졌다. 영국이 주장하는 응징 전쟁은 제국주의 시대에나 이용되던 논리로, 그런 시대는 이미 끝났다.

영국은 인류 보편의 유산이라는 논리를 내세우지만, 이것이 나이지리아의 권리를 빼앗지는 못한다. 브론즈는 나이지리아 최고의 문화재이며, 거의 유일한 문화재이다. 오늘날 국제사회에서 한 민족의 핵심적 문화재를 보유할 권리는 거의 문화적 자결권으로서 기본권으로 인정되고 있는 추세이다.

공공의 이익을 위해 개인의 핵심적 기본권을 제약할 수 없는 것처럼 세계 문화재, 또는 인류 공동의 문화재라는 이름으로 한 국민의 최고 문화재를 함부로 억류할 수는 없다. 따라서 나이지리아의 캠페인은 장기적으로 본다면 승산이 있다. 어마어마한 가격 때문에 많은 양을 돌려받기는 어려울 테고, 그래서 일부만 돌려받을 가능성이 크지만 어쨌든 승산이 있는 게임이다.

문제는 나이지리아가 문화재를 보호할 능력을 스스로 입증하는 것이다. 아프리카인들은 1990년대에 나치 희생 유대인들의 보상 청구 운동이 미국과 유럽에서 성공을 거두고 있는 데 크게 자극을 받았다. 이를 계기로 1993년, 아프리카 노예 및 식민 역사에 대한 보상을 목표로 '범 아프리카 회복 운동ARM: Africa Reparation Movement'이 조직되었다.

영국에 본부를 둔 이 조직은 아프리카 연합OAU의 지원하에 각국에 지부를 설치하고, 유럽 국가들로부터 경제적 보상 청구와 문화재 반환 활동을 벌이고 있다. 나이지리아 역시 이 조직을 통해 아프리카 국가들과 연대하여 베닌 브론즈 반환 운동을 벌이고 있다.

코이누르 다이아몬드 <small>Kohinoor Diamond</small>
- 약탈된 세계 최대의 다이아몬드,
영국 여왕의 왕관에 장식되다

〈코이누르 다이아몬드〉
투명한 백색으로 가로 36밀리미터, 세로 31.9밀리미터, 높이 13밀리미터이다.
세계 최초의 다이아몬드 채광지인 인도 골콘다 광산에서 캐낸 것으로 보인다.
사진은 원석의 복제품. (뮌헨의 크리스탈 박물관 소장)

"코이누르 다이아몬드는 약탈물이다.
피정복 국가의 왕이 이를 직접 정복자 여왕에게 바치는 게
더 영예스럽다."

_인도 총독 달루지가 코이누르 다이아몬드 약탈물의
처리에 관해 보낸 서신에서

전설과 저주가 뒤엉켜 있는 다이아몬드

'이를 얻으면 세계를 지배한다'는 코이누르 다이아몬드Kohinoor Diamond
는 한때 세계 최대의 다이아몬드였다. '빛의 산'이라는 뜻을 가진 이
다이아몬드는 원래는 793캐럿으로, 백색의 작은 달걀만한 크기였다.
전 세계 인구를 이틀간 먹여 살릴 수 있을 만한 가치를 지녔다는 평
을 들었다. 그런데 18세기에 인도에서 세공을 잘못하는 바람에 793캐
럿이 186캐럿으로 줄어들었고, 1852년에는 영국 왕실이 다시 세공을
하여 오늘날의 105캐럿이 되었다. 모든 유명한 보석이 대개 그렇듯이
코이누르 다이아몬드에도 전설과 저주의 역사가 뒤엉켜 있다.

"이것을 소유한 자는 세상을 얻을 것이나, 또한 모든 불행을 맛볼
것이다. 오직 신이나 여성만이 해를 입지 않고 소유할 수 있다."

전설 그대로 이 보석을 소유한 자들은 예외 없이 왕들이었고, 거의
예외 없이 암살, 정변, 근친 살해, 유배, 배신, 복수 등 온갖 잔혹함으로
얼룩진 액운을 맞았다.

코이누르, 영국 여왕의 왕관을 장식하다

인더스 문명의 중심지인 펀자브 지역은 기원전 2000년경부터 인도, 페

펀자브의 마지막 왕 달리프 싱.
(1838~1893년)1875년 캡틴 골
딩햄 사진. (영국 노퍽박물관 소장)

르시아, 아랍, 터키, 아프간 민족의 교차로
였다. 역사적으로 힌두교, 불교, 이슬람교가
융성했고 17세기 초에는 시크교가 탄생한
곳이기도 하다.

1849년 영국 동인도회사는 두 차례의
전쟁 끝에 펀자브를 정복하고, 오래전부
터 눈독을 들여왔던 펀자브 왕실의 보물
을 약탈했다. 그곳엔 수천 년 동안 쌓인 막
대한 보석과 보물이 있었고, 코이누르 다
이아몬드는 그 중에서도 가장 진귀한 보
물이었다. 당시 체결된 영국과 펀자브 사이
의 평화조약에서 이 다이아몬드를 영국 여왕에 양도한다고 규정되었다.

그때 인도 총독 달루지는 펀자브의 마지막 왕인 달리프싱을 런던으
로 보냈다. 다이아몬드를 영국 여왕에게 직접 진상시키기 위해서였다.
그리하여 1851년에, 14세의 어린 왕은 런던에서 32세의 빅토리아 여
왕에게 코이누르를 바쳤고, 펀자브 왕의 수모를 통해 약탈의 영광은
더욱 커졌다.

보석에 얽힌 저주의 전설 탓에 빅토리아 여왕이 보석을 반환할 것
이라는 추측도 있었지만, 여왕은 지상에서 가장 큰 다이아몬드를 소
유하겠다는 의지가 확고했다. 여왕은 액운을 피하기 위해 코이누르를
다시 세공했고, 소유권이 왕위 계승자의 부인에게 돌아가도록 했다.
코이누르가 1851년에 열린 런던 세계박람회에 전시되었을 때, 전시장

　　　　　　　　　　　　　빼앗긴 세계문화유산

은 인산인해를 이루었다.

이후 코이누르는 186캐럿에서 105캐럿으로 세공되고, 대관식에 왕비가 쓰는 왕관 꼭대기에 장식되었다. 처음 이 보석을 박은 왕관을 쓴 사람은 1901년 에드워드 7세의 대관식 때 그의 부인 알렉산드라 왕비였다. 그리고 마지막으로 1937년 조지 6세의 대관식 때 그의 부인 엘리자베스 왕비가 썼다. 그녀는 현재 여왕의 모친으로 식민지 인도의 마지막 왕후이기도 하다.

빅토리아 여왕(1819~1901년), 1887년 알렉산더 베사노 사진.

2002년, 모후 엘리자베스 왕비가 죽자 코이누르가 박힌 왕관은 관 위에 놓여졌다. 현재 코이누르 다이아몬드는 다른 왕실 보물들과 함께 런던타워에 있는 보물의 방에 보관되어 있다.

코이누르의 복잡한 약탈사

코이누르 다이아몬드는 크기로도 유명하지만, 그에 못지않게 복잡한 약탈의 역사로도 유명하다. 역사적으로 소유했던 나라를 보면 인도 - 무굴 제국 - 페르시아 - 아프가니스탄 - 펀자브^{파키스탄} - 영국이다.

최초의 발견은 인도로, 이미 5천 년 전의 산스크리트에도 '샤만타카 Syamantaka'라는 이름으로 등장하고 있다. 그리고 1304년 인도 말와 왕

대관식 왕관에 박힌 코이누르.

국의 소유였다는 게 최초의 기록으로 나온다. 세계 최초의 다이아몬드 광산이었던 인도 골콘다 광산에서 나온 것으로 보인다.

1526년, 칭기즈칸의 후예를 자칭하는 터키인 바부르가 델리를 정복하고 무굴 제국을 세우면서 이 보석을 손에 넣었다. 17세기에 타지마할을 세운 황제로 유명한 샤자한이 이 보석을 자신의 왕관에 박아 넣었고, 그때부터 보석은 2백 년간 무굴 제국에 머물러 있었다.

1739년, 페르시아 왕 나디르 샤가 델리를 점령하고 이 보석을 손에 넣었다. 그는 다이아몬드에서 쏟아지는 빛이 거대한 산과 같다고 경탄하며 '코이누르빛의산'라는 이름을 붙였다. 7년 동안 코이누르를 소유했던 나디르 샤는 암살당했다.

보석은 그의 경호원이었던 아메드 칸이 탈취했다. 그는 아프가니스탄 사람으로, 이 보석을 가지고 카불로 가서 사도자이 왕조를 세우고는 코이누르를 왕조의 정통성으로 삼았다. 이때부터 코이누르는 80여 년간 아프가니스탄에 머물렀다. 1809년, 봄베이현재의 뭄바이 총독 엘핀스턴은 아프가니스탄 왕이 코이누르가 박힌 팔찌를 차고 있는 걸 보았다고 한다.

1830년, 피비린내 나는 정변 끝에 아프가니스탄 왕조가 무너지고, 왕은 코이누르와 함께 펀자브로 피신했다. 그를 보호해 준다는 명목으로 펀자브 왕 란지트싱이 코이누르를 손에 넣었고, 얼마 안 있어 그가 죽자 5세의 나이로 왕위를 이은 막내아들 달리프싱에게 상속되었다. 그

코이누르 다이아몬드가 박힌 왕관을 쓰고 있는 알렉산드리아 왕비.

는 코이누르를 소유했던 마지막 인도인이었다. 코이누르는 1849년 영국에 약탈당할 때까지 펀자브에 19년간 머물렀다.

다이아몬드를 둘러싼 각국의 입장

1947년에 오랜 식민지 생활을 벗고 독립한 인도는 영국에 코이누르 다이아몬드의 반환을 요청했다. 원래 인도 왕국의 소유였으며, 마지막 영국에 약탈당할 때도 인도 왕국의 소유였다는 게 그들의 주장이었다. 펀자브는 1947년 인도에서 파키스탄이 분리될 때 파키스탄에 속하게 되었지만, 그 직전까지는 인도에 속해 있었다.

1976년에는 파키스탄의 부토 총리가 영국 총리 앞으로 코이누르의 반환을 요청하는 공한을 보냈다. 보석의 마지막 소유자가 펀자브 왕

이며, 전쟁을 통해 약탈한 것이라는 게 그가 내세운 이유였다. 그때, 이란 언론들도 들고 일어나 코이누르의 소유권을 주장했다. 코이누르라는 이름을 지은 사람이 페르시아 왕 나디르샤였기 때문이다.

또한 2000년 11월 7일 BBC 뉴스는 아프가니스탄 탈레반이 코이누르 다이아몬드의 반환을 영국에 요구하고 있다고 보도했다.영국 정부는 인도와 파키스탄의 요청을 거부하면서, 다른 어떤 나라에도 반환하지 않겠다고 확인해 주었다. 영국의 입장은, 법적 소유권이 영국 왕실에 있다는 것이었다. 약탈물이 아니라 펀자브 왕으로부터 정식으로 기증을 받았다는 게 그들이 내세우는 논리였다.

펀자브를 정복한 후, 항복 조약에 이 보석의 양도를 규정한 점에 비추어 영국의 주장은 타당성이 없다. 나폴레옹도 항복 조약에 수많은 문화재를 양도할 것을 규정했지만 이렇게 양도된 예술품은 모두 약탈물로 간주되었고, 그렇기 때문에 대대적인 반환이 이루어졌던 것이다. 게다가 나폴레옹의 약탈 문화재 반환 운동을 처음부터 주도한 나라는 영국이었다.

코이누르의 역사가 너무도 복잡한 것은 영국에 유리하다. 반환 대상이 확실하지 않기 때문에 돌려주려 해도 돌려줄 수가 없다. 더구나 인도와 파키스탄은 앙숙으로 그들은 절대 상대 나라에 코이누르를 넘겨주지 말라고 말하고 있으니 그 어느 쪽에도 반환할 수가 없다.

그러나 그보다 더 큰 이유가 있다. 코이누르는 영국 왕실의 대관식 보물로 150년 이상 존속되어 왔기 때문에 이제는 영국 왕실과 주권을 상징하는 최고의 문화재가 되었다. 따라서 코이누르의 반환은 어려울 것이라는 게 보편적인 시각이다.

대관식 왕관에 박아 넣은 명백한 약탈물은 문화재 약탈을 영웅적 행위로 보는 유럽인들의 사고방식을 잘 보여 주고 있다 할 것이다.

CHAPTER 14

실크로드의 고문서 ^{Silk Road}
- 제국주의 학자들,
문화재 약탈의 전면에 나서다

발견 당시 모가오 동굴의 모습과 서고 일부.
1908년 오렐 스타인이 찍은 사진. (대영 박물관 소장)

그들은 전문지식을 갖춘 고고학자들이 아니라
모험을 좋아하는 동양학자이거나 탐험가들이었다.
이들의 탐사는 왕립지리학회 같은 단체의 지원을 받아 행해졌다.
이들은 강대국들의 유급 조수이자 식민정책의 공범들이었다.

_볼프강 에베르트 《보물 추적자》 중에서

실크로드의 탄생

19세기 말의 중앙아시아 땅은 명목상
으로는 오스만 투르크가 주인이었지만
유럽의 눈에는 무주공산이었다. 중앙아
시아의 광활한 대륙을 사이에 두고 인
도를 발판으로 북상하는 영국과 남하
하는 러시아가 벌이는 대결을 영국 시
인 키플링은 '그레이트 게임^{Great Game}'
이라고 불렀다. 1910년대의 일이다.

리히트호펜(1833~1905년)

　그러나 이 지역은 그렇게 간단히 땅 따
먹기의 대상으로 볼 것만은 아니었다. 16세기에 중국에 이르는 해상로가
확보되면서 잊혀졌고, 모래에 묻힌 채 버려진 땅이 되었지만, 그곳은 수천
년간 인류 문명이 교차해 온 역사의 현장이었다.

　1877년, 독일의 지리학자 리히트호펜은 이 지역을 연구하다 '실크
로드'라는 이름을 지어냈다. 실크로드는 한쪽은 로마와 런던으로 이어
지고, 다른 한쪽은 장안과 신라에 이르는 장장 1만 5천 킬로미터의 교
역로로서, 그 중심인 중앙아시아에는 수천 년 동안 이루어진 문물 교

류의 자취가 고스란히 남아 있었다.

유럽의 학자들, 실크로드 폐허에 들어가다

1900년대 초반, 영국과 러시아는 이곳에서 탐사와 스파이 활동을 하며 서로를 견제했다. 여기에 종사한 유럽의 동양학자들은 탐사와 지도 제작, 정보 수집을 하면서 제국주의의 앞잡이 역할을 맡고 있었다. 실크로드 일대의 험난한 자연환경을 마다하지 않으며 그들이 열광한 또 하나의 작업은, 모래에 파묻힌 실크로드 오아시스 마을에서 수천 년 동안 잠자고 있던 고대 유물을 훔쳐 내는 것이었다.

당시 실크로드의 서쪽은 터키 영토였고 동쪽은 중국 영토였지만, 이들 제국주의 학자들은 어느 국가의 허가도 받지 않고 텅 빈 유적지를 들락거리며 막대한 유물을 빼갔다. 더구나 같은 유적지를 대여섯 나라의 탐사대들이 번갈아 드나들며 유물을 훔쳐냈다.

사상 처음으로 실크로드 유물을 서양에 선보인 사람은 스웨덴 출신의 지리학자 스벤 헤딘으로, 그는 리히트호펜의 수제자였다. 히틀러와도 가까웠다는 친독일 성향의 헤딘은 독일 정부의 지원을 받아 1893년부터 1902년까지 목숨을 건 탐사를 마쳤다. 그는 파미르 고원, 타림 분지, 타클라마칸 사막을 횡단함으로써

스벤 헤딘(1865~1952년) 초상화. 1923년 칼 에밀 외스터만 작품. (스웨덴 왕립 과학 아카데미 소장)

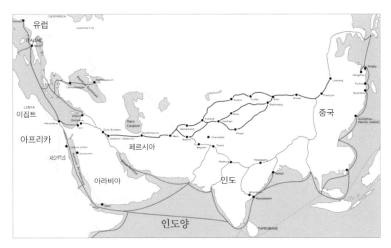

실크로드 지도.

실크로드 지역의 상세한 지도를 처음으로 완성한 사람이다.

그는 또한 아시아 오지 곳곳을 여행한 인물로 유명하다. 히말라야, 티베트, 몽골, 신장, 일본, 그리고 한국까지 그의 발길이 닿았는데 런던 대학교의 칼 앤더슨 교수는 헤딘이 1908년 일본 통감부의 안내로 조선에 와서 고종 황제를 알현했다고 전하고 있다.

1901년, 그는 실크로드 동쪽 끝에 있는 도시 누란樓蘭의 폐허를 찾아 냈다. 이때 헤딘은 폐허 더미 속에서 4세기경의 역사 기록이 담긴 필사본 37권을 찾아내어 반출했다. 그것은 실로 대단한 사건이었다. 그 유물들은 미지의 세계에 속했던 고대 중앙아시아의 과거를 알려 주는 단서가 되기 때문이었다.

실크로드 탐사의 공으로 헤딘은 1902년에 세습 귀족 지위를 받았는데, 스웨덴 역사에서 세습 귀족의 작위는 그가 마지막이었다. 그는 또한 1913년에는 스웨덴 아카데미 회원이 되었고, 노벨상 심사위원에 도 올랐다. 그의 뒤를 이어 실크로드 유물을 훔쳐간 모든 학자들이 본 국에서 영웅으로 대접받으며 온갖 명예를 누렸다.

그의 탐험은 유럽 동양학자들의 경쟁심에 불을 질렀다. 러시아, 영 국, 독일, 프랑스, 일본, 미국인들이 몰려들어 실크로드 오아시스 폐허 로 들어가 유물을 훔쳐 갔다. 그들이 닥치는 대로 파고, 뒤지고, 뜯어 내고, 부수는 바람에 모래에 묻혀 1천 년의 정적 속에 잠자던 유물은 풍비박산이 났다.

둔황 석굴에서 잠자고 있던 최고의 보물

실크로드의 오아시스 도시들은 한때 수백 개에 이르렀으나 모두 모래 에 묻혀 폐허가 되었다. 그렇지만 폐허 속의 유물들은 어느 것 하나 중 요하지 않은 게 없었다. 폐허 도시 자체가 대단한 유적지이고, 그 안에 있는 모든 것들이 문화재였다. 수천 년 동안 동서양을 이었던 교류의 역사가 거기 있고, 그곳을 넘나들었던 사람들의 종교와 예술의 물증 이 묻혀 있는 곳이기 때문이다.

실크로드 안에서도 가장 중요한 도시는 둔황敦煌으로, 특히 이곳 둔 황 석굴막고굴, 또는 천불동 석굴로도 불린다에 보존되었던 보물들은 불교 예술품과 고대의 문서들로서 실크로드 최고의 보물이라 할만했다.

둔황은 중국 쪽에서 실크로드 시작의 첫 번째 도시로, 예로부터 '돌 아올 수 없는 땅'으로 불린 타클라마칸 사막의 입구이다. 4세기경, 둔황의 절벽에 불교 승려 낙준이 석굴을 파기 시작했다. 석굴은 험난한 실크로드 여정의 무탈함을 빌고 여행의 무사한 도착을 감사하는 예배의 장소였다. 중국이 불교를 공인한 444년보다 80년이나 앞선 때였다. 시주를 바치는 상인과 순례자들이 늘어가는 가운데 1.6킬로미터의 절벽을 따라 석

1908년 모가오 동굴 모습. 1908년 오렐 스타인이 찍은 사진.

굴의 수는 늘어났고, 몇 년 후에는 1천 개가 넘게 되었다. 석굴은 벽화와 천정화, 불상으로 장식되고 승려들은 여기에 경전을 바쳤다.

그러다 14세기에 석굴들은 입구가 밀봉되었다. 이 무렵 터키에 강력한 무슬림 왕조가 일어났기 때문에 석굴의 종교 유물들이 박해를 받지 않도록 취해진 조치였을 것이다.

유럽인들이 찾아오기 시작한 19세기 말에는 석굴이 5백 개 정도였다. 총 면적 4만 5천 평방미터에 달하는 석굴 안에는 벽화와 2천 5백여 개의 불상이 있었는데, 1천 년의 세월이 이루어 놓은 세계 최대 최고의 불교 미술 박물관이었다.

둔황 석굴은 또한 불교 미술 외에도 도교, 유교, 마니교, 그리스도교와 같은 동서양의 여러 다른 종교 예술을 보여 주고 있다. 무엇보다도 이들 벽화에 등장하는 인물들은 다국적, 다민족으로서 실크로드가 인류 최초의 진정한 코스모폴리탄이었음을 보여 주고 있다. 이러한 둔황 석굴의 존재는 1870년대 유럽의 학자들에게 알려지면서 곧바로 경탄과 탐욕의 대상이 되었다.

둔황 석굴 문서고 안의 보물들

19세기 후반, 떠돌이 도교신자인 왕 도사본명은 왕위안루이가 둔황에 정착했다. 그는 폐허가 된 석굴을 자진하여 관리했는데 시주 동냥을 받은 적은 돈으로 석굴 주변의 모래를 치우고 청소하며 석굴을 지켰다. 1900년 어느 날, 왕 도사가 16번 석굴을 청소하던 중에 한쪽 벽이 허물어지면서 안쪽에 작은 방이 나타났다. 2평 정도의 방에는 천정 끝까지 빼곡히 서류가 쌓여 있었다.

왕 도사는 즉시 둔황 관청으로 달려가 이 사실을 알렸지만 관청은 별 관심을 보이지 않았다. 그로부터 3년이 지나서야 지방 관리 몇 명이 찾아와 한번 둘러보았다.

그들은 방을 잠가 놓고, 그저 잘 보존하라고만 이르고 돌아갔다. 당시 중국 정부는 유럽 제국주의의 잇단 침입과 의화단의 반란으로 내우외환에 시달리고 있는 상황이라 변방

왕 도사(1849~1931년).

빼앗긴 세계문화유산

에서 발견된 고대 문서에 신경을 쓸 여력이 없었다.

이곳은 후에 '17번 석굴, 장경동藏經洞'이란 이름이 주어졌다. 거기에는 모두 4만 5천 점 정도의 문서가 있었다. 문서는 가장 이른 것은 406년부터 가장 늦게는 1002년에 제작된 것으로 대부분 불교 관련 서적이었지만 네스토리우스 그리스도교, 마니교, 도교, 유교, 조로아스터교의 경전도 있었다.

또한 관청의 행정 문서, 인구조사서, 주민들의 공증 서류, 유언장, 계약서 같은 문서도 포함돼 있어 지방 관청의 문서고이기도 했던 듯하다. 문서의 언어는 15개가 넘었다. 중국어, 티베트어, 힌디어, 산스크리트어, 터키어, 알타이어, 이란어, 위구르어, 헤브라이어, 속디안어, 호탄어, 쿠샨어 등인데 이중에는 이미 사멸한 문자와 미지의 문자가 포함되어 있었다.

17번 석굴은 문서 보관소로 사용되다가 11세기에 밀봉된 것으로 보인다. 당시 목판 인쇄술의 발전으로 인쇄본이 읽히게 되자 고대의 필사본이나 희귀문서는 따로 보관해 둔 것으로 보이고, 이슬람의 파괴로부터 보호하기 위한 조치로도 보인다.

둔황의 문서를 탈취한 학자들

유럽 사회에는 석굴에서 문서고가 발견되었다는 소문이 점차 퍼졌지만, 정작 중국인 학자들은 전혀 모르고 있었다. 둔황 문서를 접하고 이를 입수한 최초의 유럽인은 헝가리계 영국인으로 인도에 와서 동양학을 공부하고 있던 오렐 스타인이다.

1. 오렐 스타인(1862~1943년) 1929년 중앙아시아에서 찍은 사진.
2. 서고에 쌓여 있는 서류.(스타인 사진) 서고의 크기는 2.5미터×2.5미터×2.5미터. 대부분 불교 경전이나 마니교, 네스토리우스 그리스도교, 도교, 유교의 경전도 있다. (헝가리 과학원 도서관)

　　그는 중앙아시아 탐사를 지원받기 위해 영국 정부를 설득했다. 이 지역의 문화는 인도의 영향권 안에서 탄생했으므로 중앙아시아 남부는 영국에 속한다는 것이 그의 주장이었다. 그의 설득은 받아들여졌다.

　　그는 1900년부터 영국 정부의 지원으로 실크로드 도시를 순례하며 수십 개의 폐허를 찾아냈다. 야르칸드, 카르길리크, 허텐, 니야, 엔데레, 뤄창, 누란……. 그의 발길이 닿는 곳에서는 수많은 유물들이 탈취되어 곧바로 영국으로 보내졌다.

　　1907년 오렐 스타인이 마침내 석굴의 유물을 도굴할 목적으로 둔황에 도착했다. 거기서 그는 왕 도사가 고대 문서고를 발견했다는 소식을 접한다. 그는 즉시 왕 도사를 찾아가서 불교에 심취한 고매한 영국 신사처럼 접근했다. 불교나 고대 문서에는 별로 지식이 없고, 사실상 무식했던 왕 도사는 학식이 풍부해 보이는 점잖은 이 영국 학자의 언변에 넘어갔고, 망설이면서 문서고를 보여 주었다.

　　오렐 스타인은 왕 도사의 관심사인 석굴을 청소하고, 보수하는 단순한 문제에 지대한 관심을 보이면서 약간의 돈을 건넸다. 그의 작전은 성공했다. 무려 7천 점의 문서와 5백 점의 그림을 손에 넣을 수 있었는데, 그가 지불한 돈은 고작 150파운드에 불과했다. 중국 정부로부터 둔황 석굴의 문서 보존 책임을 부여받고 있던 왕 도사로서는 극비의 거래였다.

이들 문서는 곧바로 대영 박물관으로 보내졌다. 이 공로로 오렐 스타인은 작위를 수여받았고, 옥스퍼드 대학과 케임브리지 대학에서 명예 박사학위를 받았다. 그는 평생 독신으로 살며 중앙아시아 탐험을 계속하다가 카불에서 죽었다. 영국의 저명한 고고학자 제임스 울리는 그의 업적을 가리켜 '고대 세계에 대한 가장 무모한 습격'이라고 평했다.

오렐 스타인이 가져온 유물과 문서는 대영 박물관, 국립도서관, 인도 국립박물관에 소장되어 영국의 중국학 자료의 기초를 이루게 된다. 이들 문서는 목록 작성에만 50년이 걸렸다. 그만큼 문서의 양이 많은 것인지, 그토록 오래 방치되었는지는 알 수 없다.

이 문서들 중 가장 가치 있는 것으로는 868년에 찍어낸 《목판 금강경》을 들 수 있다. 이유는, 날짜가 찍힌 세계 최초의 목판본이기 때문이다.

원래 세계 최초의 목판인쇄물은 751년에 제작된 것으로 보이는 우리나라의 《무구정광대다라니경》으로 알려져 있다. 불국사 석가탑에 들어 있었기 때문에 석가탑 제작 시기인 751년으로 잡은 것이며 1966년에 석가탑을 보수할 때 발견되었다.

그렇지만 정확한 연대가 적혀 있지 않았기 때문에 고려시대인 1024년에 석가탑을 보수할 때 집어 넣은 것일 수도 있다는 견해도 있

1. 《금강경》의 상세 모습.
2. 문서 중 맨 아래가 연대가 찍힌 세계 최초의 《목판인쇄 금강경》이다. 868년. (대영 박물관 소장)

다. 일본 호류지法隆寺에 보관된 《백만탑다라니경》은 제작 연대가 770년으로 알려져 있지만, 이 또한 정확한 제작 연대가 적혀 있지 않아 추정만 될 뿐이다.

스타인이 떠난 후, 1908년에 폴 펠리오가 찾아왔다. 프랑스 출신의 중국학 연구가인 그 역시 실크로드 유적지인 투르키스탄을 돌며 많은 유물과 문서를 빼온 자였다. 유창한 중국어 실력 덕분에 왕 도사와 내통하는 데는 아무 문제가 없었기에 장경동에서 훨씬 귀중하고 다양한 서류를 찾아낼 수 있었다.

스타인이 주로 불교 경전을 빼간 데 비해 펠리오는 6천여 권의 다양한 서류들을 챙겼다. 그가 왕 도사에게 준 돈은 90파운드였다. 펠리오가 가져간 서류는 프랑스 국립도서관과 기메 박물관의 펠리오 컬렉션으로 남아 있는데, 그가 골라낸 서류 중에 신라 출신의 혜초가 쓴

1. 1908년 오타니의 초청으로 일본을 방문한 스벤 헤딘과 오타니. (스웨덴 국립민족학 박물관)
2. 오타니 코즈이. 1890년대 영국 유학 시절의 모습.

《왕오천축국기》가 포함돼 있다.

이 책자는 원본은 아니다. 혜초 사후 누군가가 원본을 요약한 것으로, 8세기에 기록한 중앙아시아 여행기로는 세계에서 유일한 문서이다. 8세기 실크로드 지역의 풍물을 생생히 기록했다는 점에서 학문적 역사적 가치가 큰 것은 말할 것도 없다.

현재 프랑스 국립도서관에 소장돼 있다. 펠리오는 동양학의 대부로 대단한 명성을 누렸고, 중국학 전문지인 〈통보Toung Pau〉의 편집장으로 유럽 동양학계에 큰 영향력을 떨쳤다.

다음 해인 1911년에는 일본인 오타니 코즈이大谷光瑞가 하수인을 파견해 370점의 서류를 포함해서 600여 점의 유물을 가져갔다. 런던 유학 시절 유럽인들의 실크로드 탐험에 자극을 받은 그는 불교도로서 실크로드 일대를 직접 탐험하거나 탐험대를 파견한 인물로 유명하다.

오타니는 일본 불교인 정토교의 니시혼간지 종단의 문주로, 부인이

다이쇼[大正] 일왕의 누이였다. 정관계에 깊은 인맥을 가지고 있던 오타니의 행적은 스파이 활동과 밀접하게 관련된 것으로 여겨진다. 오타니는 후에 재정에 쪼들린 나머지 실크로드에서 수집한 유물 5천여 점 중에서 다수를 처분했다.

그 결과, 그의 수중에 있던 유물은 일본, 한국, 중국으로 흩어졌고 이때 1천 5백여 점이 한국으로 들어왔다. 오타니로부터 유물을 매입한 일본인이 한국에서 이권을 얻으려고 데라우치 총독에게 기증했고, 이것이 해방 후 국립박물관으로 넘어온 것이다.

오타니 파견대 다음으로, 1911년에는 러시아인 세르게이 올덴버그가 문서를 가져갔는데, 이때쯤에는 중국 전역에 서양인에 대한 적대감이 퍼져 있었고 둔황 문서의 존재가 중앙 정부에도 알려져 왕 도사도 극도로 몸을 사릴 때였다.

이런 추세에 따라 문서 입수가 어렵게 된 미국 출신의 하버드 대학 교수 랭든 워너는 문서 탈취가 여의치 않자 둔황 석굴의 벽화 26점을 뜯어갔다. 1914년에는 오렐 스타인이 다시 와서 왕 도사와 나머지 문서를 흥정하여 역시 헐값에 다량 구입해 갔다. 왕 도사는 말년에 이르러서는 미친 사람으로 행동했는데, 중국 정부의 문책을 피하기 위해서였을 것이다.

둔황 문서의 향후 처리

중국인 학자들이 둔황 문서의 존재를 처음 알게 된 것은 1909년 베이징을 방문한 폴 펠리오가 이 문서를 보여 주었을 때였다. 중국인 학자들은 이런 보물이 둔황에 묻혀 있었다는 사실에 깜짝 놀랐다.

빼앗긴 세계문화유산

이때부터 중국의 학자들은 둔황 고문서를 보존하라고 정부에 압력을 넣었고, 1910년에 중국 정부는 둔황에서 중국어 서류만을 골라 1만여 점을 베이징으로 옮겼다. 1928년에는 티베트 관련 서류도 가져왔다. 다행히 둔황에 남은 문서는 1960년대에 일어났던 문화혁명의 박해를 모면했는데, 이는 문서를 보호하라는 저우언라이 수상의 특별 지시에 따른 것이라 한다.

중국 정부는 1984년에 이르러서야 둔황 문물연구소를 설립하고 본격적으로 둔황 문서의 보존과 정리에 나섰다. 중국 정부는 이 연구소를 통해 둔황 문서를 다시 사들이고 개인 소장자들의 기증을 받으면서 회수에 총력을 기울이고 있다. 현재 둔황 문서는 영국에 1만여 점, 프랑스에 8천여 점, 그 밖의 14개국에 2만여 점이 흩어져 있는데 중국은 여섯 번째라고 한다.

둔황 문서의 중요성은 1천 년에 걸친 중앙아시아 실크로드 역사를 알려 주는 데 있다. 그 안에는 종교뿐만 아니라 정치, 경제, 교역, 군사, 사회, 문화, 의술, 예술 등 당대의 생활 전부가 담겨 있다. 그것은 중국이나 인도 등 어느 나라에도 없는 역사이기 때문에 중요하다.

둔황 문서는 당시의 인도, 중국, 티베트 등 여러 국가들의 국경 문제를 비롯해서 각종 종교의 전파, 언어의 생성, 사람들의 생활방식 등 중앙아시아의 고대사를 밝히고 동서양의 역사를 재조명하는 데 필수적인 역할을 할 것이고 그에 따라 인류 역사는 재조명을 받을 것이다. 게다가 인쇄술 이전 필사본의 희귀성은 큰 가치를 갖는다.

문제는, 문서가 세계 10여 개 나라에 걸쳐 산재해 있어 전체 파악이 어렵다는 것이다. 하나의 좁은 방에 차곡차곡 쌓여 1천 년간 보존되었던 고문서가 이처럼 대량으로 세계 각처에 흩어진 예는 역사상 유례가 없다. 따라서 서류들을 하나로 모으는 일은 불가능에 가깝다. 더 큰 문제는 서류들이 원래 놓여 있었던 가지런한 순서가 파괴되었다는 점이다. 원래 장소의 모습, 소위 컨텍스트가 파괴된 것이다. 설령 그 수많은 문서를 한곳에 모은다 해도 이를 체계적으로 정리하기는 불가능에 가깝다.

둔황 문서는 전적으로 중국의 소유였다. 당시 둔황은 중국의 영토였고, 석굴의 관리인은 정부 관리는 아닐지라도 이를 보존하라는 정부의 명령을 받은 자였다. 유럽의 학자들이 이 사람을 회유하면서 극히 미미한 돈을 주고 엄청난 가치의 문서를 빼앗아 온 사실은 절도나 사기행위로 보아야 할 것이다.

물론 그것은 당시의 관행이었다고 옹호되었고, 문서가 대량으로 팔려나가는 것을 보고도 이를 저지하거나 보호하지 못한 중국 정부의 태도와 무능을 문제 삼는 시각도 있다. 반면에 실크로드 문화재를 약탈해 간 동양학자들은 유럽 사회에서 영웅으로 예찬되었다. 그 누구도 이것이 문화재 약탈이며 불법적이고 비도덕적이라는 의식을 갖지 않았다. 그러기는커녕 오히려 폐허에서 유물을 구출했다고 생각하는 게 그 시대 유럽 학자들의 인식이었다.

오늘날 중국인들은 중국이 유럽 열강의 침략에 시달리고 있던 어려운 시기에 소위 유럽의 동양학자라는 자들에 의해 귀중한 문화재가 탈취된 데 대해 크게 분노하고 있다. 주목할 점은, 중국 정부가 아직은 제국주의 시대 약탈 문화재의 반환을 요청하지 않고 있다는 사실이다.

빼앗긴 세계문화유산

중국 정부의 기본적인 방침은 돈을 주고 구입하는 것이다. 그들은 제국주의 시대를 정면으로 다룰 수 있을 때를 기다리고 있다. 둔황 문서의 중요성에 비추어 언제라도 중국의 '엘긴 마블'이 될 가능성을 배제할 수 없다. 이미 〈인민일보〉는 둔황 문서의 반환을 외치고 있다.

오늘날 둔황 문서를 소지하고 있는 국가들은 그것을 중국의 문화재로 간주하지 않는다. 수많은 민족과 수많은 언어가 관련된 이들 문서를 인류 보편의 유산으로 보는 것이다. 게다가 이들 문서의 상태가 이동을 하기에는 극히 취약한 상태이기 때문에 한곳에 모으기는 더욱 어렵다. 이를 회수한다 해도 둔황에 다시 복구시킬 수는 없는 노릇이다.

오늘날 둔황 문서의 해결 방안은 소유권 분쟁보다는 국제적 협조를 통해 문서를 정리하고 해독하여 중앙아시아 역사를 재조명하는 일로 모아지고 있다.

1902년에 열린 세계 동양학자 대회에서 오렐 스타인이 둔황 문서의 발견을 보고하면서 둔황 국제학회의 결성이 논의된 바 있다. 1993년에 열린 둔황 문서 소장국 회의에서는 문서의 디지탈화가 논의되었다.

1994년에는 영국 국립도서관과 중국 국립도서관이 합동으로 '국제 둔황 프로젝트IDP: International Dunhuang Project'가 설립되었다. IDP는 둔황 문서의 보존, 카탈로그 작성, 디지털 복사를 추진하면서 2002년에 웹사이트를 개설하여 이를 통해 둔황 문서를 볼 수 있게 했다.

실크로드가 다양한 민족과 문화, 언어를 통한 세계 문화의 융합이었듯이 둔황 문서는 국제적 프로젝트가 되면서 인류 보편의 문화재로서 새로운 문화재 모델이 될지도 모른다.

걸작 예술품,
전리품으로 흩어지다

반 에이크 형제의 작품 〈하나님의 어린 양〉 제단화의 가운데 부분이다. 나무 판넬에 유화로 그려져 있다. 열렸을 때의 제단화의 크기는 5미터 × 3.7미터이다.

CHAPTER 15

하나님의 어린 양 Lamb of God
- 성당 제단화는 어떻게 흩어지고, 어떻게 다시 모였을까

〈하나님의 어린 양〉. 겐트 성당 제단화의 중심 부분.

분산된 문화재의 통합을 위해 떨어져 나간 부분은 반환되어야 한다.
합법적으로 떨어져 나간 것이라도 반환받을 수 있다.
이것은 여타 문화재 피해에 대한 보상의 차원이기도 하다.

_드 비셔 《국제적 문화재의 국제적 보호》 중에서

여러 곳으로 흩어져버린 제단화

벨기에 플랑드르 지역의 중심인 겐트 지방의 관광의 핵심은 성 바봉 또는 성 바프 성당의 제단화이다. 〈하나님의 어린 양〉, 또는 〈신비로운 양의 예배〉라는 이름의 이 제단화는 초기 플랑드르 화풍의 대표작이자 벨기에의 대표적 문화재로 겐트의 상징이기도 하다.

이 문화재는 아름다움과 신비함을 겸비한 예술품으로, 그리고 사실주의 종교화의 선구로 수백 년간 사랑과 존경을 받아왔다. 그렇지만 그에 못지않게 제단화의 각 부분에 얽힌 매각, 약탈, 도난, 복제 등으로 많은 미스터리와 의문을 간직하고 있는 작품이기도 하다.

겐트의 부유한 상인 쥬스트 비트의 주문으로 제작된 이 제단화는 1420년대 작품이다. 이때는 중세가 끝나고 르네상스가 막 시작되려는 무렵이다. 제단화는 오랫동안 얀 반 에이크의 작품으로 알려져 왔지만 19세기에 들어와서야 반 에이크 형제의 공동 작품으로 밝혀졌다. 형 휴베르트가 그리던 그림을 그의 사후에 동생이 완성한 것이었다. 하지만 그들 형제가 각기 어느 부분을 맡아 그렸는지는 뚜렷이 알려져 있지 않다.

이 제단화는 양쪽 날개 부분이 접히게 되어 있어 열렸을 때의 열두 점과 접혔을 때의 열두 점의 그림이 있다. 열렸을 때 아랫부분의 중앙

겐트 성당 전경(오른쪽). 12세기 로마네스크 건축.

이 제단화의 핵심인 〈하나님의 어린 양〉이다.

이 제단화는 워낙 유명하여 원래부터 노리는 사람들이 많았다. 종교개혁 기간 중에는 프로테스탄트들의 공격이 우려되어 여러 곳으로 피신해야 했다.

당시 벨기에 지역을 다스리던 에스파냐의 펠리프 2세도 이 그림을 몹시 탐냈다고 한다.

성당 측은 1559년 화가 미셸 콕시를 시켜 제단화를 복사했다. 그러나 시간이 지나면서 원본과 복사본 모두 여러 곳으로 흩어졌다.

그림은 어떻게 흩어지고 다시 모였는가?

1781년, 앞면 양 날개의 아담과 이브가 철거되어 교회 창고에 보관되었다. 벌거벗은 아담과 이브의 그림이 성당에 걸린 것을 황제 요제프 2세가 못마땅하게 여겼기 때문이라 한다.

1794년에는 나폴레옹 군대가 열렸을 때의 중앙에 있는 그림 네 점을 약탈해 갔다. 그림은 루브르 박물관에 20년간 전시되었다가 1815년 나폴레옹 패망 후에 반환되었다.

1816년, 성 바봉 성당은 기금 조성을 위해 열렸을 때의 날개 부분 여섯 점아담과 이브 두 점을 제외하고을 벨기에의 화상에게 매각했다. 이 부분이

빼앗긴 세계문화유산

1. 휴베르트 반 에이크(1366~1426년). 17세기 판화. 에드므 드 불로냐의 상상 초상화. 1682년. (미국 의회도서관 소장)
2. 얀 반 에이크(1395~1441년) 〈터번을 한 남자의 초상화〉(1433년). 얀의 자화상일 것으로 추정. (런던 국립미술관 소장)

제단화의 본질적인 부분과 연관이 없다고 보았기 때문이다. 매각된 여섯 점은 돌고 돌다가 프러시아 정부에 매각되었고 베를린 박물관에 전시되다가 1904년에 프리드리히 황제박물관으로 이관되었다.

1864년, 벨기에 정부는 성당 측을 설득하여 창고에 보관 중이던 벌거벗은 아담과 이브를 구입했다. 그 대가로 겐트의 화가인 라게가 그린 털옷을 입은 아담과 이브를 주고, 또한 독일이 구입해 간 양 날개 부분 여섯 점을 대신할 수 있도록 콕시의 복사본 여섯 점을 주었다.콕시는 아담과 이브 부분은 복사하지 않았다.

벨기에 정부는 벌거벗은 아담과 이브를 브뤼셀 국립미술관에 소장시켰다. 이로써 제단화 원본 열두 점 중에서 중앙 부분의 네 점은 성바봉 성당에, 양 날개 부분 중 여섯 점은 프러시아에, 벌거벗은 아담과

반 에이크 형제의 작품 〈하나님의 어린 양〉 제단화이다. 나무 판넬에 유화로 그려져 있다. 열렸을 때의 제단화의 크기는 5미터 × 3.7미터이다. 사진 윗줄 왼쪽부터 아담(아담의 머리 위 그림은 카인과 아벨), 노래하는 천사들, 성모, 예수, 세례 요한, 음악을 연주하는 천사들, 이브(이브의 머리 위 그림은 아벨의 죽음) 순이다. 사진 아랫줄 왼쪽부터 정의로운 심판관들, 그리스도의 기사들, 하나님의 어린 양, 수행자들, 순례자들 순이다.

이브의 두 점은 브뤼셀 미술관에 소장되었다.

1830년, 신생국으로 태어난 벨기에의 국민들은 국가의 대표적 문화재가 분산된 데 크게 상심했다. 이런 분위기를 의식한 성 바봉 성당은 1865년 제단화의 모든 부분을 재구성하여 성당에 전시했다. 열렸을 때 중앙의 네 개의 원본, 털옷을 입은 아담과 이브 복사본 두 점, 콕시의 복사본 여섯 점원본은 독일 소장이었다.

이 무렵 독일에서도 제단화가 재구성되었다. 날개 부분 원본 여섯 점, 콕시의 복사본인 〈하나님의 어린 양〉을 포함한 중앙의 네 점이 함

빼앗긴 세계문화유산

께 모임으로써 거의 원본에 가까운 또 하나의 반 에이크 제단화가 탄생했다.

벨기에와 독일에서 원본과 사본을 섞은 제단화가 각각 재구성되자 양국에서 큰 논란이 일었다. 어느 것이 진본 제단화인가? 누가 반 에이크 제단화를 소유하는가? 누가 원본을 더 많이 갖고 있는가? 반 에이크 원본의 통일성 문제보다 어느 나라의 소유인가가 더 중요한 문제로 대두되었다. 그것은 작품의 예술성과 작품의 소유권 간의 갈등이었다.

제단화가 닫혔을 때의 모습이다. 2.3미터 × 3.7미터. 사진의 윗줄 왼쪽부터 성자 자카리아, 에리트라의 예언자, 쿠마에의 예언자, 성자 미카이다. 사진 중간 왼쪽부터 수태를 알리는 천사 가브리엘, 창밖의 풍경, 방안의 풍경, 수태 소식을 받는 성모이다. 사진 아랫줄 왼쪽부터 쥬스트 비트, 세례 요한, 복음서 기록자 요한, 비트 부인이다.

벨기에는 얀 반 에이크의 예술을 통해 국가의 문화적 정체성을 확립하려고 했다. 반면에 독일은 얀 반 에이크가 대표하는 플랑드르 화풍을 독일적인 요소로 보았기 때문에 플랑드르의 전통을 독일의 것으로 수립하려고 했다.

여기에 벨기에 중앙 정부도 겐트의 성당과 경쟁적인 입장이었다. 당시 벨기에는 남부 프랑스 지역왈롱 지역과 북부 네덜란드어 지역플랑드르 지

〈아담과 이브〉. (라계의 복사본)

역으로 나뉘어져 있는 상황이었다. 브뤼셀의 중앙 정부는 얀 반 에이크가 단순히 벨기에의 플랑드르 지역만을 대표하게 되는 것을 크게 우려했다.

이 때문에 중앙 정부는 원본 아담과 이브를 구입하여 브뤼셀의 국립미술관에 소장시킴으로써 얀 반 에이크를 전체 벨기에의 상징으로 삼으려고 했다. 문화재를 둘러싼 중앙 정부와 지방 정부와의 대립이었다. 지금도 벨기에 중앙 정부는 제단화를 〈하나님의 어린 양〉으로 부르지만 플랑드르 지방에서는 〈겐트 성당의 제단화〉로 부르고 있다.

분산된 문화재의 재결합 원칙이 탄생하다

제1차 세계대전 중이던 1914년, 벨기에 정부는 제단화를 성당 주변에 피신시켰다. 그러나 독일군은 이를 찾아냈고, 제단화 원본 네 점을 약탈해 갔다. 전후 독일은 베르사유 조약에 의해 약탈한 제단화 네 점을 반환했다. 뿐만 아니라 프러시아 정부가 적법하게 구입한 날개 부분의 원본 여섯 점도 양도했는데 이는 대단히 이례적인 일로, 이를 설명하기 위해 '분산된 문화재의 재결합'이라는 새로운 원칙이 제시되고

'불가분의 문화유산 보전'이라는 관점에서 합리화되었다.

그렇다고는 하지만, 적법하게 구입하여 1백 년간이나 국립박물관에 소장되었던 국가의 문화재를 강제로 반환시킨 것은 납득할 수 없는 결정이었다. 사실 이것은 독일군에 의해 막심한 문화재 피해를 입은 벨기에에 대한 현물 보상 성격의 배상이었다. 전쟁 피해에 대한 보상을 문화재로 갚은 것이다.

이런 결정을 내린 연합국 내부에서도 비판이 일었다. 전쟁 배상을 위해 패전국의 적법한 문화재를 빼앗아 오는 것은 윤리적으로 문제가 있다는 의견이었다. 패전국 국민의 민족 감정을 자극한다는 우려대로, 이 결정은 독일 국민의 패전의 상처에 불을 질렀고 제2차 세계대전에서 보복 약탈의 악순환을 초래했다.

그러나 분산된 문화재의 재결합 원칙은 문화재 반환 문제에 강력한 이론적 근거를 제공했다. 문화재는 단순한 물건이 아니다. 함부로 쪼갤 수 없는 것이다. 잘 보존하여 후세에 물려주어야 하는 것이기 때문이다. 이 원칙은 대부분의 문화재 전문가들의 지지를 받고 있다. 오늘날 통일된 문화재의 분산은 비윤리적인 것으로 간주되고 있다.

독일에 있던 원본을 모두 찾아온 벨기에 정부는 1920년 드디어 성 바봉 성당에 제단화 원본 열두 점을 재구성했다. 원래의 중앙 부분 네 점, 프러시아에서 반환된 날개 부분 여섯 점, 브뤼셀 미술관의 아담과 이브 두 점이 합쳐졌다. 마침내 1백 년 만에 처음으로 제단화 각 부분이 한자리에 모인 것이었다.

그러나 이런 재결합도 잠시뿐이었다. 1934년 4월에 제단화 두 점이 도난을 당한 것이다. 열렸을 때의 그림 정의로운 심판관들과 접혔을 때의 그림 세례 요한의 그림이었다.

절도범은 1백만 벨기에 프랑^{당시 약 3만 3천 달러 상당}을 요구했다. 배상금 지불은 거부되었지만 협상 과정에서 세례 요한의 그림은 반환되었다. 그러던 중 정의로운 심판관들의 그림이 반환되지 않은 채 범인으로 지목된 자가 갑자기 죽었다.

그림은 결국 오늘날까지 발견되지 않고 있다. 많은 사람들이 도난당한 제단화를 추적해 왔으나 미궁에 빠져 있다. 나치가 이 그림에 대단한 집착을 보인 점으로 미루어 그들과 관련이 있다고 보는 시각이 있는가 하면, 그림에 성배^{Holy Grail}의 지도가 숨겨져 있어 템플 기사단이나 프리메이슨과 관련이 있다고 주장하는 사람도 있다. 최근 벨기에의 한 경찰은 도난사건 직전에 사망한 벨기에 국왕 알베르 1세의 관에 이 그림이 들어 있었다고 주장하여 사람들을 놀라게 하기도 했다.

1940년, 나치의 침공이 임박해 오자 벨기에 정부는 제단화를 철거하여 프랑스 남부의 외딴 성으로 피신시켰다. 이 제단화는 나치의 표적 제1호였다. 베르사유 조약에 대한 복수심에 불타 있던 나치의 분노를 예상할 수 있었다. 더구나 당시 나치의 문화재 정책은 독일적인 요소가 있는 예술품은 모조리 회복한다는 것으로, 이 제단화를 추적하기 위해 나치 특수부대가 파견되었다. 그림은 1942년에 끝내 약탈되어 독일로 실려 갔다.

전쟁 말기, 제단화는 연합군의 폭격을 피하려고 오스트리아의 알트아우세 소금 갱에 피신되었다가 종전 후 패튼 장군의 부대가 발견하여 벨기에로 다시 반환되었다. 오늘날 이 제단화는 원본이 모두 재결합되어 성 바봉 성당에 전시되어 있다. 단지 정의로운 심판관들만이 복사본일 뿐이다.

CHAPTER 16

호박방 Amber Room
- 사라진 세계 최대의 보석 예술품, 그 뜨거운 추적

예카테리나 궁전의 호박방 전체 모습. 6.7미터 × 4미터, 높이 4.5미터

예술품으로서 문화재는 전쟁의 파괴에 살아남는다.
그러나 문화재의 가치가 그 재료에 있다면
영영 사라질 가능성이 크다.

_자네트 그린 드 《문화재 반환》 중에서

유럽 왕실의 사치품, 호박 공예품

세계에서 가장 큰 보석 예술품은 단연 6톤의 호박琥珀으로 꾸민 '호박방Amber Room'이다. 16평 크기의 거대한 예술품으로, 오늘날의 가치로 환산해 보면 재료값만 해도 1억 4천만 달러 정도이다.

이 거대한 보석이 사라졌다. 독일이 제작하여 러시아에 선물로 주었다가 다시 독일이 약탈한 보석으로, 제2차 세계대전이 끝날 무렵에 자취를 감추었다. 이 보석의 행방은 여러 나라의 정보기관을 비롯하여 전문적인 보물 추적 기업, 정치인, 군인, 학자, 호사가 등에 의해 아직도 뜨겁게 추적되고 있다.

호박은 수억 년 전 거대한 소나무 숲이 바다에 묻히면서 수면 아래에 화석층을 형성하여 생긴 화석의 일종이다. 큰 파도가 일면 호박이 수면 위로 떠올라 해변으로 떠내려 오기도 하는데 오래전부터 발틱해 연안은 세계 최대의 호박 산지였다. 이 일대는 호박 예술이 번창해서 쾨니히스베르크지금의 칼리닌그라드에는 중세 독일 기사단이 '호박 기사단'이라는 이름으로 호박의 독점권을 갖고 있을 정도였다. 호박으로 만든 공예품이나 가구는 유럽 왕실의 사치품이었다.

러시아에 호박방을 기증했다가 다시 빼앗아온 독일

1705년, 프러시아의 초대 왕인 프리드리히 1세는 베를린의 샤를로텐부르크 궁에 아내인 샤를로텐을 위해 호박방을 만들었다. 독일과 덴마크 출신의 최고 호박 예술가들의 합작으로 만들어진 호박방은 바로크와 로코코 장식의 호박 패널로 벽을 도배함으로써 화려하고 값비싼 보석방이 되었다.

1715년, 프리드리히 1세가 죽고 아들 프리드리히 빌헬름 1세가 왕위에 오른다. 25세의 젊은 왕은 예술보다는 군대 확장에 더 많은 관심이 있었다. 그는 러시아와 군사동맹을 맺고 43세의 노련한 황제인 표트르 대제에 우호를 약속하는 뜻으로 호박방을 기증했다. 표트르 대제가 호박방에 크게 감탄했다는 사실은 널리 알려져 있었다.

1717년, 호박방은 상트페테르부르크 겨울 궁전으로 옮겨왔다가 1755년 상트페테르부르크 남쪽 교외의 푸시킨의 여름 궁전 예카테리나 궁으로 다시 옮겨졌다. 이때 이탈리아 건축가의 지휘 아래 호박방은 대폭 확장되었고, 수톤의 호박이 쾨니히스베르크로부터 다시 제공되었다.

이로써 차르와 왕비의 취향이 반영된 호박방은 러시아 풍의 예술품이 되었다. 낮에는 햇빛이, 밤에는 촛불이 호박 벽을 비추면 벽에 걸린 열두 개의 대형 거울에 호박의 따스한 주홍빛이 반사되어 신비스러운 분위기를 연출했다. 이 방은 차르와 부인을 위한 명상의 방으로 이용되었다. 호박방은 그렇게 2백 년간 러시아에 있었다.

1941년, 나치는 독일과 러시아 간의 불가침조약을 파기하고 돌연 러시아 서부 국경을 침략했다. 진군하는 나치의 군대에게 히틀러로부

1. 빌헬름 1세(1688~1740년)의 초상화. 1705년 작. 작자 미상.
2. 표트르 대제(1672~1725년)의 초상화. 1838년 폴 델라로시 작품.

터 특수 지령이 떨어졌다. 상트페테르부르크에서 예카테리나 궁전의 호박방을 반드시 찾아오라는 명령이었다.

모든 점령지에서 예술품 약탈로 악명을 떨쳐온 나치 군대, 그 중에서도 SS 특수부대가 쳐들어왔다. 패닉 상태에 빠진 상트페테르부르크의 궁전과 박물관에서는 필사적인 예술품 대피 작전이 벌어졌지만 시간에 쫓기고 운반할 기술이 부족했다.

호박방을 분해하는 것은 불가능했다. 200년 동안 호박의 수분이 증발하여 상태가 매우 건조했고, 허약했다. 오직 서너 명의 여성들로 구성된 러시아 팀은 우선 호박방을 장식한 예술품을 피신시킨 다음, 방 전체를 종이로 도배해 평범한 방처럼 위장해 놓고 떠났다.

1. 예카테리나 궁전.
2. 새로 복원된 호박방 판넬 장식.

　예카테리나 궁전에 쳐들어온 독일군은 쉽게 호박방을 찾아냈다. 쾨니히스베르크 박물관장 발터 로데가 불려왔는데, 그는 호박 전문가로 평생을 호박에 미쳐 살아온 사람이었다. 그의 지휘 아래 36시간에 걸쳐 호박방은 말끔히 분해되고 운반할 준비를 끝냈다. 그는 호박방의 분해 작업을 평생의 감격으로 회고할 정도로 그 순간의 기쁨을 만끽했다.

　호박방은 처음 제작되었던 쾨니히스베르크로 옮겨졌고, 다음 해인 1942년에는 로데에 의해 쾨니히스베르크 궁전에 전시되었다. 호박방을 보았다는 마지막 기록은 1944년 초이다.

　1944년 8월 영국 공군의 폭격으로 쾨니히스베르크 궁전이 파괴되었는데, 이때 호박방도 파괴되었다는 소문이 돌았다. 하지만 폭격에 앞서 지하 벙커에 피신시켜 무사하다는 소문도 있었고, 쾨니히스베르크 변두리 지하 벙커에 묻혔다는 소문도 돌았다. 그런가 하면 1945년 1월에 독일 피난민 후송 선박인 빌헬름 구스트로프 호에 호박방이 실

빼앗긴 세계문화유산

리는 것을 보았다는 목격자들의 증언도 있었다. 하지만 이 선박은 발틱해에서 소련 잠수함에 의해 격침되어 9천 명이 수장된 해난 사상 최대의 인명 피해를 냈다.

그 무렵 호박방이 바이마르로 피신되었다는 소문도 있었다. 발틱해 연안을 담당한 나치 간부 코흐는 애초에 호박방 약탈을 지휘한 자였는데, 자신이 빼돌린 약탈 예술품과 함께 바이마르로 피신했다는 소문이었다. 그는 폴란드에서 전범죄로 사형 언도를 받았지만 처형되지는 않고 감옥에서 살다 죽었다. 그가 사형을 당하지 않은 것은 호박방과 다른 약탈 예술품 은닉에 관해 폴란드 정부와 교섭을 벌인 결과라는 소문도 있다.

1945년 4월, 쾨니히스베르크에 소련군이 진군했고 무지막지한 점령 작전으로 인해 궁전은 잿더미가 되었다. 이때 호박방이 완전히 불타 없어졌다는 소문이 파다했다.

쾨니히스베르크는 전후에 소련의 영토로 편입되고, 이름도 칼리닌그라드로 바뀌었다. 소련은 쾨니히스베르크 궁전을 허물고 그 자리에 소비에트 기념관을 세웠다. 이로써 호박방의 마지막 현장도 사라졌다.

호박방 추적에 나선 각국의 정보기관

1945년 6월, 소련 정부는 실종된 호박방에 관해 정보기관이 조사한 결과를 보고 받았다. 결론은 소련군의 쾨니히스베르크 점령 작전에서 불에 탔다는 것으로, 사실상 가장 신빙성 있는 내용이었다. 소련 점령군이 현장을 샅샅이 조사하고 관계자들을 심문한 결과이기 때문이다.

그런데 조사 과정에서 쾨니히스베르크의 호박 전문가 로데는 의문의 죽음을 당했다. 나중에 보고서를 작성했던 부루소프는 호박방의 행방에 대해 계속 말을 바꾸었는데, 이는 소련 정부의 압력 때문으로 추측되었다. 그 뒤, 소련 정보기관은 계속해서 호박방의 행방을 추적했다. 소련 내부의 조사단이 내놓은 최종적인 결론에도 불구하고 계속 호박방을 추적하는 이유는 무엇인가?

이는 동서 냉전의 와중에서 프로파간다의 하나로 추측되었다. 첫째는, 호박방이 어디엔가 존재한다는 걸 믿게함으로써 소련군이 호박방을 파괴한 게 아니라는 사실을 보여 주는 것이다. 둘째는 호박방을 계속 떠올리게 함으로써 호박방을 약탈한 나치에 대한 적개심을 간직하는 효과와 함께 나치에 약탈당하고 파괴된 러시아 문화재를 기억하게 하려는 것이다. 호박방은 나치가 파괴한 러시아 문화재의 상징적 존재였으므로 피해자로서의 소련의 모습을 부각시킬 수 있었다.

프로파간다 차원에서 소련이 호박방을 추적한다면, 이는 독일도 마찬가지일 것이다. 어디엔가 감추어 놓고 찾는 척하는 것이다. 소련이 약탈해 간 독일 문화재를 놓고 협상을 벌일 기회를 잡을 때까지라는 것이다.

새로 복원된 호박방을 둘러보고 있는 푸틴 대통령과 독일의 슈뢰더 총리.

빼앗긴 세계문화유산

소련이 독일에서 반출해 간 트로이 유물과 맞바꾸기 위해 숨겨 놓았을 것이라는 추측도 있다. 이런 와중에 호박방이 이미 미국의 손에 넘어갔다는 소문도 있다.

2004년, 러시아는 호박방을 복제했다. 1천만 달러를 투자하고, 25년이나 걸린 대역사였다. 독일의 루어가스 회사가 경비의 3분의 1을 댔다. 예카테리나 궁전 안에 있던 원래의 호박방 모습은 수채화 한 점과 흑백사진 한 장이 전부였는데, 이를 토대로 제작된 호박방은 아무리 정교하게 만든다 해도 원래의 것과 같을 수는 없을 것이다.

호박방은 상트페테르부르크 수도 창립 300주년을 기념해 푸틴 러시아 대통령과 독일 슈뢰더 총리가 참석하여 양국의 우호를 다지면서 테이프를 잘랐다. 280년 전에 카이저와 차르가 우호를 다짐했던 것과 비슷한 장면이었을 것이다.

히틀러는 왜 그토록 호박방에 집착했는가?

호박방 약탈은 나치의 문화재 정책, 또는 보다 근본적인 문화 정책의 일환이다. 나치가 선포한 문화적 목표는 아리안족 문화의 순수성을 지키는 것이었다. 그중 하나가 바로 외국에 흩어져 있는 독일 문화재를 환수하는 일로, 나치는 1940년에 이러한 정책을 상세하게 발표했다.

"과거 400년 동안 해외에 나간 독일 기원의 문화재를 회복하는 일이 국가의 최우선 과제가 되어야 한다."

여기엔 중세 이후에 독일인이 제작한 모든 문화재, 또는 독일적인 성격을 지닌 것들이 모두 포함된다. 전 유럽에 산재한 예술품, 서적,

악보, 가구, 보석, 공예품을 총망라했다. 또한 여기엔 신성로마 제국의 왕실 문화재와 교회, 수도원의 종교 문화재도 포함되었다.

그런가 하면 나폴레옹 전쟁에서 빼앗긴 문화재와 제1차 세계대전 당시 독일이 약탈했다가 베르사유 조약에서 반환된 문화재까지 포함되었고, 정상적인 거래에 의해 외국이 소유한 문화재도 포함되었다. 이러한 독일 기원 문화재의 회수 작전은 말은 회수였지만 사실상은 또다른 문화재의 약탈이었다.

1935년, 이를 집행할 기구로 하인리히 히믈러의 SS^{나치 친위대} 산하의 특수부대로 '독일 문화유산 연구회' 통칭 아네네르베^{Ahnenerbe}가 설립되었다. 이 조직은 날조된 아리안 민족의 신화를 토대로 독일 기원 문화재 수집과 약탈에 종사했다.

이들은 인류 최초의 문명은 아리안의 작품이라고 믿으며, 독일 기원의 고대 유물을 찾아 북유럽, 근동 지역, 티베트 지역에서 고대 유적지를 발굴했다.

현실과 픽션을 구분하지 못하고 해괴한 일에 종사했던 이 조직은 인디아나 존스 아류의 모험영화 속에 등장하는 황당한 과학자 집단의 모델이 되고 있다.

독일 문화유산 연구회는 오스트리아와 폴란드에서 대대적이고도 악랄한 약탈 작업을 벌였다. 독일과 가장 인접한 지역인 만큼 독일 기원 문화재는 무진장이었다. 그러나 동서 유럽을 대하는 독일의 문화재 정책은 사뭇 달랐다. 아리안 민족과 비슷한 서유럽의 문화재는 약탈하여 보관했지만, 그들이 혐오하는 슬라브 민족에 공산주의까지 겸한 동유럽

빼앗긴 세계문화유산

성모 성당 제단화 13미터 × 11미터, 높이 2.7미터. 보리수 나무에 성모와 예수, 성경 내용을 조각하여 채색했다.

히틀러에 약탈 당했다 되돌아 온 미켈란 젤로의 〈성모자상〉. 대리석 128센티미터. (벨기에 브뤼헤 성모 교회)

의 문화재는 독일 기원 문화재만 취하고 대부분 파괴해 버렸다.

이 때문에 소련과 동유럽에서의 문화재 파괴는 심각했다. 나치는 폴란드에서 크라쿠프 성 안에 있는 성모 성당의 제단화를 약탈했다. 이 작품은 15세기 독일 조각가 바이트 슈토스가 제작한 것으로, 예술적으로도 뛰어나지만 제작 당시 유럽 최대의 제단으로도 유명했다.

폴란드 정부는 나치 약탈에 대비해서 32개의 상자에 분산해서 전국에 은닉했지만 SS는 전량을 찾아내어 독일로 실어 갔다. 이 제단화는 뉘른베르크 성당 지하에 보관되어 연합군의 대규모 폭격에 살아남았다. 종전 후인 1946년에 제단화는 폴란드로 반환되어 성모 성당에 복원되었다.

플랑드르 예술품은 네덜란드와 벨기에 전통의 예술이다. 나치는 이것도 넓게 잡아 독일 기원 문화재로 보고 약탈 대상으로 삼았다. 벨기에는 이미 제1차 세계대전에서도 독일에 의해 심각한 문화재 재난을 입은 국가였는데 이번에도 나치를 비껴갈 수는 없었다.

벨기에는 1940년에 중요한 작품들을 프랑스 시골로 대피시켰다. 여기엔 루뱅 성당의 제단화로 더크 부트의 작품인 〈최후의 만찬〉, 겐트 성당 제단화인 얀 반 에이크 형제의 작품 〈하나님의 어린 양〉, 부뤼

238

헤 성모 교회에 소장된 미켈란젤로의 조각상 〈성모자상〉 등이 포함되었는데, 프랑스 전역을 샅샅이 수색한 나치 특수부대에 의해 결국 모조리 약탈당했다.

이들 작품은 이미 제1차 세계대전 때 독일에 의해 약탈당했던 것들로, 독일이 베르사유 조약에 의해 반환한 문화재들이었다. 한번 손에 들어온 약탈물은 영원히 자기들 소유라고 믿었던 것일까? 아니면 베르사유 조약에 대한 복수였을까? 다행히 나치가 약탈했던 벨기에의 예술품들은 전후 연합군에 발견되어 대부분 무사히 돌아왔다.

나치는 나폴레옹 전쟁 당시 약탈당했던 신성로마 제국의 문서를 에스파냐의 프랑코 장군을 위협하여 받아 내기도 했다. 동맹국인 이탈리아의 문화재도 무사할 수 없었다. 로마의 '독일 고고학 연구소'에 있던 독일 기원 문화재도 모조리 약탈당했다.

안코나 도서관에 소장된 로마의 역사가 타키투스의 저서 《게르마니아》도 약탈 대상이었다. 그 책은 게르만족을 진취적이고 도덕적인 인간으로 묘사했기 때문이다. 하지만 지역 주민들의 결사항전의 반대로 약탈은 실패했다.

나치의 독일 기원 문화재 회수 작전은 회복주의의 일환이었다. 나치의 영토 회복주의가 침략 전쟁으로 이어졌고, 문화재 회복은 새로운 약탈로 이어졌다. 잃어버린 모든 문화재를 회수한다는 생각은 현실성이 없고, 부작용이 크다. 회복주의는 의심만 살 뿐이다.

CHAPTER 17

화가의 아틀리에 Painter in his Studio
- 화가 지망생 히틀러가 가장 집착했던 미술품

〈화가의 아틀리에〉
120센티미터 × 100센티미터.
'예술의 기법', 또는 '그림의 상징'으로 불리기도 한다.

예술품에 대한 나치의 광적인 집착과 탐욕은
인류 역사상 가장 비인간적이고 파괴적인
나치 정권을 이해하는 데 있어 가장 핵심적인 열쇠이다.

_조나단 페트로풀로스 《제3제국의 정치로서의 예술》 중에서

히틀러가 거액의 사비를 들여 구입한 〈화가의 아뜰리에〉

유럽 예술품의 20퍼센트를 약탈했다는 히틀러가 가장 좋아했던 그림
은 무엇일까? 히틀러는 원래 화가 지망생이었기 때문에 미술에 대한
식견이 없지는 않았을 것이다. 그의 예술품 기준은 고결한 아리안 민
족의 특질을 반영하는 예술이었다. 이에 따라 그는 유대인에 의해 오
염되지 않았다는 이유로 고대 그리스 예술을 제일로 쳤고, 다음으로
천재성과 불굴의 정신을 보여 주는 르네상스 거장들의 작품, 아리안
민족에서 기원한 북유럽의 플랑드르 예술, 그리고 19세기 독일 사실
주의 풍경화와 독일 낭만주의 화풍에 집착했다.

히틀러가 벌인 문화재 약탈의 최종 목표는 총통 박물관을 건립하는
것이었다. 자신의 고향 린츠에 미국의 스미소니언 박물관을 능가하는
세계 최대의 박물관을 설립하여 그곳을 유럽의 문화 중심지로 만들겠
다는 야망이 그에게 있었다.

컬렉션의 기본은 약탈이었지만, 여의치 않으면 국고를 쓰거나 자신
의 돈도 썼다. 저서인 《나의 투쟁》에서 나오는 인세나 자신의 얼굴이
찍힌 우표와 엽서를 독점 판매하여 상당한 판매 수익을 올리고 있었
기 때문에 그는 꽤 많은 돈을 갖고 있었다.

그렇지만 굳이 돈을 쓸 필요는 없었다. 선물로 받거나 돈을 주고 산다고는 해도, 협박과 강압으로 얼마든지 헐값에 사들일 수 있었기 때문이다. 그런 히틀러였음에도, 거액의 사비를 들여 구입한 그림이 있었다. 그가 그토록 탐을 냈지만 결코 탈취할 수 없었던 그림은, 네덜란드 화가 베르메르의 작품 〈화가의 아틀리에〉였다.

그것은 빈의 문화 아이콘이었다.

〈화가의 아틀리에〉는 베르메르가 33세 때 그린 1665년도 작품으로, 높은 예술성과 심오한 상징성으로 17세기 유럽 미술의 최대 걸작으로 손꼽힌다. 18세기 이후 베르메르의 그림은 유럽에서 대단한 대중적 인기와 존경을 받고 있었다.

히틀러는 이 그림을 몹시 탐냈다. 린츠 박물관을 추진하는 소위 린츠 프로젝트의 책임자로 히틀러의 예술품 수집을 총지휘하고 있던 한스 포세도 이 그림을 적극 권했다. 이미 파리와 빈의 유대인 로스차일드 가문에서 베르메르 작품 몇 점을 약탈해 왔지만 그의 작품은 전 세계적으로 30여 점에 불과했다.

히틀러와 은밀히 경쟁하며 그림을 수집하고 있던 나치의 2인자 괴링도 이 그림을 손에 넣으려고 기회를 엿보고 있었다. 하지만 당시 오스트리아는 이 그림을 문화재로 지정해 놓고 해외 반출을 법으로 엄격히 금지하고 있었다.

이 작품은 당시로서는 이례적이라 할 상징적 제목이 암시하듯이 깊은 내면의 예술 세계를 담고 있다. 그림 속에 등장하는 월계관을 쓴 여인은 그리스 신화에 나오는 역사의 여신 클리오를 상징한다.

벽에 걸린 대형 네덜란드 지도, 천정에 매달린 금빛 샹들리에, 책상 위의 데스마스크 등은 예술, 신화, 종교, 역사와 같은 주제를 일상적 사물로 묘사하고 있다. 이러한 복층의 상징과 해석은 그림의 사실적인 기법과 어울려 작품을 최고의 예술 작품으로 만든다.

이 작품은 베르메르가 개인적으로 가장 아끼는 그림이었다. 그는 말년에 경제적으로 몹시 궁핍했음에도 이 작품만은 처분하지 않고 간직하고 있었다. 그림이 잘 팔리지 않은 가운데 11명의 자녀를 부양해야 했던 베르메르는 좌절감으로 인해 거의 화병으로 죽었다. 그의 사후에도 아내는 채권자들로부터 이 그림을 지키기 위해 자신의 어머니에게 기증했으나 이런 기증 행위가 불법이라는 법정 판결을 받았다. 그 무렵, 그림은 베르메르 가족의 곁을 떠난 것으로 보인다.

그림은 1722년 오스트리아 황실 도서관장인 슈비텐 자작 가문의 소장품이 되었다가 1813년 체르닌 백작 가문으로 넘어왔다. 당시 이 그림은 베르메르와 동시대에 활동했던 네덜란드 화가 후크의 작품으로 알려져 있었다. 실제로 후크의 위조된 사인도 찍혀 있었는데, 1860년에 와서야 베르메르의 작품임이 밝혀졌다.

이 그림은 1845년 체르닌 백작의 개인 미술관에서 처음 일반에게 공개되었다. 그 무렵은 때마침 유럽에서 베르메르의 명성이 치솟던 시기로 〈화가의 아틀리에〉가 베르메르의 작품임이 확인되면서 그 가치와 명성이 급상승했고, 급기야 국민적 예술품이 되었다.

1932년에 체르닌 백작이 사망하자 상속자인 그의 동생 유진 체르

요하네스 베르메르(1632~1675년)의 자화상. 1656년 베르메르 작품 〈프로큐레스〉. 왼쪽 끝의 검은 옷의 인물이 그의 자화상일 것으로 추정된다. 베르메르는 세 점의 자화상을 남겼다 하나 현재 남은 것은 없다.

닌과 아들 야로미르 체르닌은 백작의 재산을 분할했다. 동생 유진이 백작이 남긴 예술품 전부와 〈화가의 아틀리에〉의 5분의 1에 해당하는 권리를 상속받고, 아들 야로미르는 그림의 5분의 4를 상속받기로 했다.

이 같은 재산 분할 방법에는 이유가 있었다. 바로 〈화가의 아틀리에〉의 막대한 그림 가격 때문이었다. 당시 백작의 유산에는 뒤러와 티치아노 같은 대가의 작품도 여러 개 있었지만 〈화가의 아틀리에〉는 100만 실링을 호가한 반면에 나머지 물품은 전체를 다 합친 가격이 25만 실링에 불과했다.

상속 절차가 끝난 후, 아들 야로미르는 이 그림을 팔려고 내놓았고 1935년에 미국인 재벌인 앤드류 멜론이 100만 달러를 제시했다600만 달러라는 설도 있다. 하지만 이미 1923년에 제정된 오스트리아의 문화재보호법에 따라 이 작품의 해외 반출은 금지되었다.

그런데 당시 오스트리아의 총리는 야로미르의 매부였다. 야로미르

빼앗긴 세계문화유산

는 특별 허가를 얻기 위해 총리를 끼고 사방에 로비를 펼쳤다. 그러나 그림은 이미 오스트리아 국민들 사이에 거의 '광적인 존경의 대상'이 되어 있었기 때문에 총리라 해도 해외 반출을 위한 특별 허가가 불가능한 상황이었다. 게다가 1938년에는 체르닌이 남긴 예술품과 미술관 전체를 단일품목으로 지정하여 해외 반출을 엄격히 금지하는 특별법이 제정되는 바람에 그림의 매각은 불가능했다.

〈화가의 아틀리에〉, 히틀러에게 팔리다

1938년, 히틀러에 의해 오스트리아가 독일에 병합됨으로써 독일에 대한 매각이 가능해졌다. 히틀러는 즉각 린츠 프로젝트를 수행하고 있던 한스 포세를 보내 홍정을 했지만 야로미르가 부르는 200만 마르크를 받아들일 용의는 없었다.

그러던 중에 함부르크의 담배 제조업자인 필립 렘츠마가 180만 마르크를 제시했다. 렘츠마의 뒤에는 괴링이 있었다. 괴링은 즉각 오스트리아 문화재청에 그림의 매각을 허가하라는 지시를 내려 보냈다. 그러나 오스트리아 정부가 들고 일어나면서 교육부장관과 문화재청장은 총리에게 그림의 반출을 막아 줄 것을 강력히 호소했고, 렘츠마의 구입 계획은 좌절되었다.

그런 와중에 히틀러가 전격 개입했다. 그는 자신의 허락 없이는 그림의 운명에 대해 어떤 결정도 내리지 말라고 지시하여 그림의 매각 가능성 자체를 봉쇄하고는 은밀히 야로미르와 교섭에 들어갔다. 1940년, 야로미르는 숙부를 설득하여 그림의 지분 5분의 1에 대한 판매 동의를 얻었고 히틀러는 판매 대금에 대한 면세 혜택을 주었다. 그림은 165만 마르크당시 64만 달러에 해당에 히틀러에게 매각되었다.

야로미르는 그림을 구입해 준 데 대해 열렬한 감사편지를 보냈다. 〈화가의 아틀리에〉는 히틀러의 사저에 걸렸다. 어쩌면 히틀러는 이 작품에서 화가 지망생이었던 자신의 모습을 찾으려고 했는지 모르지만, 이 작품은 평생 가난과 예술혼 사이에서 투쟁했던 베르메르 자신의 초상화로 여겨지고 있다.

1943년, 히틀러는 이 그림을 자신의 다른 컬렉션과 함께 알트아우세 지하에 있는 소금 갱으로 대피시켰다. 그리고 1945년, 이들 예술품 전체는 연합군에 의해 발견되었다. 연합군 측은 이 그림이 히틀러가 돈을 주고 산 것이라고 판명했지만, 그림은 원래 소유국인 오스트리아에 반환되었다.

히틀러는 세계 역사상 예술품 구입에 가장 많은 돈을 쓴 사람이었다. 물론 국가의 돈이었다. 총 1억 6천 4백만 마르크를 썼다고 하는데, 당시 환율로 6천 4백만 달러에 해당한다.

그림이 반환되자, 야로미르는 즉각 소유권을 주장하고 나섰다. 그가 내세우는 근거는 히틀러의 강압에 못 이겨 불합리한 가격에 팔았다는 것이었다. 1949년, 오스트리아 문화재 반환 위원회는 야로미르의 주장이 근거가 없고, 악의적인 것이라고 판결했다. 전 유럽이 나치의 예술품 약탈로 신음할 때 제값을 받고 자발적으로 판 것이기 때문이었다.

1958년 이래 오늘날까지 이 그림은 오스트리아 예술사 박물관에 전시되고 있다. 오늘날 빈을 찾는 대부분 관광객의 목적이 이 작품을

빼앗긴 세계문화유산

보기 위한 것이라 해도 과언이 아닐 정도이다.

히틀러는 린츠 프로젝트로 약 6천 7백 점의 예술품을 모았다. 린츠가 국가의 것인지 히틀러 개인의 것인지는 모호했으나 어쨌든 이 프로젝트는 대가의 최고 걸작만 무려 5천 3백 점을 모았다. 종전 후, 연합국은 린츠 프로젝트를 범죄 조직이라고 판정했다.

히틀러는 린츠 프로젝트에 엄청난 시간과 국가 권력을 총동원하는 등 광적인 집착을 보였다. 린츠 프로젝트를 위해 나치 간부, 귀족, 저명한 문화예술인들이 경쟁적으로 문화재 약탈에 참여함으로써 사회의 상류층을 타락시켰다.

1943년, 린츠 프로젝트 책임자인 한스 포세가 암으로 사망하자 히틀러는 전쟁의 와중에서도 국장을 치러 그를 추모했다. 히틀러는 종전이 임박한 가운데서도 벙커 속에서 린츠 프로젝트에 관한 회의를 주재했고, 벙커에서 자살하기 전날 쓴 유서에도 린츠 프로젝트에 큰 애착을 표시할 정도였다.

히틀러의 현대 예술 탄압

히틀러는 베르메르에는 심취했지만, 현대 예술에 대해서는 무자비한 탄압을 했다. 나치는 순수 예술에 배치되는 현대 예술은 고결한 독일 정신을 해치는 퇴폐 예술로 규정했다. 현대 예술의 배후에 유대적인 요소인 불가해, 왜곡, 사악함이 있다고 보았기 때문이다.

나치는 국가 없는 민족 유대인을 경제적, 문화적으로 독일에 기생하는 해악으로 규정했고, 유대인이 퇴폐적인 예술을 퍼뜨려 독일 정신을

'퇴폐 예술 전시회'에 입장하는 히틀러. (미국 노스웨스턴 대학 소장)

좀먹고 있다고 선전했다. 탄압의 기준은 현대 예술, 추상 예술, 유대인 예술가 작품, 유대인을 주제로 삼은 것, 독일을 비판하는 작품이었으나 곧이어 유대인, 비애국 독일인, 공산주의자 같이 비순응 세력에 속하는

모든 예술가들의 작품이 포함되었다.

나중에는 히틀러가 예술의 기준을 정했다. 나치의 이상에 맞지 않는 예술 또는 현대 예술은 퇴폐 예술로 규정되어 곧바로 몰수와 파괴 대상이 되었다. 나치는 공공 박물관과 미술관에서 모든 현대 예술을 추방했고, 그 다음엔 개인 소장품에 대한 파괴와 몰수 작전에 나섰다. 여기엔 사실상 모든 현대 예술과 유대인 작품이 포함되었으며, 특히 20세기 초 유럽에서 꽃피던 인상주의, 야수파, 입체파, 다다이즘, 표현주의, 초현실주의 등이 모두 포함되었다.

1937년에 두 차례에 걸쳐 공공 미술관에서 약 1만 6천여 점의 현대 예술 작품이 몰수되었다. 나치는 이중 650점을 골라 뮌헨에서 '퇴폐 예술 전시The Entartete Kunst Exhibit'라는 제목으로 전시회를 개최했다. 뮌헨에서 열린 첫 번째 전시회에는 샤갈, 피카소, 마티스, 반 고흐 같은 현대 미술의 거장들의 작품이 포함되었다.

전시회는 오로지 현대 예술에 모욕을 주려는 악의적인 의도로 기획

되었다. 전시장은 일부러 혼란스럽고 조잡스럽게 꾸며졌고 관람객의 거부 반응과 적대감을 이끌어 내기 위해 현대 예술을 조롱하는 팸플릿과 설명서가 배포되었다.

퇴폐 예술로 낙인 찍혀 몰수된 반 고흐 자화상이 1939년 스위스 루체른에서 경매에 부쳐지고 있는 모습.

이 전시회는 약 300만 명이 다녀갔는데, 히틀러의 의도와는 달리 많은 사람들은 현대 예술에 대한 존경을 표하기 위해 전시회에 들렀던 것으로 보인다. 다시는 볼 수 없을지 모르는 위대한 예술에 작별을 고하기 위해서였을 것이다. 이미 현대 예술은 야만적인 나치즘에 대한 저항 세력으로서 미적, 예술적, 윤리적 지위를 획득해 가고 있었다.

전시회 종료 후에 몰수된 예술품 전체가 경매에 붙여졌다. 경매에는 전시회를 지시한 나치 최고위 간부들도 참가하여 유명 현대 예술 작품을 헐값에 구입했다. 전시회를 주도한 괴링은 고흐, 세잔 같은 대가의 작품을 16점 구입했다고 한다.

경매 후 시장 가치가 없는 4천여 점은 소각되거나 일부는 매장되었는데, 종전 후에 독일에 진주한 소련군이 땅에 묻혔던 작품들을 찾아내어 러시아로 반출했고, 이중 일부는 현재 상트페테르부르크에 있는 에르미타슈 박물관에 소장돼 있다.

제2차 세계대전 후 뉘렌베르크 국제 전범재판소는 공공 및 사유재산 약탈을 전쟁 범죄로 규정하고, 문화재 약탈을 주도한 괴링과 로젠 버그에게 사형을 언도했다. 그와 함께 철저한 반환 조치가 결정되었다. 이와는 대조적으로 일본 도쿄에서 열린 전범재판소에서는 문화재 약탈 문제는 거론조차 되지 않았다.

냉전의 시작과 더불어 국제관계는 요동을 쳤고, 유럽 국가의 문화재 반환 업무는 1960년대에 종결되었다. 각국 정부들이 복잡한 문화재 반환 업무에 더 이상 매달릴 수 없는 상황이었던 것이다.

원래 소유자에게 반환되지 못한 예술품은 국가 박물관이 소장하거나 암시장으로 사라졌다. 이때 반환되지 않은 예술품들이 오늘날 국제 경매시장에 종종 나타나서 소유권 분쟁을 일으키기도 한다.

빼앗긴 세계문화유산

CHAPTER 18

트로이 유물 Treasures of Troy
- 전설의 문화유산, 누구의 소유인가

《일리아스》 표지.
5~6세기 사본. (밀라노 암브로시아나 도서관 소장)

국제법은 민족의 문화유산이라는 측면을 강하게 보호한다.
그러나 국가의 문화재 중에 포함된 타 민족의 문화유산은
보호를 받기 어려운 경우가 있다.

_안드레아 가티니 《독일에서 반출된 러시아 문화재의 반환》 중에서

그리스 신화를 실제 역사로 탈바꿈하게 한 트로이 유물

트로이 전쟁은 그리스와 트로이가 에게 해를 사이에 두고 벌인 전쟁이었다. 전쟁의 원인은 트로이 왕자를 따라 도망친 스파르타의 왕비 헬레네였다. 호메로스가 쓴 한 쌍의 서사시 《일리아스》와 《오디세이아》에 나오는 이야기이다.

기원전 8세기의 눈먼 시인이 쓴 이 서사시는 단순히 먼 옛날로부터 전해 내려오는 전설일 뿐 역사적 사실이라고는 여겨지지 않았다. 하지만 19세기에 트로이 유적지가 발굴됨으로써, 트로이가 전설 속의 왕국이 아니라 역사 속에 실재했던 도시임이 밝혀졌다. 그렇다면 트로이를 상대하여 그리스 연합군이 벌인 전설상의 전쟁도 사실일 것이다.

그때까지 고대 그리스의 역사는 올림픽 경기가 처음 시작된 기원전 776년이라고 믿어졌다. 그 이전의 그리스 역사가 입증되지 않았기 때문이다. 그런데 최초의 올림픽보다 훨씬 이전에 실재했던 트로이 전쟁이 사실로 나타나게 됨으

호메로스의 흉상. 헬레니즘 시대 조각. (대영 박물관 소장)

로써 그리스 역사는 수백 년 더 올라가게 되었다. 신화가 실제 역사로 탈바꿈한 것이다.

슐리만, 트로이를 발굴하다

트로이를 발굴한 하인리히 슐리만은 독일 출신으로 14세에 학교를 중단하고 상점에서 일하다 사업에 투신한 인물이었다. 그는 러시아에서는 크리미아 전쟁으로, 미국에서는 남북전쟁으로 큰돈을 벌었고 세계 일주를 하여 7개국 언어를 마스터했다.

이제 그는 지식과 모험을 추구할 태세를 갖추고 오랫동안 꿈꿔 온 전설상의 왕국 트로이 발굴을 계획했다. 슐리만은 파리와 독일에서 고고학을 공부하여 박사학위를 받고 본격적으로 트로이 발굴에 나섰다. 그때가 1871년으로, 그의 나이 49세 때였다.

우선 그는 러시아 부인과 이혼하고, 호메로스에 통달한 17세의 그리스 처녀와 재혼했다. 신부는 슐리만이 실시한 호메로스에 관한 면접시험에 합격한 후 선발되었다고 한다. 그 뒤, 슐리만은《일리아스》에 묘사된 전투 지역을 세밀히 연구했다. 그 결과 다다넬스 해협 남쪽 끝에 있는 히사를리크_{현재 터키의 카나칼 지역} 언덕을 지목했다.

그의 판단은 옳았지만 이 언덕에는 청동기 시대에서 로마 제국 시대에 이르는, 즉 기원전 3000년에서 기원후 600년에 걸쳐 많은 시대의 유적지가 층층이 묻혀 있었다. 그는 오로지 자신의 직감에 의존하여 트로이 유적지라고 생각되는 층을 두 차례 발굴했다. 여기서 쏟아진 유물은 바로 트로이 왕국이 실재한 도시임을 생생히 증명하는 것

빼앗긴 세계문화유산

으로 해석되었다.

슐리만의 트로이 유적지 발굴 소식은 유럽 사회에 일대 센세이션을 불러 일으켰다. 호메로스의 트로이 전설은 고대 그리스 시대 극작가들이 확대 재생산했고 로마와 영국, 북유럽 등 유럽 국가들의 조상 신화에 스며들어 있었다. 따라서 트로이 왕국의 존재를 확인했다는 사실은 유럽인들에게 전설상의 조상을 찾아준 것이나 다름없는 일이었다.

하인리히 슐리만(1822~1890년). 1892년 발간한 《자서전》에 수록된 사진.

슐리만은 일약 유럽의 영웅으로 떠올랐다. 트로이 발굴은 또한 유럽의 과거에 대한 새로운 문을 연 셈이었다. 트로이 발굴 이후 그리스, 근동, 이집트에서 신화 속의 도시와 성서상의 도시들이 속속 발굴되면서 고대 세계는 유럽인들에게 더이상 남의 이야기가 아니었다.

프리아모스의 보물과 헬레네의 보석

슐리만은 발굴 과정에서 금관, 금귀고리, 금가락지, 금단추 등 9천여 점 이상의 금붙이가 들어 있는 은 항아리를 발견했는데, 그는 이것이 트로이 전쟁에서 프리아모스 왕이 약탈을 피해 숨겨 놓은 것이라고 해석했다. 실제로는 아무런 증거도 없었지만, 그는 이것들에 '프리아모스

트로이 유물 '헬레네의 보석'으로 치장한 소피아 슐리만.

의 보물'이라는 이름을 붙였다.

그는 이 보물들 중 보석 장신구는 '헬레네의 보석'이라고 이름 붙였다. 트로이 전쟁의 여주인공 헬레네가 실제로 착용했다고 여겨서 붙인 것인데, 그야말로 멋대로 해석하고 멋대로 붙인 명칭에 불과했다. 그는 발굴 유물로 치장한 아내의 사진을 '헬레네의 보석'이라는 이름으로 언론에 발표해서 고대 그리스 유물을 소장하고 싶어 하는 유럽 박물관들의 대대적인 관심을 불러일으켰다.

슐리만은 유물을 매각하려고 유럽의 여러 박물관들과 협상을 벌였으나 최종적으로는 조국인 독일의 베를린 제국 박물관에 기증했다. 이때 슐리만 기념관을 따로 마련하여 전시한다는 조건이 붙었다.

히사를리크 유적지는 오늘날까지 발굴이 계속되고 있는데, 최근의 발굴 상황은 슐리만의 발굴에 문제가 많았음을 여실히 보여 주고 있다. 먼저 그가 발굴한 곳은 트로이 지층이 아니라 기원전 2200년대의 지층이었다. 트로이 전쟁은 역사적 정황으로 보아 기원전 1200년대로 추정되므로 결과적으로 트로이 유적이 있는 지층보다 훨씬 아래쪽을 팠고 위쪽의 지층은 마구잡이로 파괴되었다.

이 때문에 기원전 1200년대의 지층에 있을 것으로 보이는 트로이

빼앗긴 세계문화유산

유적지는 크게 훼손되었다. 슐리만의 시대는 고고학의 태동기였기에 거의 보물 캐기 수준이었다. 유물을 꺼내는 데 급급한 나머지 유적지 파괴는 전혀 개의치 않았다. 이렇듯이 슐리만은 유적지를 파괴했을 뿐만 아니라 발굴된 유물을 멋대로 해석했고 과장, 날조, 조작한 것으로 밝혀졌다.

그는 유물 발굴 기록을 책으로 남겼는데, 1873년에 프리아모스의 보물을 발굴할 때는 인부들을 따돌리고 아내와 단둘이서 금붙이들을 발굴했고, 이것들을 부인의 치마폭과 숄에 싸서 몰래 밖으로 나왔다고 당당하게 기술하고 있다. 이런 행위가 유물을 훔쳐 내는 짓이라는 생각은 전혀 없었던 듯하다. 유럽의 고고학계나 언론에서도 유물 발굴에만 관심이 있었지 누구도 이것이 약탈이라는 생각은 하지 않았다.

더 큰 문제는, 슐리만이 발굴한 유물이 한 곳에서 나온 게 아니라는 사실이다. 기원전 3000년대부터 기원후까지의 유물이 섞인, 이를테면 유물의 칵테일이었던 것으로 드러났다. 이것은 슐리만이 지층 여기저기에서 나온 유물을 한데 모아 트로이 층에서 나온 것이라고 발표했다는 의심을 사기에 충분하다.

게다가 슐리만은 프리아모스의 보물을 발굴했다는 사실을 터키 당국에 숨기고 몰래 독일로 반출했다. 뒤늦게 언론을 통해 보물 발굴 사실을 알게 된 터키 정부가 슐리만을 고소하자, 슐리만은 프리아모스의 보물 중 절반을 분배했다. 이때 터키가 받은 프리아모스의 보물은 오늘날 터키 국립박물관에 소장되어 있다.

슐리만의 나머지 몫은 1880년부터 베를린 제국 박물관에 소장되었다가 제2차 세계대전 이후 사라졌다. 종전 후 동베를린을 점령했던 소련군이 실어간 것으로 추측될 뿐이다.

러시아의 국유재산이 된 트로이 유물

소련은 제2차 세계대전 중에 독일군에 의해 막대한 문화재를 약탈당하고 파괴당했다. 총 150만 건으로 추정되는데, 예술품 25만 점, 서류 26만 점, 서적 100만 권 등이다.물론 숫자는 문화재 품목을 어떻게 세느냐에 따라 다를 수 있다.

전쟁이 끝나자, 소련은 즉시 나치에 의한 문화재 피해에 대한 보상책을 마련하기 위해 특별위원회를 설치했다. 특별위원회는 동등한 배상 원칙을 제시했다. 요컨대 피해를 입은 소련 문화재 150만 점에 독일 문화재 150만 점을 받아 낸다는 제안이었다.

하지만 소련 정부는 이 안을 채택하지 않고 가능한 모든 독일 문화재를 반출할 것을 결정했다. 이 방침에 따라 소련 점령지 내에서 연합군의 폭격에서 살아남은 모든 문화재국유 또는 사유 문화재를 가리지 않고를 실어갔다. 이 업무를 맡은 것은 소련군에 신설된 '전리품 부대'였다. 이때 가져간 독일 문화재는 예술품 250만 점과 서적 및 서류 1천만 점에 달하는 것으로 추정되고 있다. 당시 소련이 가져간 문화재는 주로 독일 문화재이지만 나치가 점령지에서 약탈해 온 다른 나라의 문화재, 유대인 개인이 가지고 있던 문화재도 다수 포함되었다.

독일 문화재 중에는 독일의 고대, 중세, 르네상스, 근대, 현대 등 전 역사에 걸친 광범위한 문화재가 들어 있고, 특히 구텐베르크 성경 원본 2권도 들어 있었다. 여기다 독일이 그리스와 터키에서 수집한 유물, 그 중에서도 슐리만이 찾아낸 트로이 유물도 포함되어 있었다. 소련은 이들 문화재 중에서 1950년대와 1960년대에 걸쳐 동독과 동유럽 국가에 약 150여만 점을 조용히 반환했지만, 나머지는 철저한 비밀에 붙이고 있었다.

드디어 독일에서 사라진 문화재가 모습을 드러냈다. 1995년 푸시킨 박물관에서 '두 차례 구출된 보물'이라는 전시회가 열리고, 에르미타슈 박물관에서는 '숨겨진 보물이 나타나다'라는 전시회가 열린 것이다. 또한 1996년에는 푸시킨 박물관에서 '트로이의 금'이라는 전시회가 열림으로써 사라진 독일 문화재가 러시아에 있음이 처음으로 밝혀졌다.

제 2의 트로이 전쟁, 독일과 러시아의 입장

이들 문화재가 나타나자 독일과 러시아 간의 험악한 싸움이 시작되었다. 언론은 이 싸움을 '제 2의 트로이 전쟁'으로 부르고 있다. 독일은 즉시 무조건 반환을 강력하게 요구했다. 이때 독일은 두 가지 근거를 제시했다. 첫째는 독일의 문화유산이라는 점이고, 두 번째는 소련에 의한 전시 약탈물이라는 점이었다.

독일과 러시아는 곧 협상에 들어갔다. 그러나 제2차 세계대전 중에 나치에 의한 막대한 문화재 피해를 생생하게 기억하는 러시아 국민들은 독일 문화재 반환에 결사 반대했다. 만에 하나라도 정부가 반환 결정을 내린다면, 여기에 관련된 누구라도 국민소환 운동을 벌이겠다고 압력을 가했다.

그 결과, 2003년 러시아 의회에서는 보수파 정치인들이 주도하여 독일 문화재를 국유화하는 법안이 통과되었다. 이로써 이들 문화재는 정식 등록된 러시아 문화재가 되었다. 옐친 대통령은 두 번이나 거부권을 행사했지만 국유화 입법은 최종적으로 러시아 헌법재판소에 의해 그 효력이 인정되었다.

러시아의 국유화 조치에 대해 독일은 당연히 반발했고, 다른 유럽 국가들도 이 조치를 비난했다. 우선 러시아가 가져간 문화재는 개별 품목이 아니라 독일 문화재 전 재산 중 일부를 떼어간 것이다. 민족의 유산 중 한 덩어리를 통째로 가져간 것이다. 그 규모와 가치가 막대하다는 사실과 불법적인 전시 약탈에 해당된다는 것도 문제였다. 그러나 정확히 말하자면, 러시아에 의한 문화재 반출은 전시 약탈은 아니다.

하지만 군사 점령 중의 반출도 전시 약탈에 해당된다고 1907년 헤이그 협약에 규정되어 있고, 러시아는 이 협약의 당사국이다. 그럼에도 러시아의 입장은 달랐다. 국제법상 인정되는 '전쟁 배상 성격'이라는 것이다. 국유화 조치는 적법하며, 따라서 독일에 반환할 의무는 전혀 없다는 입장이었다. 독일이 헤이그 협약에 위반된다고 주장하는 것은 당치 않다고 주장했다. 독일이야말로 제2차 세계대전 중에 헤이그 협약을 철저히 무시한 나라였기 때문이다.

프랑스가 나치의 문화재 약탈에 대해 강력히 항의했을 때, 괴링은 '최고 재판장은 나, 괴링이다. 중요한 것은 법이 아니라 나의 명령이다'라고 말한 바 있다. 그런가 하면 나치 문화재 약탈의 주범인 로젠버그는 '동부 점령지에서 헤이그 협약은 더 이상 적용되지 않는다'고 선언하기도 했으니 이제 와서 독일이 헤이그 협약을 운운하는 것은 문제가 있다.

빼앗긴 세계문화유산

문화재를 전쟁 피해의 배상으로 양도하는 것은 이미 제1차 세계대전에서 전례가 있었다. 벨기에가 입은 문화재 피해를 독일 문화재로 갚아준 일이 그것이다. 당시 독일은 벨기에가 입은 문화재 피해를 배상하기 위해 독일이 적법하게 소장하고 있었던 겐트 성당 제단화 일부를 배상으로 내어 준 일이 있었다.

약탈 문화재가 파괴되어 반환받을 수 없는 경우에는 약탈국에 비슷한 문화재가 있다면 이를 받아 올 수는 있다. 즉 동종, 동가의 문화재나 비슷한 문화재로 배상할 수는 있는 것이다. 그런 점에서 러시아 문화와 아무 관련이 없는 독일 문화재 한 덩어리를 러시아 문화재에 대한 배상으로 가져간 것은 배상의 정도를 벗어난 것이라고 할 수 있다. 문화재 피해에 대한 배상으로 다른 문화재를 양도하는 문제는 윤리적인 문제점을 안고 있다. 사람들에게 조국이 있듯이, 문화재도 그 원장소가 있다. 문화재는 그 원장도 유산이며, 그곳에 사는 민족의 유산이기 때문이다.

오늘날 유네스코나 국제사회의 경향은 문화재와 영토의 관계를 강하게 인정하는 추세이다. 그 때문에 문화재를 함부로 원래 장소에서 가져가는 것을 반대하고, 다른 문화재를 배상으로 양도하는 데 대한 거부감이 큰 것은 사실이다. 더구나 1954년의 헤이그 협약은 전쟁 배상으로 문화재를 취득하는 것을 금하고 있다. 물론 소련의 반출은 헤이그 협약 이전의 일이기는 하다.

독일은 러시아가 가져간 문화재가 독일 민족의 문화유산이라는 점에 호소하여 반환을 요구하고 있다. 이 주장은 국제사회의 동정을 받고 있기는 하지만, 명백히 말해서 트로이 유물은 독일의 문화유산이 아니다. 제국주의 시대에, 수많은 윤리적 문제점을 야기하면서 힘없는 나라에서 약탈해 온 것들이다.

이러한 문화재는 민족의 유산이나 문화재와 영토의 관련성과는 무관하고, 대개는 비윤리적인 문화재로 민족 문화유산으로 보호받을 수 없다. 문화재가 민족의 유산이라는 점을 과도하게 호소할 경우, 스스로 함정에 빠질 수 있는 것이다. 그런 점에서 문화재의 개념은 민족의 문화유산만은 아닌 다른 요소가 있는 게 사실이다.

이 보물을 둘러싸고 독일과 러시아가 협상을 벌이는 가운데, 터키역시 슐리만의 불법 반출을 이유로 프리아모스 보물의 소유권을 주장했다. 그러나 터키의 소유권 주장은 철회되었다. 터키가 당시 슐리만과 보물을 나누어 갖고 분쟁을 끝냈기에, 이제 와서 다시 소유권을 주장할 수 없기 때문이었다.

그 대신 슐리만이 발굴한 히사를리크 언덕의 원래 소유자였던 영국인 캘버트의 후손들이 유물 일부에 대한 소유권을 주장하면서 소송을 준비하고 있다. 그는 슐리만과 함께 발굴한 동업자였으나 후에 갈라섰다. 제국주의 시대에 트로이 발굴의 비밀과 속임수, 그리고 유물의 불법 반출은 이렇듯이 복잡한 소유권 분쟁을 초래하게 되었다. 당연한 귀결이다.

독일 문화재를 둘러싼 독일과 러시아 간의 싸움은 정치적 판단에 따라 또는 상응하는 댓가를 받고, 러시아가 돌려줄 가능성도 있을 것이다. 그러나 트로이 유물만은 돌려주지 않을 가능성이 크다. 트로이

보물은 호박방의 출현에 대비한 러시아의 카드라는 시각도 있다.'제
2의 트로이 전쟁'이 해결된다면, 문화재 분쟁에 관한 국제적 지형을
새로 만들 만큼 획기적 사건이 될 것이다.

CHAPTER 19

베르링카 컬렉션 Berlinka Collection
- 폴란드 수중에 떨어진 독일의 문화유산

1364년에 세워진 야기엘로니아 대학.
〈베르링카 컬렉션〉을 소장하고 있다.

나치는 다른 나라, 다른 민족의 문화재를 몰수하고
문화재를 함부로 이용한 비인도적 범죄를 저질렀으며,
이는 또한 독일 국민의 지지를 받았다.
반사회적 인간에 대한 사유재산의 몰수와 같이 타국의 문화재에 대한
나치의 만행은 독일 문화재에 대한 몰수를 정당화한다.

_자크 구겐하임 《예술과 잔혹》 중에서

독일의 대표적 문화유산이 폴란드에 남겨졌다

독일 음악의 거성인 바흐, 모차르트, 베토벤, 브람스, 슈만, 슈베르트, 멘델스존, 파가니니 등의 필사본 악보는 어디에 있을까? 폴란드 크라쿠프 시의 야기엘로니아 대학 도서관에 있다. 14세기 설립된 이 유서 깊은 대학은 15세기 말에 코페르니쿠스가 공부한 곳이기도 하다. 이 대학에는 독일 애국가 원본도 있다. 루터, 칼뱅, 괴테, 쉴러 등이 직접 쓴 편지와 원고의 필사본도 이곳에 있다.

제2차 세계대전 말기, 독일 정부는 연합군의 폭격을 피해 프로이센 국립도서관의 소장품들을 독일 전역 30여 개소에 대피시켰다. 그런데 대피 지역 중에 동부 국경 부근의 슐레지엔은 전쟁이 끝나고, 폴란드 영토가 되었다.

1946년, 폴란드 정부는 슐레지엔에 있는 중세 수도원 두 곳으로부터 옛날 문서가 담긴 500개의 상자를 발견했다는 보고를 받았다.

그것은 독일이 피신시켰던 프로이센 도서관의 소장품으로, 무려 10만 점에 달하는 양이었다. 폴란드 정부는 그 엄청난 양에도 놀랐지만, 그 문서들의 내용에 더 놀랐다. 막중한 가치를 지닌 독일 문화유산의 대표적 문서가 포함돼 있었기 때문이다.

1. 독일 애국가 가사 필사본. 1841년 독일 시인 아우구스트 하인리히 호프만 폰 팔러슬레벤이 하이든의 곡에 가사를 붙인 것이다. (야기엘로니아 대학 소장)
2. 팔러슬레벤(1798~1874년) 초상. 1841년대 모습. 작자 미상.

우선, 독일 애국가의 원본이 들어 있었고, 모차르트 필사본 악보 1백 점 이상, 베토벤 22점, 바흐 25점, 멘델스존이 남긴 악보 필사본 거의 대부분이 거기 있었다.

여기엔 모차르트의 〈요술 피리〉, 〈피가로의 결혼〉, 〈코시판 투테〉, 〈주피터 교향곡〉을 비롯해서 모차르트 11개 교향곡 전부와 나머지 악보 일부, 베토벤의 〈9번 교향곡〉 일부도 포함돼 있었다. 그런가 하면 16, 17세기에 사용되던 독일 찬송가도 있었다.

음악 관련 컬렉션 외에도 루터나 괴테와 같이 독일이 배출한 세계적인 인물이 직접 쓴 필사본 원고 7만여 점, 중세 필사본, 15세기 인쇄물, 고지도, 그리스와 이스라엘, 근동 지역, 페르시아 문서, 중세 및 르네상스 시대의 유럽 문서, 심지어 중국과 한국 관련 문서도 있었다. 그 모든 것은 독일의 문화재이자 세계의 문화재로서 막중한 가치를 지니고 있었다. 한마디로 폴란드는 횡재를 한 셈이었다.

베르링카 컬렉션, 문화재 반환 협상에 중요한 카드가 되다

폴란드 정부는 이 모든 사실을 극비에 붙이고는 1948년에 야기엘로니아 대학 도서관으로 이전하여 보관했다. 이 소장품은 '베르링카 컬렉션'으로 불리는데, 폴란드어로 '베를린에서 온 컬렉션'이라는 뜻이다.

1946년, 폴란드는 전후 편입된 영토에 존재하는 재산을 국유화하면서 베르링카 컬렉션도 포함시켰다. 그때까지도 베르링카 컬렉션은 극비였다.

그런데 1953년에 폴란드는 소련의 압력에 굴복하여 소련과 동독 양국에 대한 전쟁 배상청구권을 포기했다.

폴란드는 1970년에는 또다시 소련의 압력을 받고 서독에 대한 배상청구권도 포기했다. 동서 냉전의 와중에서 소련의 속국이나 마찬가지였던 폴란드는 소련의 압력에 저항할 수 없었다. 이로써 폴란드는 나치 독일에 의한 막대한 문화재 파괴에 대해 보상의 길이 막히게 되었다.

독일과 인접해 있는 폴란드는 나

야기엘로니아 대학 내 코페르니쿠스 동상.

치 만행의 최대 피해국으로 막대한 문화재 피해를 입었다. 폴란드는 독일과 인접한 슬라브 국가로서 나치가 가장 혐오하는 민족이다. 나치는 슬라브족의 문화재 중에서 독일 성격의 문화재를 빼고는 모조리 파괴한다는 방침이었기 때문에 폴란드의 문화재는 약탈이 아니라도 철저히 파괴당하는 운명을 맞았던 것이다.

세계대전이 끝난 후, 약탈된 문화재는 연합군으로부터 대부분 돌려받았지만 한번 파괴된 문화재는 영영 회복할 수 없었다. 2007년에 폴란드 외무장관 포티가는 나치에 의한 폴란드 문화재의 피해를 200억 달러로 추산한 바 있다.

전후에 동서독 두 나라를 상대해야 했고, 게다가 소련의 압력으로 배상청구권까지 스스로 포기해야 했던 약소국 폴란드에게 베르링카 컬렉션은 유일한 희망이었다. 그것은 독일로부터 보상을 받을 수 있는 유일한 카드였기 때문이다.

폴란드 정부가 철저히 비밀에 부쳤음에도 불구하고 베르링카에 관한 소문이 퍼졌다. 동독과 서독 양쪽으로부터 경쟁적으로, 그리고 극비리에 반환 교섭 제의가 들어왔지만 폴란드 정부는 일체 무응답으로 일관했다. 베르링카 컬렉션의 존재 여부에 대한 공식적인 확인도 해주지 않고 사태를 주시하고만 있었다. 폴란드로서는 나치에 의한 손해 배상의 전반적 차원에서 다루어야 할 문제이기 때문에 베르링카 카드를 결코 가볍게 내놓을 수 없었다.

1970년은 베토벤 탄생 200주년이 되는 해였다. 동독과 폴란드에서 음악 교수들을 중심으로 베르링카 반환 협상을 시작하도록 정부에 청

　　　　　　　　　　　　　　　빼앗긴 세계문화유산

원이 잇달았다. 귀중한 악보의 소재를 밝히고, 이들을 연구하고 출판할 수 있는 길을 터주어야 한다는 게 그들이 내세우는 이유였다. 그들은 정부가 정치적, 도덕적, 학술적, 예술적 차원에서 악보 문제에 관해 명예로운 조치를 취해야 한다고 호소했다. 이러한 움직임에 미국과 영국의 학자들도 가세했다.

그러나 당시는 민감한 외교 현안인 서독과 폴란드의 국경 확정 문제를 교섭 중이었으므로 음악가들의 베르링카 반환 교섭 요청은 받아들여지지 않았다. 정부는 국민감정을 자극하는 문화재 문제가 정치적 현안에 영향을 줄 가능성을 우려했던 것이다.

1977년, 폴란드 정부는 처음으로 베르링카 컬렉션이 존재한다는 사실을 공식 인정했다. 같은 해, 동독과 폴란드 사이의 우호조약 체결을 계기로 폴란드 정부가 7점의 악보를 동독에 전달했다. 일종의 정치적 제스처였는데, 전달은 기증 형식으로 이루어졌다. 여기서 '기증'이라 함은 소유권이 폴란드에 있음을 암시한 것이다. 여기에는 모차르트의 〈요술 피리〉, 〈주피터 교향곡〉, 바흐의 작품이 포함되었다. 이로써 사라진 프러시아 박물관 악보 컬렉션의 행방이 처음으로 확인되었다.

독일과 폴란드의 베르링카 반환 협상

소련의 붕괴와 독일의 통일에 따라 독일과 폴란드는 1991년에 우호조약을 체결했다. 이 조약에는 문화재 문제를 우호적으로 해결하자는 조항이 포함돼 있었다. 이 조항에 따라 1992년에 양국 간 문화재 반환 협상이 개시되었다.

독일은 나치가 약탈했던 폴란드의 청동기시대 금은 동전 등 1,700여 점을 반환함으로써 작은 성의를 보이고는 곧장 베르링카 컬렉션의 반환을 요구했다.

그러자 폴란드는 베르링카의 반환은 나치에 의한 폴란드 문화재 파괴와 약탈의 전반적 차원에서 다루어야 한다고 주장하면서 우선 독일 내에 존재하는 정부나 개인 소유의 나치 약탈 폴란드 문화재를 모두 반환할 것을 요구했다.

그러나 독일은 성의를 보이지 않았다. 독일 내 공공기관이 소장하고 있는 폴란드 문화재는 모두 반환되었으며, 개인 소장의 문화재는 정부가 간섭할 수 없다는 원칙만 되풀이할 뿐이었다.

독일은 당시 공산주의를 막 벗어나고 있던 가난한 폴란드를 회유했다. '야기엘로니아 대학의 도서관을 확충하는 데 지원을 아끼지 않겠다, 베르링카 원본 문서의 마이크로필름을 제공하겠다' 는 제안을 했지만 그 모든 것은 베르링카를 받아 가기에는 턱없이 부족한 제안이었다.

독일은 폴란드를 상대로 베르링카를 수월하게 받아 낼 것으로 여겼던 것 같다. 하지만 폴란드가 베르링카를 순순히 내놓지 않는 것을 알고는 전략을 바꾸었다. 베르링카 컬렉션은 결코 포기할 수 없는 독일의 문화유산이며, 독일 민족과 문화의 정체성 그 자체이므로 베르링카를 조건 없이 반환해 달라고 호소했다.

그러나 폴란드는 베르링카는 유럽의 문화유산이라고 응수했다. 약소국의 민족 유산을 탈취하여 소장한 후에 인류 보편의 유산이라고 주장하는 제국주의 국가의 입장이 완전히 뒤바뀐 것이었다. 민족 유산을 빼앗긴 서러움은 강대국이나 약소국이나 다를 바 없을 것이다.

독일은 분산된 프러시아 도서관 소장품의 재결합을 호소했다. 그러나 대대적으로 파괴된 폴란드의 문화재를 생각한다면, 독일의 분산 문화재 재결합 호소는 너무나 이기적으로 들렸다. 게다가 프러시아 문화재단 이사장 클라우스 레만이라는 자는 독일 내 존재하는 폴란드의 어느 문화재도 베르링카 컬렉션에 필적하는 가치를 갖는 것이 없다는 망언을 하기도 했다. 자신들의 문화재만 중요했지 폴란드의 문화재는 눈에 보이지도 않는다는 식이었다.

독일은 마침내 베르링카 컬렉션이 전시 약탈 문화재라고 주장하기 시작했다. 폴란드에 의해 약탈된 문화재이며, 이는 문화재의 몰수를 금하는 1907년 헤이그 협약에 반하는 일이라고 주장했다. 하지만 독일의 주장은 나치의 문화재 약탈 행위와 폴란드의 베르링카 취득의 차이점을 무시한 것이며, 더우기 제2차 세계대전 중 헤이그 협약을 철저히 짓밟은 독일이 이제와서 헤이그 협약의 보호를 구하는 것은 한마디로 후안무치한 주장이 아닐 수 없었다. 폴란드 외무장관 포티가는 다음과 같이 독일의 주장을 일축했다.

"전쟁을 일으킨 장본인인 나치가 도주하면서 남긴 이들 문화재는 국제법상 폴란드의 재산이다."

1987년, 폴란드 정부는 베르링카의 법적 소유권에 관한 연구를 국제법 학자들에게 지시한 바 있었다. 이때 학자들은 베르링카 컬렉션이 폴란드의 합법적 재산이라는 결론을 냈다. 폴란드 정부는 새로 편입된 영토인 슐레지엔에 대한 주권을 가지며, 이 주권에 근거하여 슐레지엔에 존재하는 독일 재산인 베르링카를 합법적으로 몰수했다는 것이다. 또한 학자들은 이런 법적 권한이 4대 연합국에 의해 승인된 것이라고 했다.

그러자 독일은 이번엔 조약을 들고 나왔다. 양국이 체결한 조약상 폴란드에 아무런 배상 책임이 없다는 입장이었다. 폴란드가 제2차 세계대전의 문화재 피해에 대한 보상을 포기한 사실을 가리켰다. 소련의 압력에 굴복하여 1953년에는 동독에 대해, 그리고 1970년에는 서독에 대해 폴란드가 포기했던 아픈 과거를 상기시킨 것이다.

그러나 이 일은 폴란드가 소련의 위성국이었을 때 주권이 제약된 상태에서 강압적으로 포기한 것이었다. 마지막으로 독일은 독일 통일을 최종 승인한 국제조약을 가리켰다.

1990년 7월, 동서독 및 4대 연합국이 체결한 조약 '2+4 조약'이라 부른다 은 독일의 전쟁 배상 책임이 해결되었다고 선언하고 있다. 독일은 이 조약에 의거해서 폴란드에 더 이상 빚진 게 없다는 입장이었다.

베르링카 컬렉션을 요구하면서, 독일이 엄청난 과거의 죄악에 대한 책임이 모두 면제되었다고 주장하는 근거는 그들이 모든 상황을 법적으로 파악했기 때문이다. 그러나 문화재 반환 문제는 법률만으로 해결될 사안이 아니다. 법 이전의 윤리적 문제와 국민감정의 문제가 더 본질적이다. 국제문화재협회 이사장 다니엘 샤피로 교수는 말한다.

"문화재 반환 문제는 누구의 소유인가의 합법적 소유권에 관한 문제이기보다는 문화재를 상실한 고통에 관한 문제이다."

빼앗긴 세계문화유산

베를린의 프러시아 국립도서관.

　폴란드의 입장은 독일이 폴란드 문화재를 배상할 책임을 면제받았다면, 폴란드 역시 독일 문화재에 대한 반환 책임을 면제받아야 한다는 것이다. 독일이 폴란드에 줄 것이 없다면, 폴란드 역시 독일에 줄 것이 없을 것이다.

　한편 폴란드 일각에서는 독일에 대해 배상청구권을 포기한 것이 전적으로 무효라는 시각이 있다. 불가항력이었기 때문이다. 냉전의 와중에서 주권이 제약되던 시기에 소련의 압력을 받고 취해진 불가피한 조처였다는 것이다.

　그러나 소련의 압력이 있었다는 이유로 조약의 효력을 거부하는 것은 그 시대 체결된 모든 조약에 해당될 것이다. 이는 판도라의 상자를 여는 것과 같은 것으로, 냉전 시대 국제 정치의 희생자가 어찌 폴란드 뿐이겠는가?

국가 간의 조약으로 배상청구권을 포기했음에도 불구하고, 현실적으로 베르링카를 소유한 이상 폴란드는 독일에 대해 계속 배상을 받아낼 수 있을 것이다. 그런 점에서 폴란드는 불행 중 다행인지도 모른다. 확실한 압력 수단이 있다면 현실적으로 조약은 문제가 되지 않을 수 있다.

1997년은 베토벤 사망 170주년이 되는 해였다. 독일과 폴란드 문화기관은 베토벤의 〈제8번 교향곡〉 악보를 공동 전시했다. 이는 양국에 흩어져 있던 악보를 합친 것이었다.

2000년에는 독일과 폴란드 지식인들이 베르링카 문제를 해결하기 위해 '코페르니쿠스 그룹'을 조직하고는 베르링카 컬렉션의 공동 소유안을 내놓았다.

그러나 문제는 누가 문서를 물리적으로 소유하는가이다. 독일의 입장에서 베르링카에 대한 물리적 소유는 포기할 수 없는 최소한의 조건이다.

핵심 문화유산에 대한 본질은 그것을 창조한 민족이 반드시 소유하는 데 있기 때문이다. 반면에 폴란드로서도 베르링카의 소유는 필수적이다. 나치에 의해 무참히 파괴되고 소실된 문화재 피해를 보상받을 수 있는 유일한 카드이기 때문이다.

결국 양측 모두 결코 포기할 수 없는 문화재로서, 이처럼 물러설 수 없는 양측의 입장은 협상을 어렵게 만든다. 1992년부터 재개된 교섭

빼앗긴 세계문화유산

은 두 차례 열렸지만 성과 없이 결렬되었고, 지금까지도 해결의 실마리를 찾지 못하고 있다. 그러나 독일이 적절한 보상을 제공한다면, 폴란드가 군이 독일의 핵심 문화재를 내놓지 않을 명분이 없다. 문제는 독일의 태도이다. 이 분쟁은 어느 지점에서 타결될 가능성이 없지 않다.

양국의 반환 협상이 진전을 가져 오지 못하는 중에, 베르링카 컬렉션의 정치적 운명과는 별도로 야기엘로니아 대학은 베르링카 컬렉션의 목록을 완성했고, 베를린 국립도서관과 공동으로 연구와 출판이 진행되고 있다.

爾時地藏菩薩摩訶薩胡跪合掌白佛言世尊唯願

世尊不以為慮未來世中若有善男子善女人於佛

法中一念恭敬我亦百千方便度脫是人於生死中

速得解脫何況聞諸善事念念修行自然於無上道

永不退轉說是語時會中有一菩薩名虛空藏白佛

言世尊我自至忉利聞於如來讚歎地藏菩薩威神

勢力不可思議未來世中若有善男子善女人乃及

빼앗긴 우리 문화재는
언제 돌아올까

헨더슨 컬렉션 중 안평대군의 글 〈금니법화경〉

CHAPTER 20

몽유도원도
- 천하의 명품, 꿈처럼 사라지다

〈몽유도원도〉.

우리는 이 그림을 통해 문화민족으로서의
높은 자긍심을 느낄 수 있었으며,
동시에 불행했던 근대사를 돌이켜 볼 기회를 가졌다.

_고제희 《우리 문화재 속의 숨은 이야기》 중에서

왕자의 꿈이 그림으로 살아나다

'한국 미술의 금자탑', '우리 회화 사상 최고의 걸작', '조선 전기 최고 화가의 현존하는 유일한 진본 그림' 이토록 극찬을 받고 있는 〈몽유도 원도夢遊桃源圖〉는 한국에 없다. 꿈같이 사라진 그림이다. 이 그림은 조선 초 어느 4월의 봄날, 젊은 왕자의 꿈을 그린 것이다.

〈몽유도원도〉의 주인공 세종의 셋째 아들 안평대군1418-1453은 20대 초반에 시서화 3절로서 비해당匪懈堂이라는 필명으로 일세를 풍미했던 조선 초 최고의 문인이자 예술가이다. 세종은 1442년 24세의 안평대 군에게 시경의 증민지시蒸民之詩에 나오는 '밤낮으로 게으름 없이 임금 님 한 사람만을 섬기네夙夜匪解 以事一人'에서 비해를 인용하여 비해당匪懈堂 이라는 당호를 하사한 바 있다. 그는 또한 조선역사에서 진귀한 서화 의 대수집가로도 유명했다.

안평대군, 꿈속에서 도원에 노닐다

1447년정묘 4월 20일 밤, 잠자리에 든 안평대군은 꿈속에서 박팽년과 함께 산속 갈림길에서 만난 산관야복山冠野服의 노인이 알려준 길을 따 라 첩첩산중을 지나 복숭아꽃이 만발한 무릉도원武陵桃源으로 들어갔다.

그들은 뒤따라온 신숙주, 최항과 함께 무릉도원의 대자연에서 실컷 노닐다 잠에서 깼다.

안평대군이 꿈속에서 본 '무릉도원'은 1천 년 전 동진東晉에 살았던 절의의 시인 도연명陶淵明 365~427이 쓴 〈도화원기桃花源記〉를 통해 세상에 처음 소개되었다. 그것은 한 어부가 우연히 발견했지만, 이후 그 누구도 다시 찾을 수 없었던 잃어버린 유토피아에 관한 이야기이다.

안견이 안평대군의 꿈을 그리다

도연명이 노래했던 첩첩산중에 숨은 신비한 도원을 노닌 꿈은 예술적 영감에 충만한 천재 예술가이자 지체 높은 왕자에게 강렬한 인상과 깊은 여운을 남기지 않을 수 없었을 것이다.

안평대군은 화가 안견安堅을 불러 그가 꾼 꿈의 내용을 화폭에 담게 했다. 안견은 세종 때부터 성종 때까지 여섯 왕을 모신 최고위 궁정 화가였다. 북송 곽희의 화필을 추종했다고 하지만, 그는 자신만의 독창적 미술 세계를 구축한 조선화의 종주이다.

안견은 단 사흘 만에 안평대군의 꿈을 그려 냈다. 영롱한 색으로 묘사된 아름다운 도원을 에워싼 웅장한 수묵 산수는 과거 어느 그림에서도 찾아보기 힘든 새로운 경지였다. 꿈이라는 이례적인 주제를 형상화한 그림의 독특한 분위기와 정밀하면서도 원숙한 필치가 이루어 낸 심원한 예술성은 거장 안견의 독자적인 예술 세계를 보여준다. 그림은 제작 연대가 알려진 현존하는 조선 시대 산수화 가운데 가장 오래된 작품이자 대화가 안견의 걸작 중에서도 걸작임에 틀림없다.

〈몽유도원도〉

그림 왼편에는 나지막한 토산 언덕 몇 개가 보이는데, 드문드문 몇 그루의 복숭아 나무만이 서 있을 뿐이다. 안평대군이 처한 부귀영화의 현실은 이처럼 소박한, 어찌 보면 초라한 야산으로 표현된 것이다. 그러나 현실은 무너지지 않을 견고한 모습이다. 꿈을 그린 이 그림은 일종의 상상화지만, 현실을 표현한 이 부분은 매우 사실적이다.

야산 아래, 즉 그림 왼편 하단 위로는 험산고령의 기암절벽 길이 나타나고 멀리 뒤편으로는 허공에 희미하게 뜬 몽환적인 거산들이 보인다. 첩첩의 산을 끼고 돌던 절벽길은 깊은 산중의 폭포수 앞에서 멈춘다. 폭포 저편에는 꿈의 종착지인 도원이 기다리고 있다.

그림 맨 오른편, 병풍처럼 둘러선 험산 속에는 넓은 들판의 도원이 편안히 들어앉아 있다. 뿌연 안개가 가득한 도원에는 복사꽃이 무리 지어 피어있다. 짙은 안개에 뒤덮인 봄날 도원의 고요한 모습은 아름답고 환상적이지만, 또한 거대한 대자연에 둘러싸여 장엄한 느낌을 주고 있다.

이상향에 대한 세인의 마르지 않는 동경심을 반영하는 듯, 도원도는 당나라 때부터 송, 원, 명, 청나라를 거치며 많은 대화가들이 그려왔지만, 오늘날 남아 있는 것은 안견 이후의 작품들이다. 현존하는 가장 오래된 작품이다.

안평대군의 꿈을 충실히 형상화한 안견의 〈몽유도원도〉 모티브는 도연명의 〈도화원기〉에 두었지만, 일반 도원도의 통속적 틀에서 벗어난 것이다. 그림에는 도원의 일반적 모습인 어부와 주민, 마을이 존재하지 않는다. 인간의 자취는 끊어진 가운데, 장엄한 대자연에 둘러싸인 고요한 도원의 모습을 보여주는 이 그림은 안평대군의 꿈과 안견의 화필이 결합되어 꿈의 메시지가 감추어져 있는 듯 신비하며, 정신적인 품격이 크게 느껴진다.

안평대군이 〈몽유도원기〉를 쓰다

안견이 그린 〈몽유도원도〉를 받아 본 안평대군은 그림을 펼쳐놓고 붓을 들어 단숨에 써 내려갔다. 그가 꿈속에서 도원을 찾아가 거닐던 자초지종을 기록한 〈몽유도원기夢遊桃源記〉가 완성되었다. 안평대군은 발문跋文이라 할 수 있는 이 글에 제목을 붙이지 않았다. 이후 박팽년이 이 글을 〈몽유도원기〉라고 부른 데 이어, 성삼문 등 문사들은 〈도원기〉, 〈제기題記〉, 「기」 등으로 불렀다.

빼앗긴 세계문화유산

〈몽유도원기〉

4월 20일 밤 잠자리에 들었더니, 바야흐로 정신이 아른거려 나는 곧 깊은 잠에 떨어지며 꿈속으로 빨려 들어갔다. 홀연히 나는 인수^{박팽년}와 더불어 어느 산 아래 당도했다. 산봉우리는 층층이 나 있고 깊은 계곡은 그윽했다. 복숭아 꽃나무 수십 그루가 늘어선 사이로 오솔길이 있었는데, 숲이 끝나는 데 이르러 갈림길이 있었다. 우리는 어느 길을 따를까 서성대고 있었는데, 그때 소박한 산관을 쓰고 거친 야복을 입은 한 사람을 만났다. 그 사람이 내게 깊이 머리 숙여 절하면서 말하기를 "이 길을 따라 북쪽으로 올라가면 골짜기에 드는데, 그곳이 도원이외다"라는 것이었다.

그래서 나는 인수와 함께 말을 채찍질하여 그 길로 찾아드니, 깎아지른 산벼랑에 나무숲은 울창하고 계곡의 물은 굽이져 흐르는데, 길은 100굽이나 돌고 돌아 어느 쪽으로 가야 할지 정신을 잃을 정도였다. 골짜기에 들어가니 탁 트인 동굴과 같은 넓은 곳이 나왔는데 2~3리는 될 듯했다. 사방에는 산이 바람벽같이 치솟고 구름과 안개가 자욱한데, 멀리 또 가까이 복숭아나무에 햇빛이 비쳐 어른어른 노을과 같은 아지랑이가 피어오르고 있었다. 거기에는 또 대나무 숲에 띠 풀을 덮은 집들도 있었다. 싸리문은 반쯤 열려 있고 흙 담은 이미 무너져 있었다. 닭과 개와 소와 말은 없지만, 앞 시내에는 조각배 하나가 물결을 따라 이리저리 흔들리고 있어 그 정경이 소슬한 것이 신선이 사는 곳인 듯했다.

우리는 주저하면서도 오래도록 둘러보았다. 나는 인수에게 "바위틈에 나무 기둥을 얽고, 골짜기를 파서 집을 지었다더니, 바로 이를 두고 한 말이 아니겠는가? 정녕 여기는 도원이로다"라고 말했다. 그런데 그때 몇 사람이 뒤따라왔으니, 바로 정부최항와 범옹신숙주이었고, 함께 운서를 편찬하던 자들이다. 그런 다음 서로 짚신감발을 하고 걸어 내려오며 실컷 구경하다 홀연히 꿈에서 깨었다.

오호라! 번화한 도성과 큰 마을은 이름난 고관들이 노니는 곳이요, 깎아지른 절벽과 깊은 골짜기는 조용한 은자가 숨어 사는 곳이라. 찬란한 옷을 걸친 자는 그 발이 삼림에 이르지 않고, 자연에서 마음을 닦는 자는 꿈에도 조정을 그리지 않노니 대개 고요함과 소란함이 길을 달리함은 필연의 이치이기 때문이리라.

옛사람의 말에 '낮에 한 일이 밤에 꿈이 된다'고 했다. 나는 궁궐에 몸을 의탁하여 밤낮으로 국가 일에 종사하고 있는데, 어찌 꿈이 삼림에 이르렀으며, 또한 어찌 도원에 이르렀는가? 나와 서로 좋아하는 사람이 여럿이거늘, 어찌 두세 사람만 동행하여 도원에서 노닐었던가? 아마도 내 천성이 그윽한 것을 좋아하고 산수를 즐기는 마음을 품고 있기 때문이 아니런가. 또한 이들 몇 사람과 더불어 사귐의 도리가 특히 두터웠던 까닭에 함께 여기에 이르게 된 것인 듯하다.

이제 가도에게 명하여 그림을 그리게 했다. 옛날 사람들이 말한 그 도원이란 곳도 역시 이와 같았는지 모르겠다. 훗날 이 그림을 보는 자가 옛 그림을 구해서 내 꿈과 비교해본다면 필시 무슨 말이 있을 것이로다.

꿈을 꾼 지 사흘 만에 그림이 완성되었는지라 비해당의 매죽헌에서 이 글을 쓰노라.

'꿈에도 조정을 그리워하지 않노니'라는 직접적인 말로 해몽된 꿈의 의미는 그가 4년 후 읊은 〈무계수창시武溪酬唱詩〉에서 다시 한 번 확인된다.

529자에 달하는 안평대군의 〈몽유도원기〉는 도잠의 〈도화원기〉의 거의 두 배에 달하는 분량이다.

〈몽유도원기〉

꿈을 기록한 글인데도 기괴하거나 허황된 묘사에 빠지지 않고 시종 정연한 서술로 꿈속의 모습을 세밀히 묘사했으며, 꿈에 대한 합리적인 해몽까지 제시했다. 조선 초에 쓰였다고는 믿어지지 않을 만큼 객관적이고 격조 높은 이 글의 높은 문학적 수준은 부인할 수 없다. 글씨 또한 30세의 청년이 썼다는 것을 믿을 수 없을 만큼 원숙하고 심오한 경지를 보여주고 있다.

〈몽유도원기〉는 〈몽유도원도〉의 화폭과 동일한 연황색 비단 화폭에 가느다란 먹 선으로 그려진 모눈 안에 가로 26자, 세로 17자의 글로 쓰였다. 세로 행 17자는 불경을 쓰는 방식인데, 불경을 많이 썼던 안평대군의 글쓰기 방식을 보여준다.

문사들이 찬문을 붙여 〈몽유도원도〉서화대작이 완성되다

〈몽유도원도〉를 더욱 가치 있게 만든 것은 안평대군을 비롯한 당대 최고의 선비 21명의 찬문撰文이 더해진 것이다. 여기에 참여한 사람들은 하연, 김종서, 고득종, 강석덕, 정인지, 이적, 최항, 박팽년, 신숙주, 성삼문, 이개, 송처관, 윤자운, 이예, 이현로, 서거정, 김수온, 최수, 박연, 김담, 만우, 등으로 고위 정치인, 집현전 학사, 음악인, 천문가, 고승 등 세종시대 정치와 문화의 핵심에 있는 사회적 명망가들이었다. 이들은 안평대군의 저택 비해당에서 각종 색으로 채색된 금전지金箋紙에 안평대군의 무릉도원 꿈을 찬양한 시문을 썼다. 그림의 크기인 가로 38.6센티미터 세로 106.2센티미터에 글이 더해지면서 이 서화는 20여 미터가 넘는 대작품이 되었다.

이로써 조선 문화 최절정기의 시, 서, 화가 삼위일체로 어우러진 대작이 탄생했다. 최고의 대작 회화에 최고의 시와 서 23점이 들어 있는 이 그림의 가치는 유례가 없다. 그림은 물론, 이들 찬문 한 점 한 점만이라도 이미 대단한 문화재임을 감안할 때, 오늘날 이 작품의 가치와 중요성은 쉽게 상상할 수가 있다.

엄격한 유교사회에서 도가적 이상향을 노래한 조선조 사대부들의 정신세계를 투영한 이 작품은 예술과 문화, 정치와 사회상을 반영한 천하의 명품이자 한국 최고의 문화재임에 틀림없다. 더구나 이 그림이 제작된 무렵은 조선 건국 초기의 문물이 이루어진 세종조 태평기였고 시, 서, 화, 예술이 분출했던 문화적 황금기로서 이 서화는 세종조 문화의 상징적 존재이다.

3년 후 안평대군이 찬시를 더하다

1450년세종32, 경오년 정월 어느 밤, 〈몽유도원도〉와 〈몽유도원기〉, 문사들의 찬문이 이루어진 지 3년 후, 안평대군은 그림을 펼쳐보며 푸른 남색 비

단에 붉은 글씨로 칠언고시 한
수를 썼다.

몽유도원도 제첨과 안평대군 칠언고시 주서는 현
재 해독이 어려울 만큼 상태가 좋지 않다.

이 세상 어느 곳을 도원으로
꿈꾸었나?
산관야복 은자의 옷차림새 아
직도 눈에 선하거늘
그림으로 그려놓고 보니 참으
로 좋은 일이려니
여러 천년을 이대로 전해지기를 헤아려보는구나
삼 년 뒤 정월 어느 날 밤
치지정에서 이를 다시 펼쳐보고 짓노라

청지淸之

그림이 여러 천 년 동안 전해지기를 염원한 것을 보면 안평대군이
〈몽유도원도〉를 얼마만큼이나 귀중히 여기고 가치를 부여했는지 짐
작할 수 있다.

무계정사 – 지상에서 무릉도원을 찾아내다

세종이 세상을 뜨고 문종이 즉위하여 7개월이 되던 1450년신미 9월 어
느 날이었다. 우연히 창의문 밖, 소나무 숲길을 걷던 안평대군은 백악
의 서북쪽 산자락과 인왕산 자락이 만나는 절경 속에서 국화꽃이 흘

오늘날 무계정사 터 사진. 이개의 〈무계정사기〉에 의하면 무계정사의 터는 창의문을 나와 서쪽으로 2리(800미터)쯤 떨어진 곳이라고 했는데, 현재 종로구 부암동 구민회관 부근 일대이다. 바위 위에 새겨진 '무계동'이라는 글자는 안평대군의 글이 아닌 후대의 누군가가 새긴것 같다.

러내리는 시내를 보았다. 시내를 거슬러 계곡 위쪽으로 올라가다 보니 산꼭대기에서부터 암벽을 타고 떨어지는 열 길 넘는 폭포수 뒤쪽으로 감추어진 듯 보이는 호젓한 깊은 골짜기가 있었는데, 거기에는 동서가 200~300보약 250미터이고 남북은 그 절반쯤 되는 넓은 들판이 펼쳐져 있었다.

 복숭아나무와 대나무로 둘러싸인 들판에는 짙은 구름과 안개가 자욱했다. 안평대군은 여기서 무릉도원의 모습을 보았다. 도원을 꿈에 본 지 3년이 지났건만 꿈은 뇌리를 떠나지 않고 그의 마음을 깊이 사로잡고 있었다. 하늘이 감복한 것인지, 드디어 지상에서 무릉도원을 발견한 그의 심정은 이러했다.

 "어찌 하늘이 천년 동안이나 감추어 두었던 곳을 하루아침에 드러내어 기어이 나에게 돌아오게 했단 말인가?" 이개李塏, 〈무계정사기武溪精舍記〉, 《육선생유고》

 꿈에 본 도원 땅을 발견한 다음 해 봄, 안평대군은 이 터에 두서너 칸[數間]의 작은 집을 지었다. 그는 여기에 '무계정사武溪精舍'라는 편액을 걸었는데, 무릉도원의 계곡이라는 뜻이다. 이제 그의 무릉도원 꿈은 안견의 그림과 수많은 찬문으로 기록되었고, 무계정사로 남게 되었다.

1451년 안평대군은 무계정사가 완성되자 무계정사의 내력을 설명하는 글을 쓰고 잡영시雜詠詩 여러 가지를 읊은 시 다섯 편을 지었는데, 잡영시의 첫 수는 다음과 같다.

> 몇 년 전 한밤의 꿈에 봄 산을 유역하다가
> 우거진 풀숲 사이로 무릉도원 찾아든 일 있은 뒤로
> 벼슬 버릴 생각 항상 마음속에 있었는데
> 오늘 와서 터를 닦고 나니 비로소 기쁜 얼굴 되었네
> 땅이 외지니 한가로움 넘쳐나고
> 길 막혔으니 문 두드리려 할 사람 없으리라
> 이곳이 응당 전생에 내 천석泉石이었으리니
> 사람들아, 하늘이 아낀 곳을 훔쳤다 비웃지 마오

안평대군, 〈무계수창〉 '잡영시' 첫 수, 《육선생유고》

무릉도원 꿈을 꾼 이래 정치권에서 은퇴를 결심했음을 다시 한 번 확실히 밝히고, 드디어 그 결심을 실현할 수 있는 무릉도원을 지상에서 찾아냈음을 기뻐하는 내용이다. 또한 안평대군은 무계정사 터, 곧 도원은 전생에 인연이 있는 곳이라고 하여 무계정사에서의 은거를 운명적인 것으로 받아들였다.

몽유도원도의 주인공, 주역들 사라지다

〈몽유도원도〉 그림과 시문이 완성되고 6년 후, 그 위대한 서화는 그 주역들과 함께 사라졌다. 꿈의 당사자로서 그림을 주문하고, 제목, 발문, 찬시를 쓴 〈몽유도원도〉의 주인공 안평대군은 세조가 일으킨 왕위 찬탈 쿠데타인 계유정난癸酉靖難에서 처형되었고 그의 흔적은 대부분 파괴되어 사라졌다.

김종서와 영의정 황보인을 위시해 섭정대신들과 고명대신들이 기습적으로 격살되었던 계유정난의 밤, 안평대군은 체포되어 강화로 유배되었으며, 무계정사를 짓고 왕위찬탈을 모의했다는 죄목으로 정난 여드레째인 1453년 10월 18일 교동도에서 35세의 나이에 사사되었다. 안평대군이 말년에 쓴 것으로 간주되는 사언고시 한 수가 전해지는데, 이것으로 마지막 그의 심정을 갈음해보자.

두타 제일이 바로 두수인데頭陀第一 是爲抖擻

밖으로 이미 티끌과 멀고, 안으로 이미 마음의 때를 벗었도다外已遠塵 內已
離垢

남 먼저 도를 얻고 드디어 입멸에 들었으니得道居先 入滅於後

설의 계산이 천추에 썩지 않고 전하리라雪衣鷄山 千秋不朽

두타頭陀는 도에 이르는 온갖 고행을 말하며, 두수抖擻는 번뇌를 벗는 것을 말한다. 계산鷄山은 부처가 깨달음을 얻은 부다가야 동쪽에 있는 산 이름인데, 부처의 10대 제자 중 두타 제일로 칭송을 받았던 마하가

빼앗긴 세계문화유산

섭이 열반한 곳이다. 고행과 구도를 통해 죽음과 절의에 도달한 자의 비장한 마음을 읊은 시다. 처형에 임하여 쓴 안평대군의 임절시臨絕詩로 보아도 좋을 만하다.

이 시는 세조·성종대의 문신 김종직과 그의 제자 김일손이 각기 1472년, 1489년에 두류산지리산을 유람하고 남긴 〈유두류록遊頭流錄〉과 〈두류기행록頭流記行錄〉에 기록했다. 그들은 두류산 영신사 법당에 있는 두타가섭마하가섭의 그림 아래 이 시가 쓰여 있는데, 그 아래 '청지'라는 관서가 찍혀 있어 안평대군의 시서화 진본이라고 증언했다.

안평대군은 가야 할 길을 알고 있는 사람이었다. 오래전에 무릉도원을 찾아 미련 없이 홍진을 떠나려 했듯이, 이제는 사직을 위해 미련 없이 삶을 버리려 했다. 엄청난 재능과 부귀한 신분은 그의 운명이었고, 업보였다. 학문과 예술은 세상 밖을 노닐었지만, 왕실에 태어난 몸은 사직을 위해 죽음을 택했다. 그의 인생은 짧았지만, 그의 꿈과 결의를 찬양한 〈몽유도원도〉는 불후의 작품으로 오래 남았다. 그의 염원대로 천 년을 그대로 전해지며, 그의 시대를 증거할 것이다.

〈몽유도원도〉의 찬문을 지은 여러 사람들 또한 계유정난에 이은 사육신 사건으로 희생되었다. 그렇지만 안견은 살아남았고, 오래도록 살았다. 안견은 긴 생애에서 많은 그림을 그렸지만, 그의 그림 역시 모두 사라졌다. 오늘날 그의 작품으로는 58점이 추적되었지만, 진품은 〈몽유도원도〉 외에 남아 있지 않다.

〈몽유도원도〉, 안평대군과 함께 사라지다

〈몽유도원도〉는 1447년 4월 안견이 그림을 그린 후부터 1453년 계유 정난에서 안평대군의 운명과 더불어 사라지기까지 6년간 짧게 존재 했다. 그리고 나서 그 존재는 오래도록 세상에 알려지지 않았다.

당대의 명사들이 대거 참여했고, 무엇보다도 당대를 주름잡은 귀공 자의 꿈을 찬양한 시서화 〈몽유도원도〉가 제작된 일은 세종시대 최고 의 풍류운사風流韻事였음에 틀림없었을 것이다. 몇몇 찬문은 동문선 등 여러 문집에 나타났지만 그림은 조선 역사 내내 언급된 바 없다. 그 누 구도 〈몽유도원도〉에 관해 언급하거나 〈몽유도원도〉를 보았다는 기 록은 없다.

〈몽유도원도〉는 역적으로 죽은 안평대군의 억울한 죽음만큼이나 금기 사항이었을 것이다. 더구나 그의 꿈을 찬양한 서화에는 세조의 핵심 공신이 다수 참여했기 때문에 〈몽유도원도〉의 존재는 금기 중에 서도 금기였을 것이다. 그리고 조선 후기 계유정난의 진상이 조금이 나마 밝혀져서 안평대군이 복권되었을 무렵은 이 서화가 이미 조선을 떠나버린 뒤였을 것이다.

안평대군의 재산이 적몰된 것은 정난 사흘 후인 10월 13일이었고, 25일에는 그의 소장품이 모두 파괴되었는데, 이에 대해 실록은 이렇 게 기록한다.

> 그때에 이용과 이현로의 집에 괴상하고 신비스러운 글이 많았는데, 세 조가 보지도 않고 모두 불태워버렸다. 《단종실록》 단종 1년(1453) 10월 25일

빼앗긴 세계문화유산

안평대군의 서화 소장품이 어떠한 운명을 맞았는지는 아무런 기록이 없다. 신숙주가 쓴 〈화기畵記〉에 기록된 안평대군의 진귀한 소장품 수백점은 아직까지 한 점도 그 행방이 밝혀지지 않았다. 후대에 누군가가 이들 소장품을 보았다는 기록도 없는 것을 볼 때 계유정난 때 모두 사라졌다고 볼 수밖에 없다. 〈몽유도원도〉만이 온전한 모습으로 살아남은 것은 기적이라 할 수 있다.

〈몽유도원도〉, 그 존재가 세상에 처음 알려지다

1929년 무렵, 오사카와 교토 일대의 고미술상에 진귀한 조선의 고서화 한 묶음을 소지한 사람이 나타났다. 그는 가고시마 출신의 소노다 사이지園田才治라는 50대 중반의 사업가였다. 1929년 여름 무렵 저명한 중국학자이자 동양고미술의 권위자로 정평이 난 교토 대학의 중국사 교수 나이토 고난內藤湖南을 찾아간 소노다는 수묵화 한 점과 빛이 바랜 울긋불긋한 채색지에 쓴 고서예 수십 편을 내놓았다. 나이토 고난 교수는 첫눈에 그림의 화가를 알아보았다. 이 그림은 세종 대 최고의 화가일 뿐 아니라 조선 고금을 통틀어 대표적 화가인 안견安堅의 진본 대형 걸작이었다.

소노다 사이지의 방문이 있은 지 얼마 후에 나이토 고난 교수는 〈조선 안견의 몽유도원도〉라는 5쪽짜리 논문을 썼다. 〈몽유도원도〉 그림과 안평대군의 기문記文, 칠언절구 시와 제첨題簽, 박팽년의 글을 흑백 사진으로 넣은 짧지만 중요한 이 글은 일본 월간지 《동양미술東洋美術》 1929년 9월호에 발표되었다. 이 글은 계유정난으로 안평대군이 사사되면서 사라진 것으로 여겨진 〈몽유도원도〉가 존재한다는 것을 세상에 알린 최초의 글이었다. 나이토 고난 교수의 논문 일부를 발췌, 요약하여 옮겨본다.

동방의 요순이라고 전해지는 성군 세종의 치하, 조선의 황금시대로서 한글이 창제되고 문물과 예술이 절정에 달했으며, 수많은 명신이 활약하던 시대였다. 당대를 대표할 뿐 아니라 조선 고금을 통틀어 제일의 화가 안견과 서가 안평대군 그리고 조선 제일의 문사, 충신, 명신, 명인이 모두 등장하는 이 대작에 이름을 올린 자들은 머지않아 두 파로 나뉘어 운명이 갈리지만, 이 작품은 곧 닥칠 화란의 징후를 모르는 채 전성시대를 구가하고 있다.

이 놀라운 걸작이 일본에 오게 된 연유는 다분히 문록·경장文祿·慶長의 역役(임진왜란과 정유재란)의 획득물이었기 때문일 것이다. 오랜 기간 사쓰마에 전해진 것으로 보아서 그러한데, 지금은 가고시마의 소노다 사이지 씨가 소장하고 있다. …… 우연히도 이 같은 안견의 대작이 일본에 오게 되었으니, 이는 일본 예술계의 경사가 아닐 수 없다.

〈몽유도원도〉, 일본 정부에 등록되어 있었다

1929년 여름, 나이토 고난 교수가 〈몽유도원도〉를 처음 세상에 알렸을 때, 이미 그것은 일본 정부에 등록되어 있었다. 소노다 사이지가 가져온 〈몽유도원도〉에는 1893년 11월 2일 자로 일본 정부가 발급한 '감사증鑑査證'이 첨부되어 있었던 것이다. 감사증은 '우수 예술품'이라는 일본 정부의 인증서를 말한다. 나이토 고난 교수보다 36년 앞서 일본 정부는 이 서화의 존재를 인지했고, 그 가치를 인정했던 것이다. 이 감사증은 오랫동안 〈몽유도원도〉를 소장해온 가고시마의 사쓰마 번薩摩藩 제29대 다이묘大名(봉건 영주) 시마즈 나리아키라의 수석首席 가로家老(가신들의 우두머리)였던 시마즈 히사나가島津久徹에게 발급된 것이었다. 〈몽유도원도〉가 가고시마의 시마

나이토 고난. 1934년 4월 교토 미카노하라 자택의 정원에서.

즈 가문에 비장되어 있었다는 것이 처음 밝혀진 것이다.

이때에 이르러 일본 정부가 이 서화를 찾아내 등록한 그 배경에는 명치유신이 있었다. 절대주의 천황제를 장식할 황실박물관의 소장품 확보를 위해, 아울러 신도神道의 광기로부터 일본 전통문화를 지키기 위해 이 무렵 대대적으로 실시된 고미술품의 조사 결과, 〈몽유도원도〉는 사츠마 시마즈 가문의 빗장을 뚫고 세상에 나오게 된 것이다.

이때 조선총독부와 이왕직李王職에서는 시마즈 가문에 소장된 〈몽유도원도〉를 넘겨달라고 수차 요청했지만 거절당했다 한다. 스즈키 오사무, 〈안견의 몽유도원도에 관하여〉, 《비부리아》 제65호(1977년 3월), 70쪽 아마도 총독부와 이왕직은 1893년 감사증이 발급된 후 이 서화가 시마즈 가문에 소장되어 있다는 정보를 입수했음에 틀림없다.

몽유도원도 최초의 공개전시

나이토 고난 교수가 〈몽유도원도〉를 세상에 처음 알린 2년 후 〈몽유
도원도〉는 1931년 3월 22일부터 4월 4일까지 도쿄 우에노 공원에 설
립된 도쿄부미술관東京府美術館에서 개최된 '조선명화전람회朝鮮名畵展覽會'에
서 공개되었다.

조선 왕실과 총독부 소장품 그리고 조선과 일본의 개인이 소장한
조선의 걸작 미술품 총 400여 점이 전시된 우에노 전시회에서 사람들
의 이목을 집중시킨 것은 단연 〈몽유도원도〉였다. 그림만으로도 최고
의 명화일 뿐 아니라, 조선 역사의 한 획을 긋는 인물들의 친필 찬문이
총집합된 역사적 걸작품인 것이다. 게다가 제작 시기가 알려진 조선
시대 그림 중 가장 이른 것이며, 지금까지 한 번도 세상에 등장하지 않
았던 비보였던 것이다.

우에노 전람회에서 대단한 찬사를 받은 〈몽유도원도〉는 조선 최고
의 황금기를 상징하는 역사적 예술품이지만, 이제는 일본인 소장자를
전전하며 식민지로 전락한 조선을 대표하는 고서화로 출품되었으니,
그간의 조선 역사가 겪은 굴곡을 말없이 보여주고 있었다. 조선명화
전람회의 실무를 담당했던 '조선미술관' 주인 우경友鏡 오봉빈吳鳳彬(1893~
납북)은 이 전람회에서 〈몽유도원도〉를 보고 그 애절한 소감을 〈동아일
보〉에 다음과 같이 피력했다.

일본의 소노다 사이지 씨가 출품한 안견의 〈몽유도원도〉는 참 위대한
걸작입니다. ……이것은 조선에 있어서 둘도 없는 국보입니다. 금번

빼앗긴 세계문화유산

명화전의 최고 호평입니다. 일본 문부성에서 국보로 내정하고 가격은 3만 원가량이랍니다. 내 전 재산을 경주하여서라도 이것을 내 손에 넣었으면 하고 침만 삼키고 있습니다. 〈몽유도원도〉는 안평대군이 꿈에 본 도원의 모습을 안견에게 사생시킨 것이라는데, 나는 이것을 수십 차례나 보면서 〈단종애사〉를 재독하는 감상을 가지게 됩니다. 이것만은 꼭 내 손에, 아니 조선 사람의 손에 넣었으면 합니다.〈동아일보〉 1931년 4월 10일

왜 〈몽유도원도〉가 시마즈 가문에 소장되어 있었는가?

그러면 왜 〈몽유도원도〉가 시마즈 가문에서 나타나게 되었는가? 다시 말해 이 서화가 어떻게 일본으로 건너가서 사츠마의 시마즈 가문의 소유가 되었는가? 이 질문에 답하기 위해서는 1929년 9월 〈몽유도원도〉의 존재를 처음으로 세상에 알리면서 나이토 고난 교수가 한 말을 음미해보아야 할 것이다. 그는 이 서화가 "문록·경장의 역임진왜란과 정유재란의 획물獲物일 것"이라고 썼다. 그 이유는 이 서화가 임진왜란에 출전했던 시마즈 가문에 오랫동안 소장되어 있었기 때문이라 했다.

나이토 고난 교수의 글은 상당히 타당성이 있다. 왜냐하면 〈몽유도원도〉가 임진왜란 이전에 또는 임진왜란 이후에 일본에 들어갔을 가능성은 거의 없기 때문이다. 오직 임진왜란 중에 잃어버렸을 가능성이 있을 뿐이다.

세종 1년 대마도 정벌 후 임진왜란까지 왜구의 침구는 사라졌다. 임진왜란이 끝나자 조선은 200년간 정기적으로 조선통신사를 파견하여 왜구 침입의 빌미를 주지 않았다. 1811년 마지막 조선통신사가 파

견된 후 일본은 서세동침의 국제 정세 속에서 개국을 준비하며 왜구
에 대한 중앙의 통제를 강화했고 왜구의 조선 침입은 종식되었다.

일본이 1876년 조선과 강화도조약을 체결하고, 1905년 한국을 식
민지로 만들면서 한국 문화재를 조직적으로 샅샅이 약탈해 갔음은 설
명할 필요도 없다. 그런데 〈몽유도원도〉는 1893년 일본정부로부터 인
증서를 받았으므로 늦어도 1893년 이전에는 일본에 들어갔을 것이니
일제강점기에 약탈된 것은 아니다.

임진왜란에서 조선출병군 장수, 사쓰마의 시마즈 요시히로

따라서 가고시마의 시마즈 가문에서 〈몽유도원도〉가 나왔고, 또한 시
마즈 가문의 제17대 당주 시마즈 요시히로島津義弘는 임진왜란과 정유
재란 중1592~1598 5년간 조선에 주둔했던 왜장이었음을 고려해야 할 것
이다. 그는 도요토미 히데요시의 조선 출병군 9진 중 제4진을 맡아 경
기도 북부 영평과 강원도 김화에 주둔했다. 1953년 1월 벽제관 전투
에 참여한 그는 패주하는 왜군의 퇴로를 엄호하며 남하하여 거제도와
사천에 머물렀고, 이후 정유재란에 다시 참전하여 사천 왜성에서 1년
2개월 머물다가 영구 귀국했다.

임진왜란 기간 중 시마즈 요시히로의 조선 주둔 상황을 볼 때, 우선
그는 서울에서는 약탈 행각을 벌이지 못했던 것이 확실하다. 출병군 중
가장 늦게 조선에 도착한 그의 부대가 출병 총대장 우키다 히데이에가
주둔한 서울에서 약탈에 나설 여지는 없었을 것이다. 더구나 그가 도
착한 1592년 5월 18일 야밤에는 임진강 전투가 막 개시되고 있었다.

빼앗긴 세계문화유산

그의 부대는 서울에 발을 들여놓지 못하고 왜군의 도강 작전을 지원하기 위해 곧바로 임진강 주변에 투입되었을 가능성이 크다. 따라서 그가 〈몽유도원도〉를 손에 넣었다는 것은 약탈 장소가 서울 이외의 장소였음이 확실하다는 것을 말해준다.

시마즈 요지히.

늦게 도착했던 만큼 시마즈 요시히로는 출병 초 부산에서 서울까지 서둘러 진군했고, 김화에서 퇴각 시에는 평안도, 황해도, 함길도에서 퇴각하는 제1, 2, 3진의 엄호를 맡아 급박하게 후퇴했기 때문에 이 기간 중 그가 거쳐간 지역에서는 약탈이 어려웠을 것이다.

요시히로가 처음 주둔했던 경기도 북부 지역은 안평대군이 자주 출입했고 또한 고양현 벽제관 동쪽의 대자산 산속에 대자암大慈庵 (또는 大慈寺)이 있었음을 상기할 필요가 있다. 태종이 요절한 막내아들 성녕대군의 능을 수호하기 위해 1418년 창건한 대자암은 성녕대군의 양자인 안평대군의 절대적인 보호와 후원, 시주를 받으며 태종 부부와 세종 부부, 문종의 명복을 빌던 조선왕실의 원찰이었다.

1592년 5월 27일 임진강 전투가 끝나고 왜군 제1, 2, 3, 4진이 모두 북진한 후, 서울과 경기도를 담당했던 왜군 총대장 우키다 히데이에는 한강 남쪽으로부터 조선군의 공격에 대비하여 서울 방어에 주력했기 때문에 7개월간 느긋하게 경기 북부에 주둔한 시마즈 요시히로가 대자암을 찾아내 절 안팎을 샅샅이 약탈했을 가능성이 클 것으로 보인다.

대자사는《명종실록》에도 기록이 있는 것으로 보아 임진왜란 때까지 건재했던 것으로 보이지만, 그 후 역사에서 사라졌다. 임진왜란의 와중에서 1593년 1월 평양에서 퇴각하던 왜군과 명나라 구원병 간에 벌어진 벽제관 전투 때 불탔다는 설이 유력하다.

〈몽유도원도〉가 일본에 오게 된 데 대하여 다른 신빙성 있는 가설이 전혀 없음을 고려할 때, 이 서화가 정확히 언제 어디에서 약탈되었는지는 앞으로 더 많은 연구가 필요하겠지만, 나이토 고난 교수의 추정대로 시마즈 요시히로에 의해 임진왜란 당시 약탈되어 일본으로 건너갔다고 볼 수 있다. 더욱이 고난 교수의 추정에 대한 반박이나 다른 이론이 전혀 없음에 비추어, 〈몽유도원도〉의 '임진왜란 약탈설'을 단정해도 무리는 없을 것이다.

〈몽유도원도〉의 소장자 히오키 시마즈 가문

일본 정부가 1893년 11월 2일 시마즈 나리아키라의 가로家老 시마즈 히사나루에게 〈몽유도원도〉에 감사증을 발급했음은 앞서 말했다. 그러니까 감사증 발급 당시의 〈몽유도원도〉의 소유자는 시마즈 히사나가인 것이다. 시마즈 히사나가는 시마즈 분가의 하나인 히오키 시마즈日置島津 가문의 13대 당주로서, 1835년부터 30여 년간 시마즈 본가에 봉사하며 가로직을 맡았던 사람이다.

빼앗긴 세계문화유산

그렇다면 임진왜란 때 시마즈 요시히로에게 약탈된 〈몽유도원도〉는 어느 시점엔가 시마즈 본가에서 분가인 히오키 시마즈가로 이전되었음이 틀림없다. 그러면 언제, 어떻게 〈몽유도원도〉가 히오키 시마즈가로 이전되었는가? 확실한 경위는 밝혀진 바 없지만, 다음과 같은 사정을 고려해 볼 수 있을 것이다.

1858년 불시에 사망한 나리아키라는 임종 자리에서 어린 아들을 히사나가에게 부탁했는데, 이때 가문의 중보重寶를 함께 맡겼을 수 있다. 히사나가의 두 형제가 이미 시마즈 나리아키라를 위해 희생했던 만큼 나리아키라는 살아생전 또는 임종 자리에서 어떤 형식으로든지 히사나가에게 깊은 감사의 표시가 있었을 것이다. 또한 나리아키라의 사후 히사나가가 나리아키라 소유 중요 미술품들 여러 점을 하사받았음을 볼 때 히요시초 향토지편찬위원회日吉町 鄕土誌編纂委員會, 《히요시초 향토지日吉町 鄕土誌》, 1982年 3月, p.309 이때 나리아키라의 소장품 중 〈몽유도원도〉가 이전되었을 가능성도 크다. 그렇다면 〈몽유도원도〉는 나리아키라의 재임 중 또는 그의 사망 직후인 1848년에서 1860년 사이에 시마즈 히사나가에게 이전되어 히오키 시마즈가의 소장품이 되었을 가능성이 높다.

〈몽유도원도〉, 시마즈 가문을 떠나다

〈몽유도원도〉가 1858년 시마즈 나리아키라의 급사 전후 히오키 분가로 이전되었다 하면, 이 서화는 이후 히오키 분가에 70여 년을 머물다 1920년대 후반 히오키 시마즈가를 떠나게 된다. 시마즈 히사나가 이후의 그림의 행방은 대략적인 기록으로 남아 있다. 1977년 일본 나라

현에 있는 덴리 대학天理大學의 스즈키 오사무鈴木治 교수가 이 그림을 추적한 글을 덴리 대학 도서관 관보《비브리아》에 실었다.

〈몽유도원도〉가 시마즈가를 떠난 것은 1920년대 후반, 시마즈 히사나가의 손자 15대 당주 시마즈 시게마로島津慇麿가 이를 처분했기 때문이다. 처분의 배경은 그의 파산이다. 1920년대 쇼와 금융공황의 초기, 시게마로는 〈몽유도원도〉를 오사카의 후지타 테이조藤田禎三에게 3천엔에 저당잡혔다. 담보금 3천 엔은 그 무렵 일본에서 쌀 130석에 해당하는 금액이니, 오늘날 시세로는 약 2천만 원 정도지만 경제 규모가 작고 공황이 엄습했던 당시 고서화 한 점의 담보 가격으로는 대단히 큰 액수였다.

새로운 소장자들, 후지타 데이조와 소노다 사이지

시마즈 시게마로부터 〈몽유도원도〉를 담보로 잡은 후지타 데이조에 관하여는 더 이상 알려진 것이 없지만, 여러 가지 정황을 종합해보건대 후지타 데이조는 후지타 재벌의 창립자인 후지타 덴자부로藤田伝三郎 남작의 3남 후지타 히코사부로藤田彦三郎인 것으로 추정된다. 후지타 가족은 1927년 쇼와 금융공황으로 타격을 받은 후지타 은행이 도산 과정을 밟는 외중에실제 은행 폐업은 1936년 방대한 컬렉션 중 1천 점을 세 차례에 걸쳐929, 1934, 1937년 대거 매각하여 760만 엔을 모았다고 한다. 사토 에이타쓰左藤英
達, 《후지타 그룹의 발전과 그 허실(藤田組の発展その虚実)》, 三惠社, 2008, 6쪽

1929년 무렵 후지타 히코사부로는 〈몽유도원도〉를 가고시마의 부유한 무가武家 출신으로 오사카에서 사업을 하는 소노다 사이지園田才治

에게 매각한 것으로 보인다. 소노다 사이지는 구입 직후부터 이것을 매물로 내놓으려고 오사카와 교토 일대의 고미술상에게 보여주던 중 1929년 나이토 고난 교수가 이를 보고 글을 써서 세상에 알린 것이다. 이후 〈몽유도원도〉는 제2차 세계대전을 거치며 20년 가까이 소노다 사이지 집안의 소유로 남아 있었다.

류센도 대표 마유야마 준키치

1933년 소노다 사이지는 〈몽유도원도〉를 일본의 국보로 지정받았고, 1939년에 다시 중요미술품구국보舊國寶으로 지정을 받았다. 1939년의 소유자는 소노다 사이지의 아들로 보이는 소노다 준園田淳이었는데, 상속이 이루어진 것으로 보인다. 스즈키 오사무, 〈안견의 몽유도원도에 관하여(1)〉, 《비부리아》, 51쪽

〈몽유도원도〉의 매각처를 여기저기 알아보던 소노다 사이지에게 도쿄의 고미술상 류센도龍泉堂에서 구입 의사를 알려왔다. 유럽과 미국에도 이름이 알려진 국제 골동계의 거물이었던 류센도 주인 마유야마 준키치繭山順吉에게 〈몽유도원도〉는 110만 엔의 현찰에 팔렸다. 이후 〈몽유도원도〉는 1950년 현 소유주인 덴리 대학에 매각될 때까지 3년간 마유야마의 소유로 있었다. 마유야마 준키치는 〈몽유도원도〉를 인수한 후 이를 새로 장정하여 두 권으로 만들었다. 오늘날 〈몽유도원도〉의 상태는 이때 만들어진 것이다. 스즈키 오사무, 〈안견의 몽유도원도에 관하여(1)〉, 《비부리아》, 47~48쪽.

마유야마 준키치가 소장했던 〈몽유도원도〉는 1950년 1월 일본의 새로운 문화재보호법에 따라 중요미술품국보에서 '중요문화재'로 재지

정을 받았다. 1950년 8월 시행된 이 새로운 문화재보호법은 1933년의 중요미술품을 그대로 '중요문화재'로 지정하고, 그중 세계 문화의 견지에서 가치가 높고, 동종의 예가 없는 국민의 보물을 '국보'^{속칭 신국보}로 지정했다. 이 법에 따라 〈몽유도원도〉의 법적 지위는 중요미술품^{구국보}에서 '중요문화재'로 바뀌었으며, 오늘날까지 변동이 없다.

6·25 전쟁 무렵 한국에 나타나다

도쿄의 가장 유명한 골동품상의 하나였던 류센도에서 매물로 내놓은 〈몽유도원도〉는 여러 사람에게 보였던 것 같다. 이때 한국 정부도 구입할 기회가 있었다고 했다.

1947년 초대 국립박물관장 김재원金載元 박사가 일본에 갔을 때 일본의 미술사가 구마가이 노부오熊谷宣夫로부터 구입이 가능하다는 말을 들었지만, 당시로서는 엄청난 액수였던 수천 달러를 호가하는 가격 때문에 구입을 하지 못했다고 했다. 고제희, 《우리 문화재 속 숨은 이야기》, 문예마당, 2007.

국학자인 석전石田 이병주李丙疇 박사의 회고에 따르면, 한국전쟁 당시 일본의 정객 하라原가 이를 구입하라고 이승만 대통령에게 연락을 보냈다. 이때의 가격은 3만 달러^{당시 6천만 환}의 거금이었다. 이승만 대통령은 'S'라는 모 재벌을 보내 흥정을 시켰지만, "비단에 그려진 그림과 잇대어 써진 제찬이 하도 낡아 함부로 보여줄 수 없을 만큼 서화의 상태가 극히 좋지 않았다. 당시 소문에 따르면 "비단 그림의 바탕이 쩐 듯 시커먼 데다 한 번 훅 불기만 해도 가루처럼 날아갈 듯 삭아서 돈이 아까워 사지 않았다"라고 했다. '비단에 그려진 그림과 잇대어 써진 제찬'이라는 표현으로 보아 류센도에서 구입하여 새로 장정을 끝 낸 후인 듯하다. 이때 3만 달러6천만 환는 전쟁 초기의 환율에 해당한다.

골동품계의 비화에 따르면, 1949년 〈몽유도원도〉가 한국에 왔다. 장석구張錫九라는 매국적 골동품상이 이 서화를 가지고 부산에 나타나 문화재 애호가, 국립박물관 등에 보여주며 팔려고 했는데, 구입자가 나타나지 않자 도로 일본으로 가져갔다는 것이다. 그때 이 서화를 본 사람들은 육당 최남선, 춘원 이광수, 창랑 장택상 등 많았지만, 워낙 거금이어서 발만 동동 구르다 놓쳤다고 한다.

전前 한국고미술상중앙회현 한국고미술협회 회장 신기한申基漢도 1949년 장 석구가 〈몽유도원도〉를 들고 직접 자신을 찾아와 구매자를 물색해달 라고 부탁했는데, 300만~400만 원을 호가하는 높은 가격 때문에 구 매자를 발견할 수 없었다고 말한 바 있다. 〈매일경제〉 1983년 7월 9일

그런데 장석구가 〈몽유도원도〉를 들고 한국에 왔다는 이야기는 어 딘가 대단히 이상하다. 이때 이 서화는 류센도의 소유였다. 당시 일본 이 전후 혼란기였다고는 하지만 류센도와 같은 최고의 골동상이라면, 중요미술품1950년 8월 이후는 중요문화재으로 지정된 국보 〈몽유도원도〉가 함부 로 반출되도록 허술히 취급하지는 않았을 것이다. 류센도에서 장정과 함께 대대적인 보수를 했겠지만, 이병주 박사의 말처럼 이 작품은 대 단히 허약한 상태에 있었기 때문에 장석구가 그 귀중한 서화를 들고 한국을 드나들도록 류센도에서 허용했는지는 큰 의문이다. 무엇보다 도 당시 이 서화는 일본의 국보인 중요미술품으로 지정되어 있어 반 출에는 정부위원회의 엄격한 심의를 거쳐 해외 전시와 같은 공공 목

적에 한해 문부대신이 결정하는 것인데, 장석구가 들고 온 〈몽유도원도〉가 이러한 반출 심사 과정을 거쳤는지도 의문이다.

또한 장석구가 부른 300만~400만 원(또는 환, 당시는 원을 원과 환으로 혼용했다)이란 가격도 이병주 박사가 언급한 6천만 환에 비교할 때 터무니없이 낮은 가격이다. 물론 전쟁 전후라는 상황을 고려한다 해도 1년 사이에 가격 차이가 20배 정도 난다는 것은 수긍하기가 어렵다. 장석구가 상당한 담보를 걸고 류센도에서 이 서화를 빌렸다고 믿어야 할지, 또는 장석구가 들고 온 서화가 가짜였다고 보아야 할지 알 수 없는 일이다.

〈몽유도원도〉, 덴리대학에 소장되다

덴리교天理教 본부가 있는 종교 도시 나라 현 덴리 시. 도시의 이름은 덴리교로 인하여 명명된 것이다. 종교의 이름을 도시의 이름으로 삼은 일본 유일의 도시다. 이 도시에는 1873년 처음으로 그 존재가 알려진 칠지도七支刀를 보관한 이소노카미 신궁石上神宮과 나란히 1893년 처음으로 그 존재가 알려진 〈몽유도원도〉를 보관하고 있는 덴리 대학이 있다.

덴리교는 막부 해체기인 1838년 야마베 군山邊郡(현재 나라현 덴리시)에서 태어나 이곳에서 살았던 가정주부 나카야마 미키中山みき가 1838년 창시했다. 신도神道가 광적으로 숭상되던 메이지 유신기인 1885년 덴리교는 신도의 한 분파로 편입되었다. 일본의 패전 후 종단 재구축에 나선 2대 교주 나카야마 쇼젠中山正善은 덴리교 교리의 회복과 함께 교세 확장에 매진하여 오늘날 덴리교는 신도 수 200만 명으로 일본의 대표적 신흥 종교로 자리 잡았다. 덴리교는 군국주의 치하에서 한때 공산당에 협

빼앗긴 세계문화유산

덴리교 2대 교주 나카야마 쇼젠과 덴리대학 부속 덴리도서관

력하는 분위기도 있었지만 오늘날 특정 정당과는 관련이 없다. 현재의 교주는 나카야마 쇼젠의 손자인 4대 나카야마 젠지中山善司다.

덴리교는 오래전부터 한국에 상당한 기반을 구축하고 있었다. 1893년 부산에서 포교를 시작했는데, 이것이 덴리교 해외 포교의 효시라고 한다. 일제강점기에 서울 동자동에 포교소布教所를 연 덴리교는 광복 전에 이미 한국 신도 수가 2만 명을 넘었다고 한다. 일제 패망 후 한국에서 왜색 종교가 대부분 소멸한 가운데도 덴리교는 교세를 비교적 잘 유지해왔다. 종교의 성격이 한국인의 전통 무속 신앙과 화합할 여지가 있어 종교의 현지화가 무난히 이루어졌기 때문이라 한다. 1993년 한국에서 덴리교는 전국 500개의 교회와 700개의 포교소를 중심으로, 신도 수 37만 명을 헤아리는 것으로 집계된다. 위키백과, 〈천리교〉

1953년, 덴리교 신바시라眞柱(교주)의 저택에서 제2대 교주 나카야마 쇼젠中山正善은 류센도 회장 마유야마 준키치의 방문을 받았다. 마유야마 준키치는 〈몽유도원도〉를 지참하고 있었다. 이 자리는 5년의 분할 지불 조건으로 1950년 류센도로부터 〈몽유도원도〉의 매입이 이루어진 후 3년 만에 현물을 인도하는 자리였다. 이 자리에는 덴리 대학교 미술사 교수 스즈키 오사무鈴木治와 마유야마 준키치 그리고 교토 대학교 고고미술학 교수 미즈노 세이이치가 동석했다. 서화는 덴리 대학교 부속 덴리 도서관에 소장되었다. 매매 금액은 알려지지 않았다. 훗날 마유야마 준키치는 서신을 통해 전쟁 직후 어려운 시기에 〈몽유도원도〉를 구입해준 덴리 대학의 나카야마 쇼젠 교주에게 깊이 감사했고, 또한 이 작품을 알아본 그의 혜안을 치하했다.

〈몽유도원도〉를 구입한 나카야마 쇼젠은 덴리교 창시자 나카야마 미키의 증손으로서 도쿄 제국대학교 종교학과를 졸업한 엘리트 학자이며, 종교인이자 또한 문화재 수집가였다. 그는 전후 덴리교의 교세 확장을 꾀하며 해외 포교를 강화했는데, 특히 한국 포교에 주력했다. 당시 패전국 일본에서는 한국에 대한 관심이 급속하게 퇴조했지만, 덴리교는 포교의 가능성이 가장 큰 이웃 한국에 남보다 일찍 주목한 것이다.

그는 1925년 현지어를 구사하는 해외포교자를 육성하기 위해 덴리 외국어학교를 설립하고 조선어과를 설치했다. 이와 함께 포교를 위해 수집한 자료를 수장할 덴리 도서관과 덴리 참고관을 부설했다. 1949년 덴리 외국어학교는 덴리대학교로 승격되고 일본대학 최초로 조선문학어과가 설치되었다.

이러한 배경에서 덴리 대학교는 한국의 역사와 문화에 중차대한 의미를 갖는 〈몽유도원도〉를 찾아낸 것이다. 이제 〈몽유도원도〉는 단순한 고미술품으로서 수집품 이상의 의미를 가지게 되었다. 그것은 덴리 대학교 한국학 진흥과 향후 한국에서의 덴리교 포교를 위한 귀중한 자산이 된 것이다. 덴리교는 한국과의 우호를 위한 막강한 자산을 가지고 있음에 틀림없다. 그 자산이 유용하게 활용되기를 기대할 뿐이다.

덴리 대학에서 〈몽유도원도〉를 소장한 이래 이 서화는 이제 덴리교와 불가분의 관계를 맺지 않을 수 없을 것이다. 덴리교 한국 포교 문제가 이 서화의 반환과 연관되어 종종 보도되는 것을 볼 수 있다. 1977년 11월 16~17일 자 주요 신문은 주일 한국대사관과 덴리 대학교와의 4년에 걸친 교섭 결과 〈몽유도원도〉가 한국에 돌아오게 되었다는 비공식 뉴스를 보도한 일이 있다. 덴리교 4대 교주 나카야마 젠시가 한국의 반환 요청을 받고, "구태여 소유하고 싶지 않고, 때를 보아서 반환하겠으며, 그 시기는 한국 덴리교 전도관을 기공할 때인 1978년 7월이나 8월에 기념물로 가져가겠다"라고 밝힘으로써 교섭이 이루어졌다는 것이다. 〈동아일보〉 1977년 11월 16일 한국 회화의 대표작, 국보 중의 국보, 안견의 몽유도원도가 돌아온다. 4년 교섭, 천리대 내년 반환 결정, 〈동아일보〉 1977년 11월 17일 환국에 어려움 많은 몽유도원도, 〈조선일보〉 1977년 11월 17일 고향 찾게 될 안견의 몽유도원도, 〈경향신문〉 1977년 11월 16일 몽유도원도, 일본서 반환, 내년 8월 돌아와 등

그렇지만 이 같은 뉴스에 대해 덴리 대학교 도서관 담당자와 일본 문화청 담당관, 주일 한국대사관이 모두 공식적으로 부인했다는 보도가 뒤따르면서, 이 뉴스는 하나의 해프닝으로 끝난 것 같다. 얼마 전에는 한국 천리교 신도들이 〈몽유도원도〉의 환수를 위해 100만 인 서명 운동을 벌이고 있다는 보도도 나온 바 있다. 〈경남신문〉 2007년 6월 30일, 대한천리교닷컴 2007년 1월 26일 등

덴리 대학교는 이제까지 세 번 〈몽유도원도〉를 한국에 대여하여 전시하게 했다. 1986년 경복궁 국립중앙박물관 개관 기념으로 15일간 대여한 것과 1996년 호암미술관에서 열린 「몽유도원도와 조선 전기 국보전」에 두 달간 대여한 것, 그리고 마지막으로 2009년 9월 한국 박물관 100주년을 기념하여 국립중앙박물관에 10일간 대여한 것이다. 마지막 국립중앙박물관 전시에서는 쇄도하는 관람객들 1인당 오직 30초의 관람을 허용했을 정도의 대성황을 이루었다.

덴리 대학은 이 서화가 상징하는 역사적 중요성과 한국인이 이 서화에 느끼는 엄청난 감정을 잘 알고 있다. 마유야마 준키치 류센도 회장이 이 서화를 가지고 덴리 대학의 나카야마 쇼젠 교주를 방문했을 때 동석했던 스즈키 오사무 교수는 22년이 지난 1977년 3월에서 8월에 걸쳐 덴리 대학 도서관보 《비부리아biblia》에 〈몽유도원도〉에 관한 상세한 분석과 평가를 내리면서 다음과 같은 요지의 글을 썼다.

조선의 르네상스 시대 안평대군의 꿈을 그린 안견의 이 그림은 해동 제일의 명작이라고 할 수 있으며, 여기에 안평대군의 수려한 글과 비해당에 모인 당대의 명류 21인이 다투어 대군의 송덕과 안견의 화필을 예찬한 이 시서화 삼절의 장관은 멀리 당나라 시대로 거슬러 올라가는 동아시아 예술의 전통을 그대로 전하면서 이 시권을 무가보無價寶로 만들어놓았다. (……) 이 서화는 결국 6년 후에 닥칠 운명적 사투를 모르는 채 양파가 비해당에 함께 모여 있는 모습을 여실히 보여줌으로써 조선 역사상 희귀하게 보이는 중요한 역사적 문화유산이라고 말할 수밖에 없다. 스즈키 오사무, 〈안견의 몽유도원도에 관하여(1)〉, 《비부리아》, 41쪽, (2)의 53쪽

빼앗긴 세계문화유산

그림의 반환 가능성은?

스즈키 오사무 교수의 정확한 평가대로 한국인에 대한 〈몽유도원도〉의 문화적, 역사적 중요성은 크며, 각별히 한국인이 갖는 심정적 중요성은 엄청난 것이다. 한국 역사상 가장 빛나던 시대의 상징인 이 시권은 한국인에게 가장 사랑받는 문화재로서 일종의 국민 문화재가 되었다. 그런가 하면 조선의 역사상 가장 처참했던 전쟁으로 빼앗긴 이 작품은 한국인에게 지워지지 않는 상처와 상실감을 일깨운다. 그래서인지 이 서화는 한국이 회복해야 할 해외 문화재 중에서 첫 손가락에 꼽히는 문화재로 간주된다. 《아시아경제》, 2012년 10월 18일.

문화재는 최초로 발견된 장소에 귀속되는 것으로 간주된다. 문화재의 마지막 소유자나 유출 경위가 불분명한 경우 특히 그러하다. 이 작품은 근대 초에 제작된 서화로서 제작자와 제작 연대, 제작 경위, 소유주가 뚜렷이 기록된 역사적 작품으로서 그 제작에 한국 역사의 중요 인물들이 다수 직접 참여한 만큼 한국의 문화재로 간주되는 것은 의문의 여지가 없다.

그렇지만 이 서화가 오래전에 일본의 국보, 중요문화재로 지정된 만큼 현실적으로 일본의 소유를 인정하지 않을 수 없다. 물론 임진왜란 때 약탈되었을 가능성이 크지만, 이 작품이 어떻게 일본에 건너갔는지는 아직 해명되지 않은 상황에서 무조건 이를 약탈 문화재로 부르는 것은 바람직하지 않다.

물론 한국의 역사와 문화 예술이 그토록 깊이 투영된 그림이 외국인의 손에 들어갔다는 것은 정서적으로 받아들이기 힘들다. 더욱이 일본은 한국의 문화재를 샅샅이 약탈해 간 나라이기 때문에 일본에 넘어간 〈몽유도원도〉를 약탈 문화재로 간주하는 것은 일면 이해가 간다. 그러나 확정적인 근거 없이, 외국이 소장하고 있는 우리 문화재를 약탈로 전제하고 반환 운동을 벌이는 것은 역효과만 불러올 수 있다.

대부분의 국가들은 문화재의 반환이나 영구적인 대여를 법으로 금하고 있다. 이것을 우회하는 방법으로 문화재를 단기 대여하여 기간을 연장해 주거나 상호 문화재를 교환하여 대여하는 방법이 있다. 따라서 우리는 덴리 대학 측에 상응하는 문화재를 제공함으로써 〈몽유도원도〉를 장기 대여 받을 가능성을 모색해야 할 것이다. 외국 박물관이 소장한 문화재를 정확한 근거 없이 약탈된 것으로 간주하여 반환 운동을 벌인다면, 누가 그 문화재를 대여해 주겠는가? 그것은 단기간이나마 대여를 받을 수 있는 가능성을 스스로 저버리는 처사이다. 몽유도원도의 이전 경위는 집요하게 추적하되, 약탈 문화재라는 전제하에 환수 운동을 펴는 것은 바람직한 방법이 아닐 것이다.

또 한 가지는 덴리 대학이 이 그림을 처분할 경우, 우선적으로 한국에 매각한다는 약속을 받는 경우 심정적으로 위안이 될 수도 있다. 그러나 대여이건 구입이건 이제는 아주 어려운 일이 되어버렸다. 〈몽유도원도〉의 막대한 가치 때문이다. 이 작품을 10억 달러 정도로 추정하는 사람도 있다.

〈몽유도원도〉의 반환이 당장은 현실적으로 어렵다면, 대안으로 작품을 정밀 복사한 복사본을 한국에서 상시 전시하는 방법도 생각할 수 있다. 수십 년, 수백 년이 지나면 원본의 복사품 자체도 또 하나의

빼앗긴 세계문화유산

문화재가 된다. 복제품 역시 덴리 대학의 허락과 협조가 필요함은 물론이다. 오늘날 약탈 문화재의 원래 소유국들은 대부분 복제품을 제작하여 원래 장소에 놓아두고 아쉬움을 달래고 있다. 그렇다고 약탈 문화재 반환 운동을 단념한 것은 아니다.

CHAPTER 21

헨더슨 컬렉션
- 문화재 수집인가, 약탈인가, 돈벌이인가

헨더슨 컬렉션의 백자 시리즈. (하버드 대학 부설 새클러 박물관 소장)

외교관들이 자주 일으키는 문화재 반출 문제는
외교관들의 사소한 비행이 아니다.
그것은 선진국 외교관들의 특정한 정신 상태를 반영한다.

_린다 프로트 《법과 문화유산》 중에서

추방당한 외교관이 챙겨간 우리의 문화재

1988년 가을, 미국 뉴욕의 한인사회에 그레고리 헨더슨Gregory Henderson의 갑작스런 사망 소식이 퍼졌다. 자신의 집을 손보기 위해 지붕 위에 올라갔다가 떨어져 죽었다는 것이었다. 그의 횡사 소식을 접한 한국 교민들의 얼굴엔 만감이 교차했다.

그때는 한국의 제5공화국 시절로, 인구 20만의 뉴욕 한인사회에서 그레고리 헨더슨은 한국 정부에 몹시 비판적인 인물로 널리 알려져 있었다. 그 무렵엔 뉴욕의 한국 영사관 앞에는 교민들의 반정부시위가 심심찮게 벌어지고 있던 때이기 때문에 한국 정부를 비판하는 미국인들은 조금도 이상한 존재가 아니었다. 그럼에도 그가 아주 껄끄러운 인물로 비쳤던 이유는 무엇 때문일까?

그는 엄청난 양의 한국 문화재를 소장한 사람으로, 특히 한국의 무덤에서 출토된 부장품을 많이 가진 사람으로 소문이 나 있었다. 그가 어떻게 그렇게 많은 한국 문화재를 소유하게 되었으며 어떻게 그 많은 문화재들을 미국으로 반출할 수 있었는지, 모든 것이 베일에 가려져 있었다.

그레고리 헨더슨, 그는 누구인가?

1940년대 초에 하버드 대학에서 동양 예술을 공부한 그에게 미술사를 가르친 교수는 랭든 워너였다. 워너는 누구인가? 그는 1912년에 실크로드의 고대 문서를 탈취하러 둔황 석굴에 갔을 때, 여건이 여의치 않자 석굴의 벽을 부수고 벽화를 뜯어 온 사람으로 유명하다. 오늘날 하버드 대학 박물관은 이 벽화를 자랑스러운 소장품으로 소개하고 있다.

헨더슨은 제2차 세계대전 중에 일본어를 공부했고, 미군이 남태평양으로 진군했을 때 일본군과 한국인 포로를 다룬 경험이 있다고 한다. 종전 후, 그는 학교로 돌아와 하버드 대학에서 MBA를 마친 후 곧바로 외교관이 되었다.

독일에서 초임 외교관 생활을 시작한 그는, 1948년부터 1949년까지 주한 미국 대사관 문정관으로 근무했다. 1950년대 초반에 일본으로 건너가 미국 대사관 문정관으로 근무한 후 1958년에 다시 한국으로 부임하여 대사관의 정무 업무를 담당했고, 한국을 떠날 무렵에는 정무 참사관으로 막강한 영향력을 행사했다.

헨더슨은 1963년, 연합통신 리영희 기자^{전 한양대 교수}와의 면담 내용이 문제가 되어 한국에서 추방당했다. 당시 한국은 식량 위기에 처할 정도로 몹시 궁핍했는데, 미국은 오래전에 약속한 무상 식량 원조를 지연시키고 있었다. 리영희 기자는 그 이유가 박정희 혁명정부의 민정 이양이 늦어지는 데 대한 압력의 일종이라고 보도했는데, 그러한 정보를 제공한 사람이 다름 아닌 헨더슨으로 밝혀졌던 것이다.

한미 양국간의 민감한 외교 갈등이 노출되자, 한국 정부는 헨더슨

을 기피 외교관으로 선언했고 미국 정부는
48시간 내에 그를 귀국 조치시킴으로써 한
국에서 추방된 외교관 1호로 기록되었다.
그는 귀국 직후 외교적 비밀 사항을 함부로
발설한 데 대한 문책으로 미국 정부에 의해
파면당했다.

그레고리 헨더슨(Gregory
Henderson 1922~1988년).

　그 후, 그는 한국 전문가로 변신했다. 하버
드 대학 동아시아센터 연구원이 되었고, 하
버드 플레처스쿨에서 강의를 하기도 했다.
1968년에 그는《소용돌이의 한국정치》라는 책을 출판함으로써 한국 전문
가로서 위치를 굳혔다. 이 책은 당시 한국학 연구의 필독서로 꼽혔고, 그
는 박정희 유신정권에 비판적인 대표적 미국인 학자로 이름을 날렸다.

헨더슨의 문화재 수집

헨더슨의 한국 문화재 수집에서 빼놓을 수 없는 사람은 그의 아내 마
리아 폰 마그누스이다. 그녀는 독일 출신으로, 헨더슨이 독일에서 근
무할 때 만났고 일본에서 결혼했다. 대학에서 조각을 전공한 그녀는
한국에 와서도 조각가로 활동하기도 했다.
부부 모두 미술에 대한 풍부한 지식과 일본에서의 경험을 통한 동양
문화에 대한 해박함, 조각가인 아내와 미국 대사관 정무 참사관인 남
편, 그리하여 문화재 수집을 위한 최고의 드림팀이 한국에서 최적의
환경을 만나게 되었다.

당시 한국은 일제의 식민지 수탈에서 벗어나자마자 6·25전쟁의 참화를 겪었고, 4·19와 5·16의 혼란기를 맞은 때였다. 경제적 궁핍과 정치적 갈등, 냉전의 한복판에서 모든 것을 미국에 의존해서 해결해야 하는 상황이었다. 이런 형편에서 외국인에게 사랑받을 수 있는 유일한 것이 있다면, 그것은 우리의 문화재였다. 당시 한국에서 활동했던 외교관들이 모두 헨더슨 정도의 수집을 했던 것은 아니지만, 외국인들의 문화재 수집과 유출이 빈번했던 것은 사실이다. 1988년, 〈뉴욕타임스〉에 소개된 마리아 헨더슨의 회고담은 이렇다.

"우리는 절대 골동품상을 찾아가는 법이 없었다. 골동상들이 우리에게 보여 주려고 물건을 싸들고 왔다. 거기서는 그런 식으로 일이 진행되었다. 중요한 도자기들을 골동상들이 직접 싸들고 왔다……."

그들은 한국에 머물렀던 1958년부터 1963년까지 모든 분야를 망라하는 중요한 문화재를 수집했다. 우선 잘 알려진 것으로는 150여 점의 도자기를 수집했고, 그 밖에 전모가 파악되지는 않았지만 다량의 불화, 불상, 서예, 전적류를 수집했다.

이들 수집품은 한국의 전 역사에 걸쳐 골고루, 그리고 알짜만 포함되었다는 게 정평이다. 재임하는 6년 미만 동안 이 정도를 수집한 것을 숫자로 따진다면, 1년에 도자기만 30여 점을 수집했고 다른 수집품을 감안한다면 하루건너 하나 꼴로 한국 문화재를 손에 넣었다고 할 수 있다.

빼앗긴 세계문화유산

헨더슨은 어떻게 문화재를 반출했을까?

헨더슨이 갑작스럽게 한국을 떠난 후, 그의 수집품은 뒤에 남은 아내가 정리하여 가지고 갔다. 헨더슨은 기피 외교관으로 떠났고 곧 파면당하지만 국제법상 그의 이삿짐은 외교관의 이삿짐으로 간주되었을 것이며, 따라서 외교관의 특혜를 받았을 것이다. 이는 외교관의 이삿짐 내용을 검사받지 않는 특혜로 1961년의 '외교 관계에 관한 빈 협정'에 따른 것이다.

외교관에 대한 특혜가 국제법으로 보장되고 당시 한국의 법적 행정적 제도가 미비한 상황에서, 그리고 외교관에 대한 지나친 특권이 당연시 되던 우리 사회의 관행으로 볼 때, 그의 아내가 들고 나간 이삿짐에 특별히 문제가 제기되었을 것 같지는 않다.

한국은 1948년 정부 수립 후의 어수선한 상황에서 별도의 문화재법을 제정하지 못하고 일제시대 '조선 보물 고적 명승 천연기념물 보존령'을 잠정적으로 유지하다가 1962년에야 문화재보호법을 제정했다.

이 법은 지정 문화재의 반출은 문교부장관의 허가, 또는 신고를 규정하고 있다. 이는 중요 문화재를 문교부장관이 지정 문화재로 지정하는 것으로, 비지정 문화재에 관한 규정은 없었다. 따라서 헨더슨이 가져간 문화재 중에 지정 문화재가 포함되었다면 분명히 불법 반출에 해당되지만, 비지정 문화재에 대해서는 특별한 법적 규정이 없었다.

당시 비슷한 사례가 있었다. 1965년, 서울의 유명한 고서점이었던 화산서림이 문을 닫으면서 '화산문고'의 일부였던 조선 왕실 의궤 등 귀중한 서적이 미국에 팔렸다. 이것을 알게 된 일부 서지학자들이 정부에 문제를 제기했는데, 이때의 반출은 문교부의 정식 허가를 받은 것이었다. 국보급 문화재가 정부의 심의를 거쳐 외국에 넘어갔으니 당시의 문화재 반출 기준이 얼마나 허술했는지 알 수 있다. 이때 넘어간 의궤 3권은 오늘날 컬럼비아 대학 동아시아 도서관에 소장되어 있다.

외국의 문화재를 수집하는 데 있어 미국의 관행은 비교적 깨끗하다. 미국은 제국주의 문화재 경쟁에 뒤늦게 뛰어들었는데, 1900년대 초에 이르러서야 비유럽 지역의 유물 발굴에 참여했다. 이때는 이미 국제 관행이나 발굴지의 국내법이 어느 정도 정비된 후였다.

미국은 제국주의 유럽국가나 일본처럼 국가적으로 노골적인 문화재 약탈을 벌인 전력은 없다. 또한 미국은 제2차 세계대전 종전 처리에서 문화재 약탈의 범죄성을 확고히 수립한 나라였다. 그런 만큼, 점령지 미군이나 외국 주재 미국 외교관의 문화재 범죄를 미국 정부가 묵인하지는 않았을 것으로 추측된다. 따라서 헨더슨의 어마어마한 문화재 수집은 미국 정부도 잘 알고 있었겠지만 법적으로는 문제삼지 않았던 것으로 보인다.

헨더슨 컬렉션, 하버드 박물관에 기증되다

1969년, 헨더슨 부부는 오하이오 주립대학 미술관에서 '한국의 도자기 : 예술의 다양성 – 헨더슨 부부 컬렉션'이라는 타이틀로 전시회를 가졌다. 이때 헨더슨 컬렉션의 진가가 크게 인정받았고, 1970년대로 접어들면서 그의 수집품은 또 다시 뉴스를 타게 되었다.

그가 유신체제와 한국의 인권 문제를 비판하고 나서자, 우리 정부

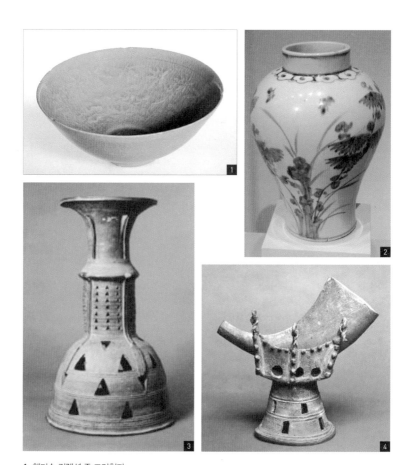

1. 헨더슨 컬렉션 중 고려청자.
2. 헨더슨 컬렉션 중 청화백자 매병.
3. 헨더슨 컬렉션 중 뱀 모양 장식의 가야 토기.
4. 헨더슨 컬렉션 중 신라 토기 뿔잔과 받침대.

가 그의 막대한 한국 문화재 반출을 비난하면서 반환을 요구했던 것
이다. 그러나 한국 정부의 요구는 언론 공세의 하나로 공식적으로 반
환 청구를 제기한 것은 아니었다. 물론 헨더슨은 예술 애호가로서 적

법한 문화재 수집을 내세웠을 것이다.

그러나 1970년~1980년대 헨더슨은 그의 소장품을 뉴욕 메트로폴리탄 박물관에 1백만 불에 내놓았고, 여기에 더하여 자신으로 박물관 큐레이터로 채용할 것을 제안했다고 한다. 당시로서는 엄청난 액수와 조건이었다. 박물관 측은 액수도 크지만 헨더슨을 큐레이터로 채용할 수 없었기에 그의 제안을 거절했다. 한국을 떠난 지 불과 10여 년 만에 그 수집품은 백만 불을 호가하여 구매자를 찾고 있었으니, 그의 수집의 제 1차적 목적은 돈벌이에 있었다고 보아야 할 것이다.

1988년, 헨더슨이 사망하자 그의 컬렉션이 또 한 차례 이목을 집중시켰다. 컬렉션의 구입에 한국 정부도 관심을 보였고, 삼성도 접촉이 있었다고 한다. 그러나 헨더슨의 아내가 부르는 가격이 너무나 엄청나서 한국과의 거래는 성사되지 못했다는 후문이다.

1991년, 헨더슨의 부인은 소장품 중 도자기 컬렉션을 하버드 대학 부설 '아더 엠 새클러 박물관'에 기증했다. 새클러 박물관은 근동 및 아시아 문화재를 다루는 하버드 대학 3개 박물관 중 하나로 주옥같은 1,870개의 소장품들을 자랑하고 있다.

당시 헨더슨의 아내가 기증한 도자기의 내역은 상세히 알려지지 않았으나, 50퍼센트의 기증과 다른 50퍼센트는 20년 내에 하버드 측이 구입한다는 조건이었다고 한다. 이런 조건은 엄청난 판매 대금에 따른 세금 감면의 혜택 때문인 것으로 알려졌다.

마리아 헨더슨의 기증을 주도한 사람은 새클러 박물관의 아시아 담당 로버트 마우리 교수였다. 그의 전공은 중국 미술이지만, 그 역시

빼앗긴 세계문화유산

1960년대에 평화봉사단으로 한국에 왔던 경험을 바탕으로 한국 예술에 대한 깊은 안목을 가지고 있었다.

새클러 박물관에 온 헨더슨의 도자기 컬렉션은 그 가치를 확고히 인정받았다. 1992년 12월부터 1993년 3월까지 열린 전시회의 명칭은 '하늘아래 최고, 한국 도자기 헨더슨 컬렉션First under Heaven : Henderson Collection of Korean Ceramics'이었다. 그 이름이 보여 주듯, 이 일을 계기로 한국 도자기는 세계 정상급 도자기로 위치를 굳혔고 이와 더불어 새클러 박물관의 헨더슨 컬렉션은 서양에서 가장 우수한 한국 도자기 컬렉션으로 인정받게 되었다.

헨더슨 컬렉션의 중요성은, 그것이 산발적인 수집이 아니라 한국 전체 도자기 역사를 관통하는 일관된 컬렉션이라는 데 있다. 1세기부터 19세기에 이르기까지 삼국시대, 통일신라시대, 고려시대, 조선시대를 골고루 아우른다.

이들 중 조선시대 것을 제외하면 거의 전부가 무덤에서 출토된 것으로, 특히 삼국시대 도기는 처음부터 부장품으로 제작된 것들이었다. 삼국시대와 통일신라시대 때의 토기는 한국의 도기 역사에서 아주 이른 시기의 희귀한 걸작들이 포함되어 있고, 고려와 조선시대의 도자기는 최고의 명품이 포함되었다.

이들 전체 컬렉션은 그 내용이 일관되면서도 다양하고, 중국과 차별되는 한국적 우수성을 대표한다는 점에서 그 중요성과 가치가 막중하다. 따라서 이 컬렉션은 예술적, 예술사적, 도자기 과학적 측면에서 모두 가치가 있는 중요한 것들이다. 1991년 이 컬렉션을 기증받으면서 마우리 교수는 이렇게 평했다.

"이들은 한국의 국보가 아니며, 불법 반출된 것은 더욱 아니다. 한국의 문화유산이 도둑맞은 것도 아니다. 물론 개중에는 희귀품도 있지만 동일한 종류가 한국 내에도 있다."

그러나 마우리 교수의 평가는 정확하다고 볼 수 없다. 따라서 헨더슨 컬렉션의 가치와 문제점을 우리의 시각으로 정확하게 조사하고 평가할 필요가 있다.

헨더슨 컬렉션의 문제점은 무엇인가?

이들 컬렉션이 도난품, 도굴품, 또는 지정 문화재를 포함하고 있는지는 밝혀지지 않았다. 따라서 향후 컬렉션의 목록을 연구할 필요가 있을 것이다. 또한 컬렉션이 불법 반출되었다는 증거가 없는 데다가 45년 전에 이루어진 일이기 때문에 이제는 시효로 인해 반출의 법적 문제를 물을 수도 없다. 더구나 헨더슨 소유의 한국 문화재는 합법적으로 하버드 박물관에 기증되었기에 이제는 하버드 박물관의 소장품이다.

헨더슨 컬렉션의 문제는 그 내용에서 찾아야 할 것이다. 컬렉션 중에는 다수의 국보나 보물급 문화재가 포함되었을 것은 의심의 여지가 없다. 현재 우리의 국보나 보물로 지정된 문화재 중에 삼국시대 토기와 가야 토기가 여러 점 있고, 다수의 고려청자와 조선시대 자기가 포함된 점으로 보아 그러하다. 하지만 헨더슨 컬렉션에 속하는 대부분의 품목은 반출 당시에 지정 문화재로 등재되어 있지는 않았을 것이다.

빼앗긴 세계문화유산

1. 헨더슨 컬렉션의 고려 청자 시리즈.
2. 헨더슨 컬렉션의 불상 시리즈.

　더욱 중요한 사실은, 이들 컬렉션이 단지 최고의 단일 문화재만을 모아놓은 게 아니라는 점이다. 그것은 한국의 전 역사를 가로지르는 광범위한 컬렉션이며, 한국 문화재의 특성을 나타내는 최고급 문화재로 구성되어 있다.

　결론적으로, 그것은 산발적인 문화재 수집이 아니라 한국 문화유산의 일부를 떼어간 것이다. 그의 컬렉션 중에는 고대 토기만 50점이 넘는데, 이것은 상당한 숫자이다. 나머지 100여 점도 최고급 수준으로, 이만한 양은 전문적인 재벌급 수집가라도 평생 걸려 수집했을 수준이다.

　문제는, 돈 많은 수집가도 아닌 일개 외교관의 신분으로 불과 6년도 채 안 되는 기간에 이러한 조직적인 문화재 컬렉션을 손에 넣을 수 있었다는 점이다. 한국의 최고급 도자기 문화재를 집중적으로 공략한 결과가 아니라면 이런 수준의 컬렉션을 이루어내기 어려웠을 것이다.

더구나 이들 컬렉션은 큰돈을 들이지 않고 수집되었다. 중견 외교관이 가난한 나라에서 단기간에 거의 공짜로 손에 넣은 엄청난 컬렉션이다. 바로 이 점이 헨더슨 컬렉션이 얼마나 부도덕한 산물인지 스스로 말해 주는 것이다. 불법과 비행이 당연히 게재되었을 것이라는 추측이 가능하다. 이것은 수집 행위라기보다는 약탈에 가깝다. 그가 일찍 추방당했다는 게 불행 중 다행이랄까?

1970년 유네스코 협약제9조은 '국가의 문화유산이 고고학적, 또는 인종학적 물품의 약탈로 인해 위험에 처하게 될 경우 회복될 수 없는 손상을 방지하기 위해 잠정적인 조치를 취해야 한다'고 규정하고 있다. 이를 소위 '위기 조항'이라고 부른다.

물론 헨더슨 컬렉션이 한국의 문화유산을 위기에 처하게 할 정도는 아니며, 이 협약은 '고고학적, 또는 인종학적 물품'에 한정되기 때문에 헨더슨 컬렉션은 해당되지 않는다고 할 수도 있다. 게다가 1970년에 발효된 유네스코 협약이 그 시대에는 존재하지 않았기 때문에, 이 협약을 기준으로 헨더슨 컬렉션을 논하는 것은 현실성이 없다.

그럼에도 불구하고 유네스코 협약을 거론하지 않을 수 없는 이유는, 희귀한 한국의 고고학적 물품을 다량 포함한 헨더슨 컬렉션의 약탈에 가까운 수집 행위는 한 국가의 문화유산을 위협할 가능성이 있으며, 이와 비슷한 극단적 사태를 상정하여 1970년도에 유네스코 협약은 '위기 조항'을 규정했다는 사실을 알아 둘 필요가 있기 때문이다.

헨더슨 컬렉션은 부장품이 큰 비중을 차지한다. 바로 이 점이 한국

인들의 정서를 거스르고 있다. 1970년
대에 한국에 근무한 리처드 스나이더
미국 대사 부부 역시 한국의 민화^{民畵}
를 대량 수집해 간 것으로 유명한데,
이들이 한국을 떠날 무렵에는 한국의
민화 값이 폭등했다는 소문이 무성했
다. 물론 스나이더 대사의 경우는 널리
알려져 있지 않기 때문이기도 하겠지
만, 그에 대해서는 헨더슨과 같은 반감
은 없었다.

안평대군의 글 〈금니법화경〉.

　살아 있을 때, 헨더슨 부부의 행태는
한국인뿐만 아니라 전 세계 문화재 애호가들의 분노를 사기에 충분했
다. 헨더슨 부인의 거실 사진은 언론에 자주 공개되었다. 그들의 주택
은 한국의 국보급 문화재로 거의 도배를 하다시피 한 것으로 잘 알려
져 있다.

　그들이 사는 집은 보통 기준 이상의 훌륭한 주택이지만 귀중한 문
화재를 전시할 만한 대저택은 결코 아니었다. 그 좁은 거실의 벽난로
위에 걸려 있던 고려시대의 탱화는 헨더슨 부부가 한국 문화재를 어
떻게 취급했는지를 보여주기에 충분했다.

　한때 서재에 걸려 있었다는 안평대군의 글 '금니법화경'은 금가루
로 쓴 경전으로, 오늘날 한국에 남아 있었다면 국보로 간직할 만한 귀
중한 문화재이다. 여기다 추사의 글씨까지, 비록 개인의 소유이기는

하지만 일국의 문화재들을 시설이 완벽하지 않은 개인주택에 그런 식으로 늘어 놓을 수는 없는 일이었다. 현재 누구의 소유인가를 떠나 엄연한 한국의 국보 또는 보물급 문화재이다.

거의 공짜로 긁어모은 문화재에 둘러싸여 마치 록펠러 또는 카네기나 되는 것처럼 예술의 후원자 행세를 하던 헨더슨 부부는 진정으로 예술품을 사랑한 사람들이 아니었다. 가난한 나라에 파견된 한때 운이 좋았던 외교관 부부로, 그들의 컬렉션은 개인적인 치부의 수단이자 전리품이었고, 한국 문화유산에 대한 훼손이었다.

말년에 헨더슨 부인은 마치 자선 행위라도 하는 듯이 몇 점의 문화재를 한국에 기증했다. 그녀가 죽은 뒤에 가지고 있던 모든 한국 문화재는 경매로 팔렸다고 하는데 그 전모와 행방은 뚜렷이 밝혀지지 않았다.

외교관들은 근무지에서 일정한 특권이 인정되고, 외국 문물에 대한 일정 수준의 식견이 있다고 보아 이들의 문화재 수집 행위는 예술품을 애호하는 행동으로 존경을 받기도 한다. 그러나 도가 지나친 수집 행위의 일차적 목적은 돈벌이일 뿐이다. '엘긴 마블'의 장본인인 엘긴이 그러했다. 현재 대영 박물관이 소장하고 있는 파르테논 마블은 1816년에 터키 주재 영국 대사 엘긴이 뜯어 온 것이다.

제국주의 시대 문화재 약탈의 주인공이었던 유럽의 외교관들은 이집트, 메소포타미아, 그리스 등지에서 마구잡이로 수집한 문화재를 외국의 박물관에 팔아 거액을 남겼다. 이러한 관행이 끈질기게 남아 있기 때문에, 1983년 유네스코 전문가회의와 1993년 유네스코 총회에서 외교관들이 근무지의 문화유산을 존중하고 문화재법을 준수할 것을 촉구하는 권고가 채택되었을 정도이다. 오늘날 중남미 여러 국가들은 외교관들의 이삿짐 반출시에 문화유산을 가져가지 않는다는 각서를 받기도 한다.

최근 해외 문화재 반환 운동을 이끌고 있는 한국의 민간단체 대표들이 새클러 박물관을 방문하여 헨더슨 컬렉션의 일부를 직접 살펴보고, 박물관 측과 반환에 관한 의견을 나누어 많은 국민들의 관심을 집중시켰고, 한동안 잊고 있던 귀중한 문화재에 다시금 이목이 집중되었다.

헨더슨 컬렉션은 미국에 들어온 지 45년이 지났다. 지금까지 한국 정부는 반출의 문제점을 지적하면서 반환을 요구하기도 했지만, 공식적으로 문제를 제기하지는 않았다.

지금 헨더슨 컬렉션은 하버드 대학 박물관의 소장품이 되었고, 거기서 한국 문화재 컬렉션의 초석이 되고 있다. 그것은 또한 서양에서 가장 중요한 도자기 컬렉션으로, 또는 가장 중요한 한국 컬렉션의 하나로 이 명문대학을 더욱 빛내고 있다. 이 컬렉션은 하버드 대학 박물관장이었던 제임스 쿠노의 큰 업적으로 평가되었다. 쿠노는 문화재 반환 운동의 반대자들의 중심에 있는 인물이다.

최근 박물관의 강화에 박차를 가하고 있는 하버드 대학이 이 귀중한 컬렉션을 포기할 가능성은 희박하다. 오늘날 일관된 문화재 컬렉션을 쪼개는 일은 금기시되고 있으며, 대부분의 기증자들이 조건으로 내세우는 것은 박물관이 이를 분산시키지 않고 소장한다는 것이다. 게다가 헨더슨 컬렉션의 가치는 이미 막대한 것이 되었다.

헨더슨 컬렉션이 하버드에 온 이래 단 한 번 전시되었는데, 그 위력은 대단했다. 단번에 한국의 이미지를 바꾸었다고 해도 과언이 아니다. 이제 미국인들은 한국이 첨단산업 분야에서 거둔 성공이 유구한 문화적 전통과 역량에서 나온 것임을 이해하게 되었다.

아쉽지만, 현재 미국에서 헨더슨 컬렉션이 맡고 있는 역할에 만족해야 할 것이다. 그러나 컬렉션의 반환과는 별도로 컬렉션의 내용을 확인하고, 잘못된 정보가 있으면 바로잡는 조치는 필요할 것이다.

빼앗긴 세계문화유산

Part 1. 문화유산, 제왕들의 탐욕에 짓밟히다

Chapter 1. 함무라비법전 비문 - 세계 최초의 문화재 약탈로 기록되다

· Denise Schmandt-Besserat, 'When Writing Met Art:From Symbol to Story', University of Texas Press, 2007.
· Allison Karmel Thomason, 'Luxury and Legitimation:Royal Collection in Ancient Mesopotamia', Ashgate, 2004.
· Marzieh Yazdani, 'Archeological Teams in Iran', CAIS(The Circle of Ancient Iranian Studies)
· Magnus Thorkell Bernhardsson, 'Reclaiming a Plundered Past : Archeology and Nation Building in Modern Iraq', University of Texas Press, 2005.

Chapter 2. 키루스 칙령 - 바빌로니아에서 태어난 인류 최초의 인권 문서

· Enid B. Mellor, 'The making of the Old Testament', CUP Archive, 1972.
· "Cyrus the Great", Iran Chamber Society
· Amèlie Kuhrt, "The Cyrus Cylirder and Achaemenid Imperial Policy", Joural of studies of the old Testament 25.

Chapter 3. 오벨리스크 - 제국주의에 바쳐진 고대 문명의 상징

· Fekri A. Hassan, 'Imperialist Appropriation of Egyptian Obelisks'(2003) Encounters with Ancient/University College London Institute of Archeology Publication
· David Jeffreys, 'Views of Ancient Egypt Since Napoleon Bonaparte : Imperialism, Colonialism and Modern Appropriations' Cavendish Publishing, 2003.
· Michael D. Garval, 'A Dream of Stone : The Fame, Vision, and Monumentality in 19th century French Literary Culture' University of Delaware Press, 2004.
· Jean-Marcel Humbert, Clifford A. Price, 'Imhotep Today : Egyptianizing Ar-

chitecture' Routledge Cavendish, 2003.

Chapter 4. 솔로몬 성전 – 1천 년의 약탈과 흩어진 유대 성물

· Stuart Munro-Hay, 'The Quest for the Ark of the Covenant:The True History of the Tablets of Moses', I.B.Tauris, 2006.
· Tudor Parfitt, 'The Lost Ark of the Covenant:Solving the 2500 Year History of the Fabled Biblical Ark', HarperCollins, 2008.
· Graham Hancock, 'The Sign and the Seal:The Quest for the Lost Ark of the Covenant', Doubleday, 1992.
· Barry Steven Roffman, 'Ark Code : Searching for the Ark of the Covenant Using ELS Maps from the Bible Code', Codes in the Bible, 2004.
· Frank Joseph, Laura Beaudoin, 'Opening the Ark of the Covenant : The Secret Power of the Ancients, the Nights Templar Connection, and the Search for the Holy Grail', Career Press, 2007.
· Karen Ralls, 'The Templars and the Grail : The Nights of the Quest', Quest Books, 2003.
· Sean Kingsley, "God's Gold: The Quest for the Lost Temple Treasure of Jerusalem", John Murray, 2007

Chapter 5. 폭군 살해자 조각상 – 제2의 시민이 된 문화재

· Margaret Miles, 'Art As Plunder' Cambridge University Press, 2008.
· Sarah Blake McHam, 'Donatello's bronze David and Judith as Metaphors of Medici Rule in Florence-Bibliography' Art Bulletin, 2001. 3.
· Kathryn A. Morgan, 'Popular Tyranny : Sovereignty and Its Discontents in Ancient Greece' University of Texas Press, 2003.

Chapter 6. 크니도스 비너스 – 비너스의 탄생, 예술로서의 문화재

· Christine Mitchell Havelock, 'The Aphrodite of Knidos and her Successors : A Historical Review of the Female Nude in Greek Art' University of Michigan Press, 2007.
· Rachel Kousser, 'Creating the Past : the Venus de Milo and the Hellenistic Reception of Classical Greece' American Journal of Archeology, 2005. 4.
· Mary Beard, John Henderson, 'Classical Art : from Greece to Rome' Oxford

University Press, 2001.
· Michael Shanks, 'Classical Archeology of Greece : Experiences of the Discipline' Routledge, 1997.

Chapter 7. 키케로의 문화재 약탈범 재판 – 식민지에서 문화재를 약탈한 식민지 총독을 벌하다

· Margaret Miles, 'Art As Plunder' Cambridge University Press, 2008.

Chapter 8. 가나의 혼인 잔치 – 예술품 약탈의 황제 나폴레옹, 문화재 반환의 문을 열다

· "The Wedding Feast at Cana", Louure Website
· Margaret Miles, 'Art as Plunder' Cambridge University Press, 2008.
· Wayne Hanley, 'The Genesis of Napoeonic Propaganda, 1796-1799 – Art as Propaganda' Columbia University Press, gutenberg-e
· W.W. Kowalski, 'Restitution of Works of Art Pursuant to Private and Public International Law' Hague Academy of International Law, 2002.

Part 2. 민족의 유산, 제국주의에 희생되다

Chapter 9. 로제타석 – 제국주의 문화재 약탈의 신호탄

· British Museum Staff, British Museum, 'The Rosetta Stone' Kessinger Publishing, 2005.
· Adrienne Naquin 'The Discovery and Dicipherment of the Rosetta Stone at the British Museum' British Arts and Humanities Survey Honors Essays
· Daniel Meyerson, 'The Linguist and the Emperor : Napoleon and Champellion's Quest to Decipher the Rosetta Stone' Random House Trade, 2005.
· Magnus Thorkell Bernhardsson, 'Reclaiming a Plundered Past : Archeological and Nation Building in Modern Iraq' University of Texas, 2005.
· James Cuno, 'Who Owns Antiquities?, Museums and the Battle over Our Ancient Heritage' Princeton University Press, Princeton, 2008.

Chapter 10. 파르테논 마블 – 민족의 유산인가, 인류 보편의 유산인가

· Janett Greenfield, 'The Return of Cultural Treasures' Camebridge University Press, 1989.
· Christopher Hitchens, Robert Browning, Graham Binns, 'The Elgin Marbles : Should They Be Returned to Greece?', Verso, 1997.
· Gaynor Kavanagh, 'Museums and the 1sr World War : A Social History', Continuum International Publishing Group, 1994.
· Epaminondas Vranopoulos, 'The Parthenon and the Elgin Marbles', Museum Security Network
· 'The Acropolis, the Parthenon, Elgin and the marbles', Seminar Papers, Powerhouse Museum, Sydney, 2000. 8. 26.
· Christopher Hitchens, 'Imperial Spoils : The Curious Case of the Elgin Marbles', Verso, 1998.
· Ian Jenkins, 'The parthenon Frieze', British museum Press, 2002
· Dorothy King, 'The Elgin Marbles', Hutchinson, 2006.
· William St. Clair, 'Lord Elgin and the Marbles', Oxford University Press, 1998.

Chapter 11. 네페르티티 왕비 흉상 – 독일은 어떻게 이집트 파라오의 아내를 빼앗아 갔을까

· Kuhrt G. Sieher, 'The Beautiful One has Come – The Return of Nefertiti from Berlin to Cairo' Imperialism, Art and Restitution, 5pp
· LL. Wynn, 'Pyramids and Nightclubs' University of Texas Press, 2007.
· Peter Orne, 'Egypt wants Rosetta Stone, Other Objects', World Association of International Studies, Stanford Universities, CA
· 'Beauty of the Nile Trapped on the Spree' Spiegel On-Line International, 2007. 5. 10.

Chapter 12. 베닌 브론즈 – 아프리카 약탈 문화재, 현대 예술의 길잡이가 되다

· Paula Ben-Amos, 'The Art of Benin', Smithsonian Institution Press, 1995.
· H. Glenn Penny, 'Objects of Culture:Ethnology and Ethnographic Museums in Imperial Germany' UNC Press, 2002.
· Philip John Crooskey Dark, 'An Illustrated Catalogue of Benin Art', G.K. Hall, 1982.
· Annie E. Coombes, 'Reinventing Africa : Museums, Material Culture and Popular Imagination in Late Victorian and Edwardian England', Yale University

Press, 1997.

· Howard-Hassmann, 'Framing Reparations Claims : Differences between the African and Jewish Social Movents for Reparations', African Studies Review, Apr. 2007.

Chapter 13. 코이누르 다이아몬드 – 약탈된 세계 최대의 다이아몬드, 영국 여왕의 왕관에 장식되다

· Joan Y. Dickinson, 'The Book of Diamond : Their History and Romance from Ancient India to Modern Times' Courier Dover Publications, 2001.

· 'Kohinoor, a Mountain of Light', Society-Kohinoor

· Leo Fredricks, Florence Brook, 'Story of the Kohinoor Diamond' Writers Workshop, 1993.

· 'The Kohinoor Diamond', famousdiamonds.tripod.com

Chapter 14. 실크로드의 고문서 – 제국주의 학자들, 문화재 약탈의 전면에 나서다

· 《보물 추적자》 볼프강 에베르트 엮음. 정초일 옮김, 도서출판 푸른숲 2002.

· Susan Whitfield, Ursala Sims-Williams, 'The Silk Road : Trade, Travel, War and Faith' Serindia Publications, Inc., 2004.

· 'Dunhuang Caves in China - Cristalinks'

· IDP(International Dunhuang Project) 웹사이트

Part 3. 걸작 예술품, 전리품으로 흩어지다

Chapter 15. 하나님의 어린 양 – 성당 제단화는 어떻게 흩어지고, 어떻게 다시 모였을까

· Lisa Deam, 'Flemish verses Netherlandsish : a discourse of nationalism' Renaissance Quarterly, Mar. 22. 1998.

· E. H. Kossmann, 'The Low Countries, 1780-1940' Oxford, 1978.

· Jan Mainzer, 'Iconography : Flemish Painting, part2 : Interior of the Ghent Altarpiece, Department of Art and Art History' Marist College, Jan.Mainzer@marist.edu

· Michael S. Rose, 'In Search of the Just Judges' Catholic World News, Mar 2003.

· 'The Adoration of the Mystic Lamb - the theft of the Just Judge' 2007. mysti-clamb.net

Chapter 16. 호박방 – 사라진 세계 최대의 보석 예술품, 그 뜨거운 추적

· A brief History of the Amber Room, Smithsonian Magagine, 2007. 8. 1.
· Suzanne Massie, 'Pavlovsk : The Life of a Russian Palace' Little Brown, 1990.

Chapter 17. 화가의 아틀리에 – 화가 지망생 히틀러가 가장 집착했던 미술품

· "Johannes Vermeer The Art of Painting" National Gallery of Art, USA
· Jonathan Petropoulos, 'Art as Politics in the 3rd Reich' UNC Press, 1999.
· Stephanie Barron, 'Degenerate Art:The Fate of the Avant-Guard in Nazi Germany' 83 , Harry N. Abrams, Ins. NY.
· James S. Plaut, 'Hitler's Capita' The Atlantic Monthly, Vol 178, No.4, Oct. 1946.
· Molly Ann Torsen, National Reaction to Cultural Property Looting in Nazi Germany : A Window on Individual Effort and International Disarray, EJCL vol 9. 4, 2005. 12.

Chapter 18. 트로이 유물 – 전설의 문화유산, 누구의 소유인가

· Andrea Gattini, 'Restitution by Russia of Works of Art Removed from German Teritorry at the 2nd World War' EJILL. 1996.
· Jamey Gambrel, 'Displaced Art - art seized from Nazi Germany by the Soviet Union after World War II', Art in America, Sept. 1995.
· Jack Achiezer Guggenheim, 'Art and Atrocity:Cultural Depravity Justifies Cultural Deprivation' law.ford-ham.edu/publications/articles, 2006. 9. 29.
· Wellington King, 'Heros and Mythos' University of Texas, 1997.
· Holly Schwichtenberg, 'Heinrich Schliemann, 1822-1890' EMuseum Minnesota State University, 2006.
· Mark Daemen, 'Troy and Heinrich Schliemann' Utah States University, Department of History : History and Civilization Section 4

· Marek Sroka, 'The Music Collections of the former Prussian State Library at the Jagiellonian Library in Krakow, Poland : past, present and the future developments, Library Trends' Winter 2007.
· Zdzislaw Pietrzyk, 'Book Collections from the Former Preussische Staatsbiliothik in the Jagiellonian Library, 81-87pp, e-version Polish Libraries Today' No.6
· Marius Heuser, 'Polish parliament demands reparations from Germany' World Socialist Web Site, 2004. 11. 6.
· Niegel Lewis, 'Paperchase : Mozart, Beethoven, Bach. the Search for their Lost Music' Hamish hamilton,1981.
· Richard Charteris, 'New Connections between Eastern Europe and Works by Philips, Downland, marais and Others' The Journal of the Viola da Gamba Society, Vol29, 2001.
· 'Poland will not return priceless art works to Germany' Gazeta Wyborcza4-5, August 2007.
· Wladyslaw Czaplinski, 'The Concept of War Reparations in International law and Reparations after WW II, The Polish Quarterly Of International Affairs' July 2005.
· 'Position Paper of the Ministry of Foreign Affairs Legal Advisory committee on Polish WW II related Reparation Claims with respect to Germany' 2005. 2. 10.

Part 4. 빼앗긴 우리 문화재는 언제 돌아올까

Chapter 20. 몽유도원도 – 천하의 명품, 꿈처럼 사라지다

· 《사라진 몽유도원를 찾아서》, 김경임, 산처럼, 2013
· 안휘준, 이병한 공저《몽유도원도》예경산업사, 1995.
· 안휘준,《한국회화의 이해》시공사, 2000.
· 고제희,《우리 문화재 속의 숨은 이야기》문예마당, 2007.
· 이동국,《서예가 열전》경향닷컴

· Ritta Reif, "Arts/Artifacts; When a Casual Collector Turus Serious" NY Time, 1993. 1. 10
· "Asian Art", Arthur M. Sackler Museum http://www.art-museums.harvard.edu/sackler/asian.html
· Aren R. Cohen, "Korea's Ceramic Crafts." The Harvard Crimson
· Sue Yang, "The Future that Maia Henderson lefe Benhind" http://bostonkap.com/print_paper.php?number=2363
· Gregory Handerson Collection of Korean Ceramics
· "김준길의 글로벌 문화기행, 그레고니 헨더슨 – 그 빛과 그림자" 월간조선 2001, 6월호
· 혜문, "내가 하버드에 간 까닭(1, 2, 3)" http://www.guri-net.org/serial_read.html?uid=70578 section=section25

Part 1. 문화유산, 제왕들의 탐욕에 짓밟히다

Chapter 1. 함무라비법전 비문 – 세계 최초의 문화재 약탈로 기록되다

013p 함무라비법전 비문 부조된 그림
http://commons.wikimedia.org/wiki/File:Milkau_Oberer_Teil_der_Stele_
mit_dem_Text_von_Hammurapis_Gesetzescode_369-2.jpg
016p 함무라비법전 비문 (루브르 박물관 소장)
http://commons.wikimedia.org/wiki/File:St%C3%A8le_du_Code_
d%27Hammurabi.jpg
017p 1. 함무라비 왕 흉상 (루브르 박물관 소장)
http://commons.wikimedia.org/wiki/File:Royal_head_9118.jpg
2. 함무라비 왕 부조상 (미국 하원의사당 전시)
http://commons.wikimedia.org/wiki/File:Hammurabi_bas-relief_in_the_
U.S._House_of_Representatives_chamber.jpg
018p 함무라비 왕 당시의 메소포타미아 지역 지도
http://en.wikipedia.org/wiki/File:Hammurabi%27s_Babylonia_1.svg
020p 자크 드 모르강
File:Jacques_Jean_Marie_de_Morgan_1892.jpg

Chapter 2. 키루스 칙령 – 바빌로니아에서 태어난 인류 최초의 인권 문서

025p 키루스 칙령, (대영 박물관 소장)
http://commons.wikimedia.org/wiki/File:Cyrus_Cylinder_BM_ME90920.
jpg
028p 〈농부로부터 세금을 받고 있는 고레스〉클로드 비뇽
http://upload.wikimedia.org/wikipedia/commons/c/c0/Claude_Vignon_
Croesus.jpg, Wikipedia copy from
http://www.wga.hu/html/v/vignon/croesus.html
029p 키루스 칙령을 발견한 호르무즈 라삼 초상. (영국 웨일즈 스완시 박물관소장)
1854년 필립 헨리 들라모트(Philip Henry Delamotte) 사진. (영국 웨일즈 스완시 박물

관 소장)

http://en.wikipedia.org/wiki/File:Hormuzd.Rassam.reclined.jpg

030p 〈키루스와 유대인〉 (파리 국립도서관 소장) 15세기 쟝 푸케 작품, 파리 국립도서관 소
장

http://commons.wikimedia.org/wiki/File:Cyrus_II_le_Grand_et_les_
H%C3%A9breux.jpg, Wikipedia copy from
http://expositions.bnf.fr/fouquet/grand/f063.htm

Chapter 3. 오벨리스크 – 제국주의에 바쳐진 고대 문명의 상징

037p 몬테치토리오 오벨리스크 (BC10년 아우구스투스가 에집트 헬리오폴리스에서 가져온 것),
로마의 이태리 하원의사당 앞에 서있다.

http://en.wikipedia.org/wiki/File:Obelisk_of_montecitorio_arp.jpghttp://
en.wikipedia.org/wiki/File:Obelisk_of_montecitorio_arp.jpg

040p 아우구스투스 황제의 대리석 흉상, (로마 카피톨리니 박물관 소장)

http://en.wikipedia.org/wiki/File:Aug11_01.jpg

042p 파리 콩코드 광장의 오벨리스크.

http://en.wikipedia.org/wiki/File:Place_de_la_concorde.jpg

043p 1. 런던 템즈 강변의 오벨리스크(클레오파트라의 바늘)

http://en.wikipedia.org/wiki/File:Cleopatras.needle.from.thames.london.
arp.jpg

2. 뉴욕 센트럴 파크의 오벨리스크(클레오파트라의 바늘)

http://en.wikipedia.org/wiki/File:Obelisk_Central_Park.jpg(Wikimedia
Commons제공)

045p 베니토 무솔리니 사진

http://en.wikipedia.org/wiki/File:Mussolini_biografia.jpg

046p 악숨 오벨리스크. 에티오피아의 독특한 오벨리스크이다.

http://en.wikipedia.org/wiki/File:Axum_northern_stelea_park.jpg.

Chapter 4. 솔로몬 성전 – 1천 년의 약탈과 흩어진 유대 성물

049p 〈십계명을 들고 있는 모세〉, (베르린 게맬데 갤러리Gemaeldegalerie) 소장1659년 렘
브란트 작품

http://en.wikipedia.org/wiki/Moses

052p 성서의 기록을 토대로 재구성한 솔로몬 왕궁 상상도.

http://en.wikipedia.org/wiki/File:Jerusalem_Ugglan_1.jpg

054p 〈언약궤의 희생〉, (보스톤 박물관 소장) 1626년 루벤스 작품, 보스톤 박물관 소장.

http://commons.wikimedia.org/wiki/File:Sacrifice_of_the_Old_Covenant_Rubens.jpg)

056p 에티오피아 악숨의 시온 성모교회, (Wikimedia Commons 제공)

057p 템플 기사단 표지(Wikimedia Commons 제공)

058p 1. 런던대학교 아시아·아프리카 연구소(SOAS) 튜더 파피트 교수, (Photo Credit: Professor Tudor Parfitt)

2. 〈노마(Ngoma)〉,

060p 1. 로마 시내의 티터스 개선문,
http://en.wikipedia.org/wiki/File:Titus_hh2.jpg

2. 티터스의 초상과 뒷면에 그의 유대정복을 그린 로마 동전.
AD79년,http://en.wikipedia.org/wiki/File:Titus_Augustus_Denarius.png

061p 티터스 개선문 안쪽에 새겨진 부조화, FilDerivative work by Steerpike.
http://commons.wikimedia.org/wiki/File:Arch_of_Titus_Menorah.png,
Wikimedia copy from http://commons.wikimedia.org/wikie:Arc_de_Triumph_copy.jpg (Photo Credit: Professor Tudor Parfitt)

063p 1. 메노라 모세가 시내산에서 보았다 하는 불타는 나무가지를 상징한다. 제2성전 시기 이스라엘의 페킨 시나고그의 돌판에 새겨진 메노라 그림
Photo by Oren Guttman.
http://en.wikipedia.org/wiki/File:Pekiin_tablet.jpg, Wikipedia copy from Hebrew Wikipedia. 라Photo by Oren Guttman. http://en.wikipedia.org/wiki/File:Pekiin_tablet.jpg, Wikipedia copy from Hebrew Wikipedia.

2. 베들레헴, 성 테오도시우스 수도원, (Photo Credit: Erich Lessing / Art Resource, NY)

065p 솔로몬 성물이 약탈당해 돌아다닌 여정을 보여주는 지도

Chapter 5. 폭군 살해자 조각상 – 제2의 시민이 된 문화재

067p 〈폭군 살해자 동상〉
http://en.wikipedia.org/wiki/File:Ac.harmodius.jpg

071p 아고라 광장의 오늘날 모습
http://en.wikipedia.org/wiki/File:AncientAgoraofAthensColour.jpg

073p 알렉산드로스 흉상, 루브르 박물관 소장
http://en.wikipedia.org/wiki/File:AlexanderTheGreat_Bust.jpg, Wikepedia copy from http://www.andrewdunnphoto.com/

074p 기원전 333년 알렉산드로스가 페르시아 다리우스 3세와 맞서 싸우는 이수스 전투 장면, 폼페이 파운 박물관 소장
http://en.wikipedia.org/wiki/File:Battle_of_Issus.jpg(Wikimedia Commons 제공)

Chapter 6. 크니도스 비너스 – 비너스의 탄생, 예술로서의 문화재

075p 〈루도비시 비너스(Rudovisi Cnidian Aphrodite)〉, 로마 국립박물관 소장.
Photo by Jastrow.
http://en.wikipedia.org/wiki/File:Ludovisi_throne_Altemps_Inv8570.jpg
078p 크니도스 비너스를 새긴 3세기 초 크니도스에서 주조된 로마 동전의 판화.
http://commons.wikimedia.org/wiki/File:Knidos-coin-Aphrodite.jpg
079p 메디치의 비너스. (피렌체 우피지 박물관 소장)
http://commons.wikimedia.org/wiki/File:Mediceiska_Venus,_Nordisk_
familjebok.png
082p 밀로의 비너스상. (루브르 박물관 소장) Photo by Shawn Lipowski.
http://commons.wikimedia.org/wiki/File:Aphrodite_of_Milos.jpg
082p 밀로의 비너스가 발굴될 당시 파편을 복원했던 모습. 쟌 밥티스트 조세프 드베이가
그린 그림.
http://en.wikipedia.org/wiki/File:Paris_Louvre_Venus_de_Milo_Debay_
drawing.jpg

Chapter 7. 키케로의 문화재 약탈범 재판 – 식민지에서 문화재를 약탈한 식민지 총독을 벌하다

085p 〈키케로, 베레스를 고발한다〉, 프랑스 국회 도서관 중앙 홀 벽화 들라 크로아의 프
레스코 화
Photo Credit: Erich Lessing / Art Resource, NY
088p 시칠리아 시라쿠사 아르키메데스 광장 전경
http://en.wikipedia.org/wiki/File:Siracusa-piazza_archimede.jpg, origi-
nally uploaded by Flickr.com vic15 to Flickr.com: http://www.flickr.com/
photos/vic15/5426254/sizes/m/
089p 키케로 대리석 흉상. (코펜하겐 토르발드센 박물관 소장)
Original photo by Gunnar Bach Pedersen, for this version, Luis le Grand.
://commons.wikimedia.org/wiki/File:M-T-Cicero.jpg

Chapter 8. 가나의 혼인 잔치 – 예술품 약달의 횡제 나폴레옹, 문화재 반환의 문을 열다

095p 〈가나의 혼인 잔치(Wedding at Cana)〉, 파올로베로네세
http://commons.wikimedia.org/wiki/File:Paolo_Veronese_008.jpg, Wiki-
media copy from The Yorck Project: 10,000 Meisterwerke der Malerei.
DVD-ROM, 2002. ISBN 3936122202. Distributed by DIRECTMEDIA Pub-
lishing GmbH

098p 황제 나폴레옹, 1804년 도미니크 앙그레 작품,
　　　http://en.wikipedia.org/wiki/File:Antoine_Quatrem%C3%A8re_de_Quin-
　　　cy_by_F_Bonneville.jpg, Wikipedia copy from http://quatremere.org/
101p 르 브룅 〈시몬의 집에서의 성찬〉, Photo Credit : Cameraphoto Arte, Venice /
　　　Art Resource, NY 베니스 갤러리 아카데미아 소장 및 제공
103p 1. 디스코볼러스(원반 던지는 남자)
　　　http://commons.wikimedia.org/wiki/File:Discobulus.jpg
　　　2. 벨베데르 아폴로 Photo by Jastrow.
　　　http://commons.wikimedia.org/wiki/File:Belvedere_Apollo_Pio-Clementi-
　　　no_Inv1015.jpg
　　　3. 네 마리의 청동말상
　　　http://commons.wikimedia.org/wiki/File:San_Marco_horses.jpg
　　　4. 성 제롬과 성모, 코레지오의 1523년 작품
　　　http://commons.wikimedia.org/wiki/File:Correggio_044.jpg, Wikimedia
　　　copy from The Yorck Project: 10,000 Meisterwerke der Malerei. DVD-
　　　ROM, 2002. ISBN 3936122202. Distributed by DIRECTMEDIA Publishing
　　　GmbH
104p 라오콘 Photo by JuanMa.
　　　http://commons.wikimedia.org/wiki/File:Laoconte.jpg
108p 웰링턴 장군
　　　http://en.wikipedia.org/wiki/File:Arthur_Wellesley,_Duke_of_Wellington.jpg
110p 1. 카트리메르 드 갱시, 나폴레옹의 예술품 약탈을 비난한 대표적 인물.
　　　http://en.wikipedia.org/wiki/File:Antoine_Quatrem%C3%A8re_de_Quin-
　　　cy_by_F_Bonneville.jpg,
　　　2. 미니크 드농. 나폴레옹의 예술품 약탈에 앞장섰던 인물. (베르사유 박물관 소장)
　　　http://en.wikipedia.org/wiki/File:Vivant_Denon.jpg, Wikipedia photo
　　　from http://www.abcgallery.com/D/david/lefevre1.html

Part 2. 민족의 유산, 제국주의에 희생되다

Chapter 9. 로제타석 - 제국주의 문화재 약탈의 신호탄

115p 로제타석(Rostta Stone)
　　　http://en.wikipedia.org/wiki/File:Rosetta_Stone.JPG.
121p 1. 토마스 영(1773-1829)의 흑백 초상화,

http://en.wikipedia.org/wiki/File:Jean-Francois_Champollion_2.jpg
2. 샹폴리옹(1790-1832) 초상화, 1831년 레옹 코니에 작품, 루브르 소장. (Wikime-
dia Commons 제공)

122p 샹폴리옹의 노트 (원으로 표시한 것이 '클레오파트라'의 이름),
www.touregypt.net/HistoricalEssays/notes.htm

123p 세티1세의 무덤 벽화, 〈거울에 비친 모습〉, 루브르 박물관
http://www.archaeowiki.org/Image:Seti_I%2C_tomb_painting_with_
Hathor_%28Louvre_B7%http://www.archaeowiki.org/Image:Seti_I%2C_
tomb_painting_with_Hathor_%28Louvre_B7%29.jpg#metadata

125p 하와스 이집트 문화재 청장 (Dr. Zahi Hawass, 1947-)
http://en.wikipedia.org/wiki/File:Zahi_Hawass.jpg

128p 1. 〈덴드라 신전〉, 1841년 데이비드 로버츠 작품,
http://commons.wikimedia.org/wiki/File:David_Roberts_003.jpg, Wikime-
dia copy from The Yorck Project: 10,000 Meisterwerke der Malerei. DVD-
ROM, 2002. ISBN 3936122202. Distributed by DIRECTMEDIA Publishing
GmbH
2. 덴드라 신전 천정의 12궁도 부조
http://en.wikipedia.org/wiki/File:Dendera.jpg

129p 1. 헤미운누 조각상, Photo by Einsamer Schutze.
http://commons.wikimedia.org/wiki/File:Statue-of-Hemiun.jpg
2. 안카프 흉상, Photo by Keith Schengili-Roberts.
http://commons.wikimedia.org/wiki/File:BustOfPrinceAnkhhaf-Front_
MuseumOfFineArtsBoston.png

Chapter 10. 파르테논 마블 - 민족의 유산인가, 인류 보편의 유산인가

131p 오늘날 파르테논의 모습
http://commons.wikimedia.org/wiki/File:Parthenon-Resto-
ration-Nov-2005-a.jpg

134p 페리클레스
http://en.wikipedia.org/wiki/File:112307-BritishMuseum-Perikles.jpg

135p 파르테논 신전의 원형
www.mlhanas.de/Greek/Arts/Parthenon.htm

136p 1. 엘긴 백작(1766-1841)의 초상화. 엘긴 생존시의 초상화이며, 현재는 개인 소장
인듯 함
http://en.wikipedia.org/wiki/File:7thEarlOfElgin2.jpg
2. 엘긴이 하나 뽑아간 에레크테이온 신전 여상주(caryatid) 기둥

http://en.wikipedia.org/wiki/File:Porch_of_Maidens.jpg

140p "알바니아 옷을 입은 바이런의 초상화", 1813년 토마스 필립스 그림, 런던 국립 초
상화미술관 소장

http://en.wikipedia.org/wiki/File:Lord_Byron_in_Albanian_dress.jpg

142p 파르테논 회복을 위해 운동한 그리스 여배우이자 문화부 장관이었던멜리나 메르
쿠리 기념 우표

151p 1. 파르테논 동쪽 페디먼트 일부(Figures E-F),

http://en.wikipedia.org/wiki/File:Ac.marbles.jpg

2. 파르테논 서쪽 페디먼트 일부(Figures E-F) 대영 박물관

152p 남쪽면의 메토프는 전설적 그리스 원주민인 라피트(Lapithes)와 반인반수 센토러
스(Centaurus)와의 투쟁을 묘사하고 있다. (Centauromachy), (Centauromachy), 대
영박물관(Wikimedia Commons 제공)

http://en.wikipedia.org/wiki/File:Ac.marbles.jpg

152p 1. 파르테논 프리즈, 동쪽(포세이돈, 아폴로, 알테미스), 그리스 아크로폴리스 뮤지움

http://commons.wikimedia.org/wiki/File:Elgin_Marbles_3.jpgC

2. 파르테논 프리즈, 서쪽(말탄사람들(Horsemen)),

http://en.wikipedia.org/wiki/File:Elgin_Marbles_4.jpg

3. 파르테논 프리즈, 남쪽(전차를 끄는 기수들(Chariot Groups)),

http://commons.wikimedia.org/wiki/File:Elgin_Marbles2.jpg

Chapter 11. 네페르티티 왕비 흉상 – 독일은 어떻게 이집트 파라오의 아내를 빼앗아 갔을까

155p 네페르티티 흉상(정면),

http://en.wikipedia.org/wiki/File:Nefertiti_30-01-2006.jpg

158p 1. 리틀 와르소 팀이 네페르티티 흉상과 몸을 합치는 장면

http://www.divus.cz/umelec/en/pages/umelec.php?id=463&roc=2005&-
cis=3

2. 네페르티티 흉상과 몸이 합쳐진 모습 Little Warsaw:

http://www.divus.cz/umelec/en/pages/umelec.php?id=463&roc=2005&-
cis=3

Chapter 12. 베닌 브론즈 – 아프리카 약탈 문화재, 현대 예술의 길잡이가 되다

167p 베닌 브론즈. 무장한 베닌 무사. 16세기 작품

http://en.wikipedia.org/wiki/File:Benin_Bronzes.jpg

169p 베닌 원정대와 약탈된 문화재

1887년 원정대 일원인 H.S. Mearsham 장군 촬영

170p 베닌 브론즈, 대영박물관 소장

http://en.wikipedia.org/wiki/File:Benin_Bronzes.jpg

172p 〈베닌의 오바왕〉 1815-1827년 밀라노에서 간행된 쥴리오 페라리어의 삽화 "고대와 현대의 관습" 제2권 중

http://en.wikipedia.org/wiki/File:Oba_of_Benin_1600s.jpg

173p 베닌 브론즈, 프랑스 캐브랑리 박물관 소장

http://commons.wikimedia.org/wiki/File:Benin_bronze_Louvre_A97-14-1.jpg

175p 동판에 새겨진 베닌 사람들, 무기, 파충류스미소니안 박물관 소장

http://en.wikipedia.org/wiki/File:Beninweapons.jpg

176p 페스탁 마스크,

http://en.wikipedia.org/wiki/File:Edo_ivory_mask_18472.jpg

Chapter 13. 코이누르 다이아몬드 – 약탈된 세계 최대의 다이아몬드, 영국 여왕의 왕관에 장식되다

185p 코히누르 다이아몬드, 뮌헨의 크리스탈 박물관 소장.

http://en.wikipedia.org/wiki/File:Koh-i-Noor_new_version_copy.jpg

188p 펀자브의 마지막 왕 달리프 싱(1838-1893)1875년 캡틴 골딩햄 그림, 영국 노르폭크 박물관 소장

http://en.wikipedia.org/wiki/File:Maharajah_Duleep_Singh_dressed_for_a_State_function,_c._1875.jpg

189p 빅토리아 여왕(1819-1901), 1887년 알렉산더 베사노 사진

http://en.wikipedia.org/wiki/File:Queen_Victoria_-Golden_Jubilee_-3a_cropped.JPG

190p 대관식 왕관에 박힌 코히누르

http://www.thepicky.com/popular/curse-of-largest-known-diamond-in-the-world-koh-i-noor/

191p 코히누르 다이아몬드가 박힌 왕관을 쓰고 있는 알렉산드리아 왕비

http://en.wikipedia.org/wiki/File:200px-Alexandra_of_Denmark.JPG

Chapter 14. 실크로드의 고문서 – 제국주의 학자들, 문화재 약탈의 전면에 나서다

197p 리흐토호펜 (1833-1905)

http://en.wikipedia.org/wiki/File:Ferdinand_von_Richthofen.jpg

198p 스벤 헤딘 (1865-1952) 초상화, 1923년 칼 에밀 외스터만 작품, 스웨덴 왕립 과학 아카데미 소장

http://en.wikipedia.org/wiki/File:Sven_Hedin_by_Carl_Emil_%C3%96ster-

man_1923.jpg
199p 실크로드 지도
201p 1908년 모가오 동굴 모습(1908년 오렐 스타인이 찍은 것)

http://dunhuang.mtak.hu/en/large-37_3_20.htm

http://en.wikipedia.org/wiki/File:Mogao_Caves.jpg

202p 왕도사(Wang Yuanlu, 1849-1931)
204p 1. 오렐 스타인, 1929년 중앙아시아에서 찍은 사진

http://en.wikipedia.org/wiki/File:AURAL_sTEIN.jpg

2. 서고에 쌓여 있는 서류.

http://dunhuang.mtak.hu/en/large-13_1_56.htm(스타인 사진) (헝가리 과학원 도서관 제공)

206p 1. 금강경 상세 모습

http://en.wikipedia.org/wiki/File:Jingangjing.jpg(Wikimedia Commons 제공)

2. 문서 중 맨 아래가 연대가 찍힌 세계 최초의 목판인쇄 금강경, 868년, 대영박물관 소장

http://dunhuang.mtak.hu/en/large-13_1_75.htm

207p 1. 1908년 오타니의 초청으로 일본을 방문한 스벤 헤딘.오타니, 헤딘 사진.(스웨덴 국립민족학박물관 소장)

http://blogs.princeton.edu/pia/personal/schristmas/2009/02/_safes_were_lin.phphttp://en.wikipedia.org/wiki/File:Wang_yuanlu.jpg

2. 오타니 코주이 1890년대 영국유학시절(위키피디아 제공)

Part 3. 걸작 예술품, 전리품으로 흩어지다

Chapter 15. 하나님의 어린 양 – 성당 제단화는 어떻게 흩어지고, 어떻게 다시 모였을까

215p 〈하나님의 어린양〉 겐트 성당 제단화 중심 부분
218p 겐트 성당 전경(오른쪽), 12세기 로마네스크 건축 (위키피디아 제공)
219p 1. 휴베르트 반 에이크(1366-1426)(형), 17세기 판화, 에드므 드 불로뉴의 상상적인 초상화, 1682 미국 의회도서관 소장

http://en.wikipedia.org/wiki/File:Hubert_van_Eyck_by_Gemma_Frisius.jpg

2. 얀 반 에이크(1395-1441) 〈터번을 한 남자의 초상화〉(1433년), 얀의 자화상일 것으로 간주된다. 런던 국립미술관 소장

http://en.wikipedia.org/wiki/File:Jan_van_Eyck_091.jpg

220p 반 에이크 형제의 작품, 〈하나님의 어린양〉 제단화, 나무판넬에 유화,

http://en.wikipedia.org/wiki/File:Lamgods_open.jpg

221p 제단화, 닫혔을 때,
http://en.wikipedia.org/wiki/File:Lamgods_closed.jpg
222p 〈아담과 이브〉라게의 복사본
http://en.wikipedia.org/wiki/File:Ghent_Altarpiece_A_-_Adam_and_Eve_
dressed.jpg

Chapter 16. 호박방 – 사라진 세계 최대의 보석 예술품, 그 뜨거운 추적

227p 예카테리나 궁전의 호박방 전체 모습
http://en.wikipedia.org/wiki/File:Oldamberroom.jpg
231p 1. 빌헬름 1세(1688-1740) 초상화, 1705년 작, 작자미상
http://en.wikipedia.org/wiki/File:Frederick_william_I_of_prussia.jpg
2. 표트르 대제(1672-1725) 초상화, 1838년 폴 델라로시 작품
http://en.wikipedia.org/wiki/File:Peter_der-Grosse_1838.jpg
232p 1. 예카테리나 궁전
http://en.wikipedia.org/wiki/File:CatherinePalaceSouthSide.jpg
2. 새로 복원된 호박방 판넬장식
http://en.wikipedia.org/wiki/File:Catherine_Palace_Amber_Room.jpg
234p 새로 복원된 호박방을 둘러보고 있는 푸틴 대통령과 슈뢰더 총리
http://commons.wikimedia.org/wiki/File:Vladimir_Putin_in_Saint_Peters-
burg-43.jpg
237p 메리 성당 제단화(13mx11m, 높이 2.7m) 보리수 나무에 성모와 예수, 성경내용을 조
각하여 채색한 제단화.
http://en.wikipedia.org/wiki/File:Krakow_oltarz_Stwosza.jpg
238p 히틀러에 약탈당했다 되돌아온 미켈란젤로의 '성모자상', 대리석 128cm, 벨기에
부뤼지 성모교회
http://en.wikipedia.org/wiki/File:Madonna_michelangelo.jpg

Chapter 17. 화가의 아틀리에 – 화가 지망생 히틀러가 가장 집착했던 미술품

241p 화가의 아틀리에
Photo credit: Deutsches Historisches Museum, Berlin, www.dhm.de/sam-
mlungen/bibliothek/entart.html
246p 요하네스 베르메르 (1632-1675) 자화상(1656년 베르메르 작품 "프로큐레스", 왼쪽의 인
물이 그의 자화상일 것으로 추정된다), 베르메르는 3개의 자화상을 남겼다하나 현재 남
은 것은 없다. "화실 속의 화가"도 그의 자화상일 것으로 간주된다.
(Wikimedia Commons 제공)

250p '퇴폐 예술 전시회'에 입장하는 히틀러,

http://en.wikipedia.org/wiki/File:Degenerate-Hitler-Ziegler.jpg, Wikipedia copy from http://faculty-web.at.northwestern.edu/art-history/werckmeister/May_20_1999/1406.jpg미국 노스웨스턴 대학 소장

251p 퇴폐 예술로 낙인 찍혀 몰수된 반 고흐 자화상이 1939년 스위스 루체른에서 경매에 부쳐지고 있는 모습.

http://en.wikipedia.org/wiki/File:Degenerate-Auction.jpg, Wikipedia copy from http://www.olinda.com/ArtAndIdeas/lectures/ArtWeDontLike/entarteteKunst.htm

Chapter 18. 트로이 유물 – 전설의 문화유산, 누구의 소유인가

253p 《일리아스》 책 표지, 5-6세기 필사본, 밀라노 암브로시아나 도서관 소장

http://en.wikipedia.org/wiki/File:Iliad_VIII_245-253_in_cod_F205._Milan._Biblioteca_Ambrosiana._late_5c_or_early_6c.jpg

255p 호메로스 흉상, 헬레니즘 시대 조각, 대영박물관

http://sv.wikipedia.org/wiki/Fil:Homer_British_Museum.jpg

257p 하인리히 슐리만(1822-1890), 1892년 발간한 《자서전》에 수록된 사진 (Wikimedia Commons 제공)

http://en.wikipedia.org/wiki/File:Heinrich_Schliemann.jpg

258p 트로이 유물 '헬레나의 보석'으로 치장한 소피아 슐리만(위키피디아 제공)

http://en.wikipedia.org/wiki/File:Sophia_schliemann_treasure.jpg

Chapter 19. 베르링카 컬렉션 – 폴란드 수중에 떨어진 독일의 문화유산

267p 1364년에 세워진 야기엘로니아 대학, 베르링카 컬렉션을 소장하고 있다.(위키피디아)

http://en.wikipedia.org/wiki/File:Collegium_novum_fasada.jpg

270p 1. 독일 애국가 가사 필사본, 1841년 독일 시인 아우구스트 하인리히 호프만 폰 팔레스레벤이 하이든의 곡에 가사를 붙친 것이다. 야길로니안 대학 소장

http://en.wikipedia.org/wiki/File:Deutschlandlied.jpg

271p 야기엘로니아 대학내 코페르니쿠스 동상(위키피디아)

http://en.wikipedia.org/wiki/File:Krak%C3%B3w_-_Pomnik_Miko%C5%82aja_Kopernika_02.JPG

277p 베르린의 프러시아 국립도서관

http://en.wikipedia.org/wiki/File:StabiMitte_2a.jpgh

Part 4. 빼앗긴 우리 문화재는 언제 돌아올까

약탈 문화재의 세계사 2
빼앗긴 세계문화유산

초판 1쇄 인쇄일 2017년 06월 19일
초판 1쇄 발행일 2017년 06월 26일

지은이 김경임
발행인 이승용
주간 이미숙
편집기획부 송혜선   **디자인팀** 황아영 송혜주
마케팅부 김동현 송영우 박치은   **경영지원팀** 이지현 김지희

발행처 |주| 홍익출판사
출판등록번호 제1-568호
출판등록 1987년 12월 1일
주소 [04043] 서울 마포구 양화로 78-20 (서교동 395-163)
대표전화 02-323-0421   **팩스** 02-337-0569
메일 editor@hongikbooks.com
홈페이지 www.hongikbooks.com

ISBN 978-89-7065-572-7 (04900)

이 도서의 국립중앙도서관 출판예정도서목록(CIP)은 서지정보유통지원시스템 홈페이지(http://seoji.nl.go.kr)와
국가자료공동목록시스템(http://www.nl.go.kr/kolisnet)에서 이용하실 수 있습니다.
(CIP제어번호: CIP2017013592)

이 책은 2009년 발행된 《클레오파트라의 바늘》의 개정판입니다.